江苏省中小学教学研究第十四期课题（编号：2021JY14-L01）
"基于任务群开展'新样态'单元教学的研究"主成果

语文课
与文本解读

YUWEN KE YU WENBEN JIEDU

赵 洁 著

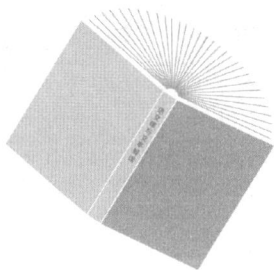

陕西师范大学出版总社 西安

图书代号　JY24N0646

图书在版编目(CIP)数据

语文课与文本解读/赵洁著. —西安:陕西师范大学
出版总社有限公司,2024.3
ISBN 978-7-5695-4318-6

Ⅰ.①语… Ⅱ.①赵… Ⅲ.①中学语文课—高中—教学
参考资料　Ⅳ.①G634.303

中国国家版本馆 CIP 数据核字(2024)第 078304 号

语文课与文本解读
YUWEN KE YU WENBEN JIEDU

赵　洁　著

责任编辑 /	王　宏	
责任校对 /	杨　菊	
美术设计 /	吴鹏展	
出版发行 /	陕西师范大学出版总社	
	(西安市长安南路 199 号　邮编710062)	
网　　址 /	http://www.snupg.com	
印　　刷 /	陕西龙山海天艺术印务有限公司	
开　　本 /	787 mm×1092 mm　1/16	
印　　张 /	19	
字　　数 /	300 千	
版　　次 /	2024 年 3 月第 1 版	
印　　次 /	2024 年 3 月第 1 次印刷	
书　　号 /	ISBN 978-7-5695-4318-6	
定　　价 /	68.00 元	

　　莎士比亚的戏剧《暴风雨》中有一句名言："凡是过去,皆为序章。"惯常的理解是:过去的,无论好坏,都是未来的最好开篇。我们研究文本和课堂,回顾那些过去的教学,意在谋划未来的教育。

　　本书总结了自己教学过程的一些内容,也是我教育生涯的一次重新起程。同时段,我还在经历着一次主动请缨却又痛苦的备课、上课过程。为一个精妙的切入而兴奋,更多的是因为某一个教学环节没有最恰当的设计而辗转反侧。相同点是,过程虽折磨人,却具有专业意义。

　　课改多年,语文学科的教学研究不断深入。本书意在呈现具有专业价值的语文课,具有"语文味"的课。这样的课,需要精心设计,需要在充分预设的基础上,以足够的知识、技能和教学智慧,在课堂上引导学生思想的交流、碰撞、创生。这样的课,需要有对文本的深度解读,需要在精准理解的基础上,以恰当的层级和分野,照进学生已有的经验和社会生活,引发多元思考,并伴随观察、评议、分享和改进。其实,语文课和文本解读,是自身性质完全不同的两项工作,但它们结合在一起,又体现了当下语文教学专业性的一面。

　　我热爱教学,热爱语文,觉得自己天生就适合做语文教师。在课堂上,我和学生一起进入文本情境,让他们爱上语文并学有所得;和学生一起进入教育生活,促使他们认识美,追求美……本书汇集了近年来我的一部分语文课实录和文本解读,主要选择统编教材的新篇目,也辅之以一些统编教材之外的经典篇目;包含阅读和写作两个板块,细分为小说、散文、诗歌、文言文等阅读教学内容和记叙文、论述文的写作指导等。叶圣陶先生说,教材不过就是例子。期待本书所展现的内容,是个性的,又是普遍的:对课堂的设计,各不相同,但有着同样的优质追求;对文本的解读,各有侧重,但有着共性的观照;对语文教学的认识,我们都以自身的独特个性,在各层面上与语文的内涵、外延相呼应。

重要的是,真心希望本书能够带给大家一些启发,在语文教学方面,在文本解读方面,辅助教师进行有意义的教学。

是以为记。

赵 洁

2024 年 2 月 24 日元宵节

目

录

MULU

1

第一部分

我对语文课的认识

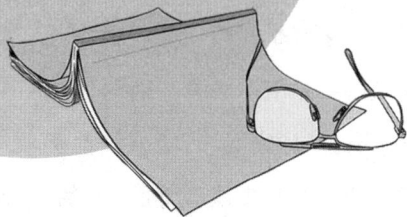

第一章　语文课的模样

一、好的语文教师是"讲"出来的

常有这样的现象：有一些教师，教学研究搞得非常出色，或者备课、上课都很认真负责，但就是得不到学生的足够认可。我想，原因可能在于，好教师是"讲"出来的，需要通过课堂教学创造一个真切、立体的情境，直接打动学生的心。

教研不等于教学水平。教研是精读深思，是创见新解，是专业特质；教学是师生活动，是动态过程，是组织经营。有时候我们会听人说：某某老师很优秀，论文发表在哪里哪里，获得了国家级、省级或其他奖项。我认为，这些不是"优秀"的最关键因素——越过课堂教学来谈教师的"优秀"，是镜花水月。教师首先需要锻炼上课的艺术。学生学得如何，才是评价教师优秀与否、教学水平高低的标准，甚至是唯一标准。教师能否通过对教学内容的把握和设计，对课堂的预设、生成和驾驭，使教学目标顺利达成，是教师优秀与否的关键评价维度。

预设不等于课堂。各级各类教学调研，为什么要走进课堂听课，而不是研究教师的备课？其关键原因就在于，甄别教学水平和效果的决定性因素是课堂生成，是教学过程。在课堂上，教师怎样开发教材、确定教学内容，怎样删繁就简、化难为易，怎样优化教学过程，才是最有价值也最值得调研的。课堂的特质在于生成，在于课堂的美感和学生的思维。无论教师备课（预设）多么充分，都无法涵盖发生在课堂上的感发。此外，教师的课堂机智，也需要多见多识，有意锤炼，达到一定的水准之后才能让师生相宜、教学相长。

可见，好的语文教师必须是"讲"出来的。一位优秀的教师，不仅要有育人思想、专业素养、教学热情等，更要善于表达，要讲得条理清晰，层次分明，简明扼要。说易行难，比如我曾听过一节课，一位教师将一句"同学们说，对不对"（很多老师都有各自的课堂语余）重复了不下 30 遍，让我差点"晕课"。教师会"讲"，还体现在他懂得什么时候要讲，什么时候要听；"教是为了不教"，讲是为了让学生讲。当学生产生表达期待时，教师要能适时停下来，仔细倾听并恰当引导点拨。好的教师要关注学生的情绪、态度、习惯，注重交流沟通，因材施教，引领学生用心学习。好的教师要会倾听、会观察、会点拨、会尊重，在每一节课上都用心关注学生的精神世界，让学生学有所得。

好的教师是"讲"出来的。教师教书育人，需要让自己的教育语言具有感染力，使自己的课堂具有吸引力，能够让学生怡情广识、乐于接受。当然，好的教师又是很不相同的，有的滔滔不绝，有的惜字如金，有的紧循教材深入浅出，有的天马行空纵横驰骋。不过，我们见过的是，同样的内容，有的教师讲来娓娓动听，动人心弦；而有的教师讲来却叫人昏昏欲睡。这值得每一位教师尤其是语文教师深思。

真正好的语文教师，一定超越技术层面，"来自教师的自身认同和自身完整"——我想起本雅明在《加油站》中的那句话："人们并不是站在涡轮机前用机油浇它，而只需往看不见但必须知道的铆钉接口里注入一点点机油。"是的，要以正确的方式加油，以正确的方式教语文。语文教师的课堂，需要"知""情""意"的完整与充盈，期待教师个体以内在生命的丰沛和阔大，融合学科、学生和教师，与学生的心灵相遇，真正促进每一个生命的自由生长。

我们迫切需要会上课的语文教师。但是这种迫切，并不意味着仓促，而是要有效而又持续地行动起来。"桃三杏四梨五年"，那些有个性的语文教师也很少有天生的，绝大多数都是经过一节又一节课锤炼而成。

二、语文教师的价值

作家王开岭在《语文的使命》一文中说："在一个孩子的精神发育和心灵成长

中,语文扮演着保姆和导师的角色,它不仅教授语言和逻辑,还传递价值观和信仰,一个孩子对世界的认知和审美,其人格和心性的塑造,其内心浪漫和诗意的诞生……这些任务,一直是由一门叫'语文'的课来默默承担的。"

这样一说,语文教师的使命实在太大了,让人有所思。英国哲学家、教育家约翰·洛克在《教育漫话》中说,精神和人格的培养是教育的主要任务,一旦解决了精神和人格的问题,孩子自己就会去努力学习知识——有人也说,这个任务多由语文课来承担。

可见语文教师不好做,但这正是语文教师的价值。当下的基础教育,语文课就像一抹永恒明亮的月光,那种清洁的精神是我们人生的一个滋养药方。因此,语文教师只能不断提升自己,让自己能够承担起这个使命。帕克·帕尔默在《教学勇气:漫步教师心灵》中说:"我只会在我经受不了检验的生命的阴影中,透过重重的墨镜看学生——而且当我不能够清楚地了解学生时,我就不能够教好他们。当我还不了解自我时,我也不能够懂得我教的学科——不能够出神入化地在深层的、个人的意义上吃透学科。我只是在抽象的意义上,遥远地,视其为疏离于世界的概念堆砌一样看待学科,就像我远离自己的本真一样。"我们和学生,灵魂相遇于课堂之上。

三、灵魂相遇于课堂之上

对一节语文课来说,教学的艺术首要的是产生情感火花。直白地说,情感匮乏的语文课是空洞无物的,无法真正实现语文教学的目标。

情感的火花如何产生呢? 首先是教师的真情投入。教师一旦超脱在文本之外,俨若导游,如何能够实现教学相长,乃至与学生的心灵一起成长? 事实上,不少教师的确会对教学产生隐性或显性的厌倦感。说到原因,"重复教学"是常见的说法;尽管面对的是新的学生,教师却不那么容易被已经重复教过的课文打动——是否"我们走得太远了,已经忘记了为何出发"?

"教学艺术的本质,不在于传授,而在于激励、唤醒和鼓舞。"罗素也指出,一个理想教师的必备品质是有博大的父母本能,感觉到学生是目的。教不是学,把教学当成一种简单的知识传递,不仅不会引发学习,反而会阻碍学习。语文课需要教师足够投入,期待教师的创造力,使师生的灵魂相遇在课堂上。这种情境下,教师对教学内容进行精细、准确解读,更能实现语文课的生动和深入,触发学生的深度学习。

思想需要训练,情感需要培养。我们很多人都被好的语文课滋养过,也许是教学的深度,也许是表达的自由,也许是理性的观照,也许是文化的品位。也许,最让学生有感发的语文课,往往发生于师生针对某一问题莫逆于心的、摆脱原有格局的、闪耀着生命光彩的一刻。

四、课堂感发的作用

新课改以来,不少教师为课堂无法实现有效的感发而忧心忡忡。

这样的忧虑是有益的。所谓"感发",释义为"情感于中而发之于外"。从这个意义上来说,如果教学一味遵循常规,我们就看不到思想生长的可能。缺少有效感发的课堂,许多本来应该发生在课堂上的思想交流、碰撞没有出现——在这最重要的时间里,教师也许恰恰限制了自由的思考。

"感发"的这种情感特征,意味着对想象力的宽容。富于想象力的课堂,能够把学生有限的知识经验充分调动起来,促使他们获得更多的知识、技能和难以达到的见解。这种感发,让学生的"理性栖居在它的最高贵的情感之中",从而激励学生调动所有的认识方式来参与学习,构建出灵活多样的思维模式。

有想象力的课堂,经常以精彩的生成实现甚至超越教学目标。这里的"想象力",是一种具体指向。首先是课堂的生动有趣。没有什么比老师在课堂上慷慨激昂而学生却在座位上冷漠观看更让人悲哀了。其次,这种"想象力"指向明确的目标。凡是你教的东西,要教得彻底。一切超出学生理解力或者阻碍了奔向教学目标的内容都是被排斥的。

"感发"的第二种含义是"感奋激发"。这就是说,课堂感发,是一个从想象力阶段向思想有深度阶段的过渡。对老师来说,这需要展现教学的吸引力,即教师的"教学风格"。它是语文课"感发"的核心力量。我们知道,同样的教学内容,不同的老师来讲,其效果可能大相径庭。知识就在这里,把知识传递给学生,似乎只有一墙之隔;但是,到底怎样才能把知识真正地教给学生,实在是有无穷的学问。

在我的认识中,一位语文教师的天赋和气质,是课堂成功的最初积累;但是一节课的真正成功,源于一种生动的思想维系,它像一道闪电一样掠过你的大脑,课堂所有的晦暗之处被骤然照亮。

如此,开始上课。铃声过后,教室里静悄悄的。我们在这种愉悦又深刻的情境中,甚至不需要思考课堂的结构,只需要走到教学内容活生生的世界中,去经历成长序列中最美好的感发过程。

五、课堂拓展的意义

一位优秀的语文教师,不仅要在课堂上通过简洁明晰或者生动精彩的语言、深入浅出的讲解,形象明确地表达对所学内容的看法、理解或者研究,还要善于拓展延伸,为学生提供思维深度碰撞的平台,激起学生对语文课的更大兴趣和喜爱。

既要阐释课文,又要拓展延伸,学生期待课堂上主导的那个人(语文教师)讲述得富有趣味性,而不是简单地给出知识或者事实。从某种意义上来讲,学生期待语文教师作为主导,是讲述者、魔法师(调动情绪的人)和圣诞老人(慷慨给予的人)。通过拓展,教师与学生从更多的内容、角度和层面来领悟作品的魅力,研究课文及类文的风格、意象、体裁等,也就到达了语文课令人最有兴致的部分。

在拓展教学中,想要先打动学生的心,首先要创设情境,和学生一起欣赏课内和课外两类教学文本的细节(这是语文教学的重点和难点),通过同质而又异彩纷呈的文本,贯串已经掌握的与尚未掌握的知识。

拓展教学,要让学生在现时生活中审视过去,描摹将来,尤其是带着学生欣赏已经与这个时代有隔膜的文学作品之时,让学生去欣赏自己的已有经验不能解释的作品,免不了有几分隔膜,但生动形象的事例却可以穿透隔膜。拓展延伸,文本与即将讨论的主题、故事之间因为具有相似性，具有了可以同理推断的魔力——这样，拓展教学的作用便被发挥到了极致。

语文教师不仅仅是传递知识的人，还是使知识更新、衍生的人。拓展教学也显现了这一突出特点。不同于灌输式教学，学生只会在考试时还给教师一些凝固的知识。通过拓展教学的分析、推断，教师和学生在更丰富的文本碰撞中，一起寻找课内外教学文本的共性和闪光点，深度激发求知热情。这样，语文教师就成了鼓舞人心的故事讲述者，学生就成了富有灵感的思考者，语文课成了充满创造力的课堂。

这个时刻，不会有学生一边听着教师的讲述，一边凝视窗外的花园。在多姿多彩的文本交织和清新睿智的思考碰撞中，学生的心灵、头脑将见证真正属于学生的广阔天地，这是一种多么愉悦的交往。

第二章　一节好课的标准

一、"好课"的内涵界定

新课改背景下,所谓"好课",应该是学生通过参与、思考、分享等过程而收获成长的课堂,是让学生获得个性化学习体验的全面发展的课堂。

一些专家学者的研究给出了很多具体的界定。

叶澜教授认为评价一节课好不好,可以参照"五实"标准:扎实(有意义)、充实(有效率)、丰实(有生成性)、平实(常态下)、真实(有待完善)。

朱永新教授在《我心中理想的智育》一文中强调,课堂充满活力、情趣和智慧(甚至三者具备其一),就是好课。

在理查德·I·阿兰兹所著的《学会教学》一书中,他将教学分为三个方面:领导、教学、组织。教师最重要的工作是在课堂上为学生提供面对面的教学,组织(包括课堂的完整)是辅助条件。

吴明隆教授的《班级经营与教学新趋势》中认为,教师有效教学的关键能力,首先是课堂清晰度,然后是教学多样化、教师专注度等。可见,有效的课堂,绝不是按部就班的课堂,而应该是以多样的教学手段、清晰的课堂问题,引导学生积极思考的课堂。

杨九俊先生主编的《教学评价方法与设计》也明确提出:一节好课应整体体现在三个方面:真实的学习过程,科学的学习方式,高超的教学艺术。

新课改背景下,一节好课应该明确地凸显学习主体,以考查学生在课堂上的学习活动状态(学生的参与状态、交流状态,学习目标的达成状态)为关键标准。

以《荷塘月色》或者《说"木叶"》的教学为例。王荣生教授曾反复强调"语文教学内容,主要指教师为达到教学目标而在教学的实践中呈现的种种材料"这一认识。依此,《荷塘月色》或者《说"木叶"》不过就是个例子,属于王荣生教授所谓的"例文"范畴。对于这样的文章,从教的角度来说,我们判断一节课上得如何,主要看师生互动中是否理解文本的深层内涵。

语文课上,教师将《荷塘月色》或者《说"木叶"》与学生的已有经验联系起来,能够使文章变得可以理解,甚至可以促发学生的新见解。这时,我们可以从两个方面入手,评价这节语文课以及语文教师:一看教师能否提出(或引导学生提出)有意义的问题,引发学生的深度思考,达成教学目标;二看教师会不会引导、倾听,并给予学生恰当的反馈,让学生举一反三。

二、对文字的敏感:语文教学的首要问题

语文课上,轮到一位同学进行"诗歌荐评"。该同学推荐的是南宋诗人林景熙的《京口月夕书怀》。

京口月夕书怀

林景熙

山风吹酒醒,秋入夜灯凉。

万事已华发,百年多异乡。

远城江气白,高树月痕苍。

忽忆凭楼处,淮天雁叫霜。

学生的讲解极有层次,显然是精心准备的。很多同学被触动,边听边记。

"首联的'凉'字,是我们能够理解的,除了实在的凉风、凉意,我们可以感受到诗人情感上的悲凉吧?读这首诗的颔联,我们能够联想到杜甫《登高》中的'无边落木萧萧下,不尽长江滚滚来',一样都是多重的悲戚。三四两联对照。颈联是实

景,是眼前所见之景——但是,是不是诗人想要见到的景象呢? 不是。第四联的虚景才是作者想见的。虚实相生,衬托的总是诗人的感情;所谓'一切景语皆情语',无论是实景还是虚景,都是为了传达出诗人的情感。"大家都很满意,对台上的同学报以微笑,然后同学们一起朗读了这首诗。

接下来是自由讨论。一位同学提问:"这首诗还有哪些地方是值得赞美的?"另一位同学回答:"'山风'一词不错。"同学们讶然。"一方面,这个词写出了作者人在旅途中,对环境的不适应;另一方面表达了作者的陌生感和隐约的排斥之情。"很多同学赞同。我也很惊讶:学生对词语的意味分析得如此细致,其思想是如此敏感。我及时表扬了他:"说得真不错! 这一联中,除了分析过的'凉',其他的如动词'吹''醒''入'及名词'酒''夜灯'都是古诗中常见的,唯有'山风'一词,表达了作者的独特情思,最耐琢磨。"同学们兴致很高,反复推敲。有同学提出"月痕苍"中最具意味的词是"痕",她说:"用一'痕'字,既写出月色之浅,又描摹出了诗人即便看到如此浅月仍引发心中深重乡思的情状,极言思乡之深。"我又一次惊讶了。

分析诗歌的时候,我们注意到了意象(词语)的深浅层意味等,这是对文字的敏感引发的。那么其他文体的教学中,如何实现类似的对文字的敏感呢?

在教学中,教师要注重在语言文字运用方面的引领。教学《指南录后序》时,讲到"贾余庆等以祈请使诣北",一位同学给大家讲述了"诣"的不同含义,我点头。后来另一位同学说:"像'诣'一样解释为'到……地方去'的文言词语,我们学过的还有'之''如''至'等。"我表扬他:"最基础的知识,往往闪耀着最动人的思想光芒,现在你就是这么做的。"后来讲到《五人墓碑记》中的"待圣人之出而投缳道路",马上有同学结合"待"归纳出还有"及""洎""比""俟"等同义词。这种及时联系的思维能力是我期待的——在我看来,这就是对文字的敏感。讲到《五人墓碑记》"其疾病而死,死而湮没不足道者"一句,我问:"什么是'疾'? 什么是'病'?"一位同学马上联系到《扁鹊见蔡桓公》中"君有小疾"和"病入膏肓",解释了二者区别。还有同学继续阐释"饥饿""饥馑"的古义和今义。讲五人"蹈死不顾",学生讲了"蹈"的几种意思。"大家怎样区分'赴汤蹈火''手舞足蹈''循规蹈矩'几个成语? 字意一样吗?"学生清晰地区分出了词语的细微不同。这种对词语的敏感不是一蹴而就的,是日常教学点滴积累而成。学以致用尚且不够,还要有足够的敏感,能够采用多种思维方式理解、掌握语素、词语、语法等。

如果我们让"只可意会,不可言传"在语文课上蔓生,不仅会销蚀语文课的语文味,更会打消学生学习语文的兴趣和热情。

语言是媒介又超越媒介。童庆炳先生认为,我们在运用语言文字处理自己的思想感情的时候,语言文字已经变成了一种"气势""气韵",我们的经验、思想、感觉、感情、联想、人格等都融化于语言中,语言不再只是单纯的表达意义的媒介,而具有了打动人心的价值。所以,语文课必须培养学生对文字的敏感。我们常说语文教学要"立足文本",首先要从语言文字开始。

在杨绛的《老王》一文的教学中,我发现很容易就能找到文章的"内核",即老王与"我"交往的几件事,尤其是"送香油和鸡蛋"一事。但是,要真正理解《老王》中杨绛的"愧怍",必须抓住文中"送默存上医院"一事中的"你还有钱吗?"(关切之情溢于言表)和"送香油和鸡蛋"一事中"我不是要钱"(失落之情难以名状)两句话,仔细推敲。只有抓住了这样的具体语句,理解其表层含意后面的深层意味,我们才能理解,老王是出于对杨绛一家的真心关爱,才这么做的。尤其是后一件事中,"没什么亲人"的老王不仅是来告别,更是渴望像个朋友一样临终告别!可是杨绛没有感受到老王的这份真情。在课堂教学中,我引导学生进入文章的情感层面后,往往放手让学生仔细推敲人物的言行——毕竟,文章的情感总要通过内容、情节的细枝末节表现出来。学生果然能够理解此文要表达的情感。我对学生说:"很多有着与杨绛类似经历的人,读此文后,往往痛哭不已啊!"学生深以为然,说此文"平淡的行文下,隐藏着深厚的情感波澜",杨绛写此文时"用情极深"。学生的理解程度显然取决于对文中对话的揣摩、推敲。这也是由于敏锐地发现了文中简要的对话中隐含的细节。

阅读教学中的期待和敏感,往往是对意义的寻找。而这种寻找的依据,最关键的是文本,即语言文字。文章的情感意义一般很难准确表达,但可以在阅读过程中,通过文本被认识到,也应该被描述出来。这种描述也同样依赖于师生在语言文字运用方面的能力提升,依赖于对文本的感悟。

　　工具性与人文性的统一,是语文课程的基本特点。对于工具性的认识,历来有不同的看法;但在"从语言(文字)入手"这个观点上,历来又都惊人的一致。从学生语文素质提升的途径来看,对文字的敏感,的确应该是语文教学的首要目标。

三、朗诵:被氛围感动的语文课堂

　　"人类原始的教育方法,只有一个,就是背诵。尤其是读中国书,更要高声诵读。"当然,这是把朗诵视为起始的语文了。其实,朗诵是语文课的坚守和本义。

　　某一节课上,我发现老师在朗诵,没有音乐,没有图像,只有教师的声音萦绕于教室的各个角落。教师的角色、情感转换和声音高低、腔调音色的变化,让学生们沉浸其中。这种氛围,感染了课堂上正在读或听的师生。

　　对教师来讲,朗诵不仅仅是为了让学生感受作者表达的情感,更是为了让学生的心灵丰盈润泽。当学生的精神高度专注的时候,闪亮的除了眼睛,还有晶莹剔透的心灵。在朗诵中,学生不仅仅增加了知识,拓展了视野,更丰富了感情,深化了思维,提升了气质——这就是"语文味",就是语文教学中应该始终贯穿的主旋律。

　　语文,需要大量的阅读。首先是声音的传递。用声音,通过朗诵实施阅读教学,能逐步培养阅读审美和良好的阅读习惯。分析技法、厘清概念的语文,不是真正的语文,而是一次次技术传承罢了。往往在琅琅书声中,才有了纯正的语文课。语文课,就是要用声音,在学生的内心种下阅读、感悟的种子。朗诵,就是将有形的文字变成无形的艺术,用语言表达内心,用心与学生交流,让阅读的种子生根、发芽。

　　今天的语文课,像是突然进入了一个万紫千红的春天。但是,各种教学范式都被贩卖了一圈之后,大家还是需要回归原初的语文。那种转了一圈又被捡起的课堂,就像鲁迅先生在《从百草园到三味书屋》中描述的:

　　"……大家放开喉咙读一阵书,真是人声鼎沸……先生自己也念书……大声朗读着:'铁如意,指挥倜傥,一座皆惊呢～～;金叵罗,颠倒淋漓噫,千杯未醉嗬～～……'"这种课堂,这种氛围,是正确、合宜的语文课。

四、是不是每节课都要有完整的结构?

一节公开课,《再别康桥》。这首诗,只有部分学生能够阐述诗歌的语言美、韵律美。语文教师先是播放了《再别康桥》的示范朗读(是一位名家读的——我也收藏着这么一张碟片,经常听得忘乎所以)。

学生可能只是进行了简单预习,朦朦胧胧地理解了诗歌情感。但是,示范朗读一开始,他们仿佛一下子都懂了,全部沉浸到那种忧伤的情境中。学生听着,脸上浮起了向往的神情,有同学随着朗诵节奏的抑扬顿挫,身体自然摇动。很快,他们小声跟读了:他们想朗读,但又生怕听不清示范朗读。他们被那珠圆玉润的文字吸引,为那声音营造的情境而着迷。

在学生的要求下,他们又听了两遍示范朗读,早已忘了后面还有很多教师在听课。那位教师的额头上,已渗出了汗珠——也许是因为他不知道接下来的教法会给听课者留下什么样的印象。接着是学生齐读。在之前的情境熏陶下,再加上这位教师激励性的话语,每位学生都捧起了课文,全神贯注地听着音乐前奏。他们读得动情,非常投入。跟着示范朗诵齐读一遍后,学生又齐读了两遍:每一遍,学生们似乎都把感情倾注到了诗中。在一遍遍的朗诵声中,这首《再别康桥》仿佛拨动了学生们的心弦,使他们在心灵最深处感受到了生命的律动和意义。然后是个别学生读,有几位学生表现很不错,还有小部分学生可能读得不是这么好。我个人觉得,这个时候,如果也让他们展示一下,共同改进、互相激励,那么对于这部分学生来讲,无论是对激发他们朗读及语文学习的兴趣,还是对培养他们的自信和胆量,都会有很积极的作用。可惜,这位年轻的教师没有"冒险"。

学生个别读之后,这位教师进行了示范朗读。这次,他要求学生用"心"去听,通过联想、想象,再现徐志摩挥别康桥时的画面;或者,再现自己的某次记忆犹新的告别经历。学生有的专注,有的沉思,有的激动,但都很投入。然后是女生齐读、男生齐读;接着是一、二小组读,然后是三、四小组读。每次读,学生似乎都有更新、更深的感受,都有进步与发现。这节语文课上,每一个学生都受到了美的熏陶,在内心深处漾起了诗意的波纹。

　　这样的一节语文课,是好课吗?教研活动上,有教师提到了这节课:"语文课如果想糊弄也容易:齐读、个别读,男生读、女生读,一二小组读、三四小组读……"这让我很为那位教师不平。显然,这是学生铭记于心的一节语文课。我觉得,这节课甚至可以说是一种更为广阔的"大语文观"的体现,是极富想象力的课堂。

第二部分

文本解读与阅读教学

第三章　小说的解读与教学

一、《祝福》"不可靠叙述"意蕴的教学探索

鲁迅小说《祝福》选入统编版高中语文教材必修下册第六单元。这一单元由《祝福》、《林教头风雪山神庙》、《装在套子里的人》、《促织》、《变形记》(节选)等五篇小说构成,属于《普通高中语文课程标准(2017 年版 2020 年修订)》(以下称"新课标")"文学阅读与写作"学习任务群。该任务群的学习目标之一,是引导学生阅读古今中外的小说,借助自主阅读、讨论、写作和交流等方式,感受小说的艺术形象,把握小说内涵,理解作者的创作意图。教材单元导语中也明确提出:"本单元所选五篇小说,通过虚构的人物形象与故事情节反映社会生活,描摹人情世态,表达对人生的思索。"基于任务群单元整体设计的要求,该单元教学需要提炼单元教学大概念来统摄单元内容,使这个大概念能够"将散乱的事实、主题、知识和技能联系起来。……在'学科素养'和'单元设计'间架设通道……"作为"认知结构中重要的关联点,不断吸纳、组织信息"统摄教学,促进学生在结构化的知识体系中培养学科思维,有效落实核心素养。

(一) 基于层级进阶理论,分解教学核心任务

《祝福》是鲁迅小说集《彷徨》的第一篇。小说通过祥林嫂这一艺术形象的塑造,深刻反映了辛亥革命后旧中国劳动妇女的悲惨命运,揭露了封建礼教吃人的本

质。我认真研读单元文本,整合导语内容,确定"个人命运与社会制度"为单元大概念。"大概念教学"也需要相应的教学结构来落实。基于大概念来研习《祝福》,需要在特定的交际语境和历史文化情境中,具体、深入地开展探究层级教学意蕴的阅读教学。结合南京师范大学黄伟教授的层级进阶理论,《祝福》阅读教学的目标可分解为"基础性理解"(释义层)、"关键处掌握"(解码层)和"深层次思用结合"(评鉴层)三个层级。根据这一层级进阶理论,我确定《祝福》的核心教学任务是聚焦"不可靠叙述"这一文本叙事特点,理解分析《祝福》呈现的特定历史时期的人物形象,通过其人生轨迹及命运浮沉,完成对人性、社会和制度的深度认识。

所谓"不可靠叙述",是当代西方叙事理论的观点,北京大学申丹教授结合西方学界有关"不可靠叙述"的认知与修辞两种研究方法,认为它是以第一人称叙述为主,主要涉及故事事实、价值判断和知识感知,对表达主题意义、产生审美效果有着关键作用的一种叙事策略。聚焦"不可靠叙述",立足层级进阶理论,我将《祝福》的核心教学任务"分析社会制度对个人命运的影响"具体分解为三个层级的教学探索:一是从释义层感受、理解祥林嫂的形象,思考其命运制造者,读懂故事事实;二是从解码层深入分析"我"的叙事价值,领会小说独特的审美效果,读透文本;三是从评鉴层探究小说采用"不可靠叙述"的多元价值和主题意义等。

(二)释义层:是谁杀死了祥林嫂?

释义层,即理解文本所表现的内容主题、所表达的思想情感,也即读懂文本,主要是通过字、词、句、段、篇的释义,了解事实、概念,推理和想象,获取文本信息的过程。基于此,我从故事层面设计了第一个教学主问题:是谁杀死了祥林嫂?在释义层上,《祝福》呈现了一个女佣祥林嫂从逃到鲁镇到被扼杀一切生机,最终死于鲁镇的全过程。结合释义层需要达成的"字、词、句、段、篇的释义""了解事实、概念,推理和想象"等目标,师生在教学中要整体了解这个故事;然后深入思考"祥林嫂为什么会被如此对待"这个问题,引入对当时社会关系的初步了解;进而结合作家作品介绍,把握20世纪中国文学"围观(祥林嫂)苦难"这一深刻景观,初步感受鲁迅小说深远、独特的价值。

　　读懂文本首先需要把握故事情节。教学过程中,教师首先请学生"结合故事情节,谈谈对祥林嫂形象的认识"。经过学生的交流研讨可知,小说结构工整,采用了倒叙方式。在故事的开篇,"我"和祥林嫂劈面相逢,她就追问"我":"一个人死了之后,究竟有没有魂灵的?""我"却也无力挽救她,然后她不断被掠夺、压榨,直到一无所有地死于风雪之夜。而初至鲁镇的祥林嫂,是一个模样周正、安分耐劳、有着旺盛生命活力的年轻女子。小说叙述了祥林嫂逃出来做工,不久被婆家抓回被迫二次嫁人,然后遭遇变故再次被赶出门,之后被迫再到鲁镇打工,以及"捐门槛""被喝止""纯乎乞丐"等一系列事件——纵观祥林嫂的一生,其所求不过就是做一个人,做一个靠自己的双手劳动而活着的下人,但就是这么一个卑微的诉求,在那个时代却无法实现;甚至"祥林嫂"都成了一个指代"悲惨命运"的专有名词。这样,学生读懂了小说并且通过"知人论世",与作者、作品形成了共情,这也成为我们读懂鲁迅小说的关键。

　　在学生"读懂"的基础上,教师继续引领学生结合人物形象理解小说的创作意图,提出了"释义层"的关键问题"为什么祥林嫂会被如此对待呢"。初到鲁镇的祥林嫂,就是一个让四叔"皱眉"觉得"可恶"的寡妇——在封建礼教中,寡妇也就意味着罪恶,要受到道德谴责,寡妇因生计出来劳作也被四叔诟病;然后被卖再嫁就是失节,甚至丧子也是祥林嫂不祥的征兆。这是祥林嫂在鲁镇社会的关系链缩影——因为她是这样的祥林嫂,所以鲁镇人赤裸裸地歧视、侮辱她。通过"我"所了解的信息,也借助卫老婆子、祥林嫂等小说人物的具体讲述,我们认识到当时社会关系带给一个人的多重摧残。费孝通在《乡土中国》中说:"因为在这种社会中,一切普遍的标准并不发生作用,一定要问清了,对象是谁,和自己是什么关系之后,才能决定拿出什么标准来。……中国的道德和法律,都因之得看所施的对象和'自己'的关系而加以程度上的伸缩。"也就是说,只要社会环境没有根本变化,这一套不必讲道理的社会关系总是有效的。然而,在这个充盈着观念之恶和"平庸之恶"的鲁镇社会里,鲁四老爷、四婶、婆婆、柳妈、卫老婆子、短工、镇上的人们,以及"我"就在这日常生活中,共同构成了"无主名无意识的杀人团"。比如那个同样卑微的"善女人"柳妈,和祥林嫂的对话也充满了优越感,那可看作是一个清白女人对一个污点女人的审讯；她让祥林嫂"捐门槛"耗尽钱财最终沦为乞丐，可称为祥林嫂的"直接催死剂"。又如鲁四老爷、四婶，在祥林嫂捐门槛后依旧"不许赎罪"，一句轻飘飘的"你放着吧"摧毁了祥林嫂最后的心理防线，让她从一个人彻底变为"物"——"只有那眼珠间或一轮，还可以表示她是一个活物"——这种精神上的打击，要了祥林嫂的命。至于婆婆、卫老婆子、短工和鲁镇的人们，也都自动站队，成为封建制度下的庸众——他们"围观(祥林嫂)苦难"的场景，成为20世纪中国文学的深刻景观。

新课标强调，师生要结合自己的生活经验和阅读写作经历，发挥想象，加深对小说的理解。经过上述的教学讨论，师生通过故事情节的梳理，想象祥林嫂的生活经历，对她的遭遇产生了鲜活的、有温度的、深刻的共情：在年终的"祝福"声中，鲁镇人迎神纳福拜求好运，却集体扼杀了祥林嫂最后的"生之可能"。在这个释放极大恶意的鲁镇社会里，多少人借着礼教之名，在无察觉地做着"吃人"的事情啊！小说没有说是谁杀死了祥林嫂，读者也难以找到"压死骆驼的最后一根稻草"，但祥林嫂的悲惨遭遇，以这种"不可靠叙述"的方式，最大限度地揭露了旧社会的罪恶，彰显了彻底革命的必要性。经过上述教学环节，教师借助文本结构的把握，引领学生把小说各部分的情节整合起来，深入分析了祥林嫂的人物形象，并且根据学生的学习需求，层层深入地理解并归纳了小说的主题和创作意图，教会了学生阅读小说的一般方法。

(三)解码层："我"到底是谁？

进入文本内部，才能深层次读透文本。黄伟教授将这一过程称为"解码层"，认为"解码即审美性阅读，揣摩、玩味、赏析文本中的技术和艺术"。黄伟教授强调："一些教师的教学也触及了'解码'环节，但其关注的往往是学生'有没有读通文本''有没有从文本中找出细节'，而没有关注到'是怎么读通的''是怎么解开'密码'的'，更缺乏对文本形式与表达效果关系的探究。"基于此，我选择并设计了"从叙事层面分析'我'到底是谁"的主问题，精读文本，指向培养学生分析、赏析、审美的能力，发展学生"思维发展与提升"的核心素养。《祝福》这篇小说中人物众多,仔细分析文本,我发现理解"我"到底是谁,能较好地借助这一文本形式,提纲挈领,领悟小说独特的叙事表现力。

那么,在具体的课堂教学中,如何"解码"呢? 我采取的教学策略如下:

首先,完成专业性知识的学习,揣摩关键叙述者"我"的身份价值;

其次,深入文本机理,从叙述角度和叙事价值两个艺术层面,分别赏析小说的矛盾冲突和主题价值。

《祝福》呈现了祥林嫂的一生,其叙述者不止一个,但关键的叙述者是"我"。随着小说情节的深入展开,"我"在文中有着不同的身份,经师生分析如下:

叙述层次	"我"的身份	叙述内容
第一层面	叙述者兼人物	"我"在鲁镇的经历,见到了祥林嫂要饭并被追问,到最后"我"听说了祥林嫂死去的消息。
第二层面	叙述者	"我"关于祥林嫂一生的回忆讲述。
第三层面	人物	在"我"的回忆中穿插卫老婆子三次向四婶讲祥林嫂的情形,以及祥林嫂反复讲儿子惨死的故事等。

深入分析了"我"的不同身份之后,师生如何借助"我"的这种不可靠的身份,深刻地理解这个病态的社会呢? 笼统来说,一开篇,作为小说人物的"我",无力回答祥林嫂关于魂灵的问题。不久后祥林嫂就死去了。这是结局。作为叙述者,从鲁镇出去又回到鲁镇的新青年"我"开始回忆祥林嫂一生的诸多事件,也全面展现了鲁镇社会的各方面特点。在那个旧时代,一个底层妇女的死根本无足轻重;在"讲理学的老监生"鲁四老爷那里不过就是一句"谬种"的评价。然而祥林嫂又是一个关键符号,传递出"救救女人"的呐喊,一如《狂人日记》"救救孩子"的悲鸣。鲁迅写了不少关于女性命运的文章,如杂文《娜拉走后怎样》,小说《伤逝》《明天》《离婚》等。这引人深思:在旧社会,鲁迅笔下的祥林嫂怎么就活不下去了呢? 女性的命运为什么这么值得关注?

《祝福》生动展现了在鲁镇社会里,祥林嫂无察觉"被杀"的悲惨命运,猛烈批判了封建礼教的"吃人"本质,使小说的主题意义和审美价值得到了最大提升。课堂上,师生反复揣摩、剖析、品味"我"的身份价值,从以下两个层面获得了认识高峰体验。

第一个层面,从叙事角度上来看,《祝福》的叙事艺术性首先在于其第一人称双重叙述的运用:一是作为小说叙述者的"我",是旁观者,回忆起鲁镇和鲁镇上发生的故事。二是作为小说人物的"我",既是叙述者,又以具体的人物身份参与了故事发展。"我"的这种不确定的叙事身份,会影响"我"对事实的判断。"我"无疑看透了鲁镇人尤其是鲁四老爷,但"我"也亲身参与了祥林嫂之死甚至是帮凶。面对祥林嫂"一个人死了之后,究竟有没有灵魂的"的发问,我"悚然""惶急""踌躇"——与柳妈言之凿凿地享受祥林嫂的痛苦相比,"我"是善良的、焦虑的,祥林嫂的既希望有又希望无,使"我"陷入了两难。回到四叔家后的内心独白,更显示了"我"人格上的剧烈矛盾:对于祥林嫂,"我"时而"心里很觉得不安逸","委实该负若干的责任","这不安愈加强烈了";时而推翻之前的想法,庆幸自己回答"说不清"的明智,认为"于我也毫无关系了"。经过细细品味、涵泳玩索,师生愈加认识到这种双重叙述带来的情感冲撞,正是小说叙事的独特魅力所在:叙述者兼人物"我",作为纯粹的叙述者可以是客观、理性的,但作为深受鲁镇社会影响的返乡人,又作为具有进步思想的小资产阶级知识分子,"我"的行为显现出"我"精神上的复杂性及软弱——连见过世面的"我"也怀疑和彷徨,这无疑更发人深省。

第二个层面,从叙事价值上来讲,"我"作为不可靠叙述者,在故事表达、角色塑造和主题深化方面都有重要意义。首先,"我"是小说叙事的主要视角,这增添了小说的真实性——"我"的所见所闻所感,真切揭露了那个社会的真实状态,引发了读者更深入的思考和解读。其次,由于身在局中,再加上"我"的思想所限,"我"也是祥林嫂悲剧的制造者或者说关键推手之一。小说中的人物都是隶属于小说整体的要素。在祥林嫂看来,"我"作为鲁镇上的一个"识字的""出门人",是她生命里最后一根救命稻草;但是,面对祥林嫂的终极疑问,作为知识分子的"我"落荒而逃。这一问一逃,使祥林嫂丧失了最后的精神寄托,把她推向了一个必死境地。再次,"我"是小说所要重点塑造的一类人。将鲁镇受压迫最深重的祥林嫂作为考题放在"我"面前,"我"是矛盾的,"我"对祥林嫂的认识是不能轻信的,"我"

的叙述也是不可靠的,但是"我"的存在使小说蕴藏了一种隐约的希望——这篇小说中有顽固的四叔,有愚昧的鲁镇众人,还有"我"这样最先觉醒的人——很显然,《祝福》的无尽"彷徨"和无声"呐喊",最期待的就是能先唤醒"我"这类人。

选择不同的解码角度,彰显了教学的不同特色。经过以上的解码,学生对于小说的叙事角度和叙事价值有了较为深入的理解,在赏析文本艺术手法和分析文本深层内涵两方面的关键能力也得到了锻炼和提升。这样的教学过程能引领学生习得关键知识,提升相关能力,形成对文本的高阶认知。

(四)评鉴层:鲁镇的人过得怎么样?

评鉴层,指通过批判、评价和解析文本,形成审辨性阅读和反思性阅读。这一层级强调对文本进行批判性思考和创造性解读,同时关注学生反思性思维、创新性思维和综合迁移能力的培养。在这一层级,学生将文本与自己的阅读经验、阅读知识、人生经验和社会背景联系起来,讨论和探究文本的多重或深层含义,甚至探讨文本对个人、社会和文化的意义,形成价值观的内化。教学过程中,评鉴《祝福》的课堂主问题是:从"这一篇文本中的具体人物"和"鲁迅小说中出现过的鲁镇人物"两个层面出发,深度探究鲁镇的人过得怎么样。评鉴层的教学设计,指向提升学生思维品质,增强批判性思维能力,提升学生重建文本、参与当代文化的关键能力。同样是一节语文课,有的同学"看山是山,看水是水",只学习理解了一个"关于祥林嫂的旧时代故事";有的同学则"看山不是山,看水不是水",能够深度把握"我"这一叙述视角的多元表现力,深度领悟小说主旨;有的同学则"看山还是山,看水还是水",由祥林嫂这一个人物而认清一个时代及其社会制度的本质,还能通过旧时代的故事来审视当下社会,发现历史的真相和现实的趋势等。

单元学习任务中有这样一段话:"被婆家从鲁镇抢回去卖到深山里的祥林嫂,本已过上相对安定的生活,但'天有不测风云',丈夫意外'断送在伤寒上',儿子又惨遭不测,她不得不又回到了鲁镇,从此走向了'末路'。"阅读小说,我们常有"无巧不成书"之叹:为什么这么多的意外和不幸,都集中在祥林嫂身上呢?难道鲁镇的人们都在欺辱祥林嫂?各色人物所构成的时空里,鲁镇的其他人都生活得怎么样呢？

　　指向批判的评鉴，需要引导学生从"审美"走向"迁移"和"质疑"。日复一日的鲁镇平常生活编织出了一张无形的大网——在这个特定时空里，祥林嫂不是没有抗争，而是无力反抗，甚至"我"也无能为力。生活在鲁镇的人，《明天》中的单四嫂子也罢，《离婚》中的爱姑或者《狂人日记》中的碧痕也罢，最终都和祥林嫂一样，被这个世界吞没。祥林嫂的典型意义在于，她不仅独特，而且具有普遍性，是那个时代普遍存在的人。鲁迅认为，小说必须是"为人生"的，要能"揭出病苦，引起疗救的注意"。可以设想，同样生活在那个时空里，柳妈的命运会如何？她以善女子的名义获取女佣的工作，也朝不保夕啊。四婶，这个附庸于鲁四老爷的女人，看似地位要高一些，但她又何曾有过作为一个人的真正自由？鲁镇中的其他女人，以祥林嫂的遭遇作为生活的极大乐趣，那种一眼看到头的生活又何尝经得起推敲？也许，少有人会有祥林嫂这般悲惨遭遇，但祥林嫂的命运何尝不投射出当时国人的生存困境？

　　《祝福》所描绘的鲁镇社会，在鲁迅的诸多小说中多次出现，构成了其多篇小说间的对应联结。也是在鲁镇，那个少年时活泼勇敢的闰土，是否长成了如"还不是穷死的"短工般的冷漠鲁镇人？受尽欺凌、只能以"精神胜利法"自我安慰的贫民阿Q，是否会为祥林嫂掬一把泪？曾满怀理想、最终回到鲁镇教孩子"子曰诗云"的青年吕纬甫，也只能眼睁睁地看着祥林嫂惨死吧？……他们过得怎么样呢？这个鲁镇社会，也许不过如鲁迅在《灯下漫笔》中所言，是"想做奴隶而不得的时代""暂时做稳了奴隶的时代"。这正是当时乡土中国的普遍现象，是"国民劣根性"的集中体现。如何改变或拯救这些国民？这样的时代何时是一个尽头？鲁迅通过祥林嫂一个人的悲惨命运，映射了整个鲁镇乃至整个中国社会的命运，揭示了旧社会崩解的必然性——这是故事最想要传递出来的价值。时空里藏着更宏大的因果。我们透彻地理解一篇小说，的确可以通过那些尚未确定命运的人物，来彰显小说更深邃的价值：《祝福》中鲁镇各色人物在那个时代的命运，也许才是更能震撼人心的真相。

　　经典作品的魅力是永恒的。从"审美"走向"质疑"和"迁移"，《祝福》的"不可靠叙述"彰显了鲁迅小说的巨大思想冲击力,促使学生立足"层级阅读教学理论",在学习中厘清《祝福》"不可靠叙述"的深邃文学价值,更透彻地把握鲁迅作品的时代价值,建构关于《祝福》及鲁迅小说的更为细致、深刻的知识结构。

有效运用"层级阅读教学理论",在教学中逐层深入地探究《祝福》"不可靠叙述"的丰富教学意蕴,能够让学生知人论世,读懂小说,掌握小说阅读的一般方法;让学生找准角度,深度涵泳文本形式,获得高阶认知;让学生透析文本,发现不同文本的关联,实现迁移运用。这样,学生既习得了文本的多重内涵,又基于有序列、有深度、有效果的教学过程锻炼了思维能力、审美体验能力和迁移能力等,丰富了审美体验和鉴赏经验,达成了深度学习,提升了学科核心素养,实现学科的育人价值。

教学延展

大概念下的《明天》教学意蕴解读

和《祝福》一样,《明天》是鲁迅着力反映妇女悲惨命运的小说力作,是他期待民众能够"于无所希望中得救"的一次重要"呐喊",具有特殊的文学地位。曾入选高中教材的鲁迅小说《明天》,在《祝福》一文的教学过程中,常被用作比较阅读篇目。但是,很长一段时间,《明天》仅仅被认为是"反映旧时代妇女悲剧命运的短篇"。20世纪40年代,陈西滢就说:"一向认为这篇小说很简单。因为觉得里面所写的,只不过是一个穷苦的青年寡妇,丈夫死后,她整个的爱,全部的希望,都寄托在3岁的儿子身上;不幸儿子又病死了,留下来的只有孤寂,只有空虚。作者在这文中要使读者在一个粗笨的乡下女人身上感到生活的悲哀。"这篇作品,现在也被当成一篇优秀小说来看待,少有人对其文学价值进行深度挖掘。新时期的文学研究者的代表性观点是:"《明天》描写单四嫂子的孤寡及其失子的惨痛,并对封建统治下人与人的冷漠关系进行了挖掘和批判。"

对于这篇小说,鲁迅曾这样说:"在《明天》里也不叙单四嫂子竟没有做到看见儿子的梦,因为那时的主将是不主张消极的。"可见鲁迅对这部小说是颇为看重的,绝非信手写来。后来,鲁迅谈到自己写作《明天》的那个阶段,还说:"有了小感触,就写些短文……得到较整齐的材料,则还是做短篇小说……"据这两段话来看,对于鲁迅来说,《明天》的确属于很特别的一篇。这篇小说的深层意蕴值得解读。

《祝福》属新课标"文学阅读与写作"学习任务群,我们在研读《祝福》一文时,把"个人命运与社会制度"作为单元大概念,确定《祝福》一文教学的核心任务是感受、分析祥林嫂的形象,思考造成她不幸命运的社会根源。那么,研读《明天》,我们也可以立足"个人命运与社会制度",从三个方面对《明天》所承载的多元主题进行深层次的挖掘。

(一)个人命运的时代悲声:明天在哪里?

小说的标题意味深长,鲁迅言简意赅地描绘了等待"明天"的单四嫂子和鲁镇社会。《明天》的文学史贡献,体现在它让我们感受到了人物所处特定时代的民族文化,引导我们深切感受了那个处于民族存亡危机的半殖民地半封建的中国乡土氛围。这个20世纪20年代的鲁镇,正是当时中国最具标志性的一角——阅读《明天》,我们可以感受到当时乡土中国的整体状况以及民众的生存境遇——可以说,鲁迅用这么一篇小说,就定义了一个时代的期求。

这个期求,就是明天。《明天》中,明天在哪里呢?文中也有三处期求"明天"的明确表达。第一个"明天",是守寡的单四嫂子希望宝儿的病,要么自然好,要么是何小仙看好——这是很多人期求的"明天"。第二处,是宝儿死了,给单四嫂子带来的巨大的精神冲击,让她处在一种痛苦至极的臆想状态中,期待宝儿的死不过是一场梦罢了,希望明天还能看到"宝儿也好好的睡在自己身边""生龙活虎似的跳去玩了"。这一处对于"明天"的无理期求,其实反映出当时极端苦难的生活引发的幻象和幻灭——人在什么时候才会有"死而复生"的奢望呢?大多是处于极度痛苦一筹莫展毫无办法的时刻吧。第三处写到"明天","只有那暗夜为想变成明天,却仍在这寂静里奔波"——这个"明天",是客观世界的永不止息,更是单四嫂子的生活被瓦解、心态异常混乱的阶段,具有多元的发展方向。

三处"明天",就像一串暗语,我们从中看到那个时代的冷酷,一个女子的觉悟,一种隐藏却富于生气的社会风潮。从单四嫂子的个体命运来看,这个"明天",

具有多元性。也许她会疯掉,人在彻底绝望之后无可奈何;也许她像祥林嫂一样流落他乡,四处漂泊,苦海无边;也许她会选择逃避,找不到生活的出路,遁入空门;也许她被迫改嫁,重新苟活一次;也许她会逃离鲁镇,慢慢地开始觉醒,反抗这个黑暗愚昧的世道! 这其中,个体内在的精神价值存在多样的趋向,但是都逃不开她所处的时代环境——在这样的时代环境中,鲜活的生命被社会摧残,任何选择都需要迎接艰辛的"明天"。

从故事的外部世界来看,鲁迅所写到的第三个"明天",不仅是宝儿死去、单四嫂子绝望的明天,还是一个祥林嫂疯了、陈士成溺死、华老栓买回人血馒头、方玄绰退避、孔乙己排出七文大钱的"吃人"的明天——封建愚昧思想的迫害依旧深重;这也是一个辫子被剪掉、阿 Q 至死不悟、魏连殳自戕、夏瑜被杀、狂人喊出"救救孩子"的明天——社会也悄悄开始了深刻的变动。这个"明天",还指向当时的人的行为方式、人的外部世界,是饱受压迫的民众尝试着探求存亡之道的"明天"。

《明天》还表达了一种历史的延续,它所投射出来的历史观,最简单的追问是,单四嫂子明天怎么活下去? 说得严肃点就是,在五四运动之后,备受封建制度和陈腐观念压迫的鲁镇底层民众,如何面对几乎要过不下去的生活,并认识到个体的生存意义? ——这的确是一个"活着还是死去"的问题。此时的《明天》,是投枪,也是匕首,是一个虚无缥缈却又异常坚定的梦想。鲁迅放弃医学,选择以笔为武器,就是为了唤醒几千年来被封建统治麻木了的国人的思想和灵魂。毛泽东在《论鲁迅》中说:"鲁迅是从正在溃败的封建社会中出来的,但他会杀回马枪,朝着他所经历过来的腐败的社会进攻。"

让《明天》成为经典作品的一个最重要的因素,就是作品中逐渐推演的,更为彻底、决绝的反抗意志。单四嫂子的"明天",不仅仅是个体的绝望,更是集体的绝望——无数底层民众,都从《明天》中看到了这种深不见底的绝望,这必然促生对绝望的反抗。这是由当时的整体社会环境决定的。借此,我们也才能合理解释单四嫂子之前的愚昧、顺从和不觉醒。对此,解读最透彻的是钱理群、温儒敏、吴福辉所著的《中国现代文学三十年》,书中结合对《明天》的分析指出:鲁迅反对任何形式的忍从,他的最终指向是"绝望的反抗";对于社会,更是人对自身的反抗。这就明确了《明天》的主题。

(二)社会制度的悲剧存在:粗笨的人走向哪里?

单四嫂子的"明天"在哪里?鲁迅先生匠心独运地以五处描写单四嫂子的"粗笨"作为串联,为整篇小说的价值取向构建了完整的形式结构,也指明了粗笨的人将走向哪里。小说很短,却不厌其烦地强调其"粗笨",这不是惯常的写作套路。很多研究者都注意到了这一点,大多认为这是鲁迅先生特定的情节设置,是关系到文本意义建构的重要内容,值得讨论。

在我看来,三处"明天",宝儿从生病到死亡、下葬,给单四嫂子带来的几乎是死路一条的结局;然而,五处"粗笨",通过强调单四嫂子"灵魂的荒凉与粗糙",这就让单四嫂子有了不被毁灭的可能性,有了个体性格的可塑性:也许只有这样的"粗糙",单四嫂子才能生存下来,进而可能会去寻求另一条生路。

起初,小说写到单四嫂子的"粗笨",既让她没能及时意识到宝儿疾病的严重性,让她相信庸医何小仙,让她顺从地到贾家济世老店去买活命丸,又让她在宝儿死后"实在没有想到什么",让她"单觉得这屋子太静,太大,太空罢了"。"粗笨"的前三次出现,蕴含着那个时代的无知民众的、无声无息地发生着的悲剧——单四嫂子就是其中被侮辱被损害的一个悲剧性存在。然而,后两次出现的"粗笨",则让她的情感显现出粗粝、顽强的特征,让她面临人生的巨大苦难,而不至于直接坠入绝望的深渊——这种"粗笨",被单四嫂子用来抵抗丧子后越来越残酷的孤寂与绝望,用来对抗那个"人吃人"的社会,而不至于就死。当然,故事的这般设置,也深刻揭露了封建社会的"吃人"本质。鲁迅在《祝福》《白光》《孔乙己》《孤独者》以及他的大多数小说中,都是这么借助时空的推移、事件的发展层层逼迫,从而在非常态中,激发当时的民众对自身绝望处境的各种无望,引发我们对文学作品社会价值的高度关注。

经典的文学作品强调文以载道,借助作品内容传递文化观念。《明天》作为鲁迅经典名作,具有较高的文化、思想价值。从作品的价值取向层面来说,《明天》最后一段中,"这时的鲁镇,便完全落在寂静里",这正是那时的"夜",和《祝福》中的夜晚一般无二,是那时的积弱中国,是"铁屋子里的叫声"的外在环境。而"只有那暗夜为想变成明天,却仍在这寂静里奔波",却是很清晰地告诉我们:面对这无边的黑暗,"置身毫无边际的荒原",我们的"明天"必将穿越暗夜。

我们要进一步思考:谁能够奔到天亮? 在那个特定的历史背景下考察《明天》的精神价值,则单四嫂子的"粗笨"之中,蕴含着鲁迅对改造当时国民、当时中国的一种清醒认识。在人的行为、思想受到严重钳制的社会现实下,想要把那些冷漠"看客"一般的民众从蒙昧中唤醒是极为艰难的;而"粗笨"的单四嫂子,她粗糙的灵魂,既然经得起宝儿夭折的剧烈折磨,也必然承担得起觉醒的决绝,甚至反抗的坚定。由此可见,鲁迅先生五次强调单四嫂子的"粗笨",不无深意。鲁迅正是借助深邃的洞察,发现了下层劳动妇女的一条觉醒之路,这才让"明天"有了一丝微弱至极的希望。这样的表述,也许就像夏瑜坟上的那个花圈一样,刻意的设置,只是为了让故事的价值取向得以展现,这也是鲁迅小说一以贯之的价值呈现。

(三)社会环境的哲学主题:谁将遭遇绝望?

《明天》通过描写病态社会的不幸之人,呈现鲁迅"反抗绝望"的人生哲学。鲁迅引用匈牙利诗人裴多菲的话说:"绝望之为虚妄,正与希望相同。"宝儿之死,于单四嫂子而言是绝望,不过,于芸芸众生譬如王九妈、红鼻子老拱和蓝皮阿五等人而言,不过是"不痛不痒的悲剧"。这就是赤裸裸的社会环境。然而,小说中众人的"生",也不过都是不知疲倦地向着"死"的悲剧奔去罢了——在那个朝不保夕的时代里,谁敢说下一个遭遇绝望的,就不是他们中的某一个呢?

基于"个人命运与社会制度"的单元大概念,我们理解《明天》的精神内涵,需要结合其所处的时代和整体社会环境,一方面要站在历史的角度,分析小说传达的信息,去理解产生具体的人物、事件的社会条件,并揭示其社会根源,使学生清晰理解人物或事件在特定历史阶段不可遏制的发展趋势;另一方面,也要站在我们今天所处的社会立场,去观察小说所反映的特定时代的人物、事件或者文化、制度等,努力挖掘其全新的社会意义。

在这个目标引领下,真正读懂《明天》,不仅要理解单四嫂子这个人物,还要理解其他人。比如王九妈在文中多次出现:面对濒死的宝儿,她无动于衷,反应只是两个"唔"的回答和摇摇头再点点头的动作。宝儿死后,王九妈满足于办一场完整的葬礼,她熟练地操作葬礼上的各种流程,颇为风光。当单四嫂子总不肯死心塌地地盖上宝儿的棺木时,王九妈"等得不耐烦,气愤愤的跑上前,一把拖开他",这显示出了王九妈的漠然无情。葬礼之后,王九妈和其他人一样都吃了饭,也终于都回了家,没有留下来再陪伴一下孤独绝望的单四嫂子。对这个人物的价值判断,一方面王九妈的出身、所处环境及其所属的阶层等决定了她的底层互害性质的自私无情——一如《祝福》中的"善女人"柳妈加速了祥林嫂的绝望和死亡一样;另一方面,我们要基于这个人物的必然反应,启发学生思考:王九妈的做法,在那时看似没有失去什么,但这种做法真的可行吗? 在那个时代,王九妈会比单四嫂子活得更好吗?

红鼻子老拱和蓝皮阿五,也是小说着意塑造的人物,他们在小说首尾和中间部分的葬礼上出现,串联起单四嫂子经历的人间惨剧始末:开篇就通过他们在咸亨酒店吃喝得正高兴,与单四嫂子孤寂地抱着生病的宝儿形成了鲜明对比,一边是麻木不仁的苟活,一边是孤立无援的挣扎——死就住在生的隔壁啊! 小说的最后,隔壁的单四嫂子陷入了无尽的绝望,而这时候的红鼻子老拱和蓝皮阿五都喝醉了酒,七歪八斜地唱着下流的小曲,笑着挤着走出了咸亨酒店——真是"今朝有酒今朝醉"的鲁镇民众啊!

《明天》中,单四嫂子、宝儿以及王九妈、红鼻子老拱和蓝皮阿五都无缘生活在好的时代,他们也参与营造了"黑漆漆的不知是日是夜"的时代。这几个典型的鲁镇社会个体,显露了当时国民普遍的冷漠、残酷、麻木等劣根性,他们带不来希望。如此,我们通过对人物所处社会环境的综合分析,与小说的主题产生共鸣,并体会到了更为深刻的文学意义。于是,希望仍在于将来:子曰"里仁为美";我们的新的世界不是这个样子的。

深度研读《明天》,它具有超越时代的社会价值:结合鲁迅小说"启迪民智,唤起民族的觉醒"的主旨细读《明天》,它不仅仅是单四嫂子的明天,底层劳动者的明天,更是我们的旧中国在黑暗中摸索着前行的明天,是华夏大地历经困难摧残而从未中断磨灭的明天。鲁迅说:"于无所希望中得救。""明天"就是无所希望的,是绝望的。鲁迅先生借助对"明天"的呼告,在深沉的"哀其不幸"背后,更有着"揭出病苦,引起疗救的注意"的殷殷期盼,这正是单四嫂子、鲁迅,甚至当时民众在困境中要寻求的希望。由此可见,《明天》的确是阅读鲁迅绕不过的作品,是具有重要思想价值的名作。

鲁迅《在酒楼上》"吕纬甫"形象分析

赏析鲁迅小说《在酒楼上》,理解人物形象是关键。《在酒楼上》以"我"和吕纬甫的对话展开,以吕纬甫的自我叙说为主,通过人物两个阶段的描写、对比,以及"迁坟""送花"和"教《女儿经》"等关键事件,呈现了吕纬甫这位辛亥革命爆发阶段的激进知识青年,转变成五四运动之后的社会庸人的过程。这篇小说的深刻蕴意,其实就埋藏在吕纬甫这一值得深度解读的形象之中。在分析主人公吕纬甫的形象时,经常因为缺乏恰当的教学路径,而难以实现透彻的认识和理解。

实际上,如果能够立足语文学科素养的培育,从对吕纬甫人物形象的结构化认知着手,把吕纬甫的转变过程,以及吕纬甫这个形象的外在特征、内在品格以及社会意义、文学意义一一厘清——致力于对人物的封闭性、全面性和开放性的"三种态度"的分析,或许能够引导学生进行清晰而有深度的理解,有利于极大促进学生阅读能力和思维品质的提升。

文本的封闭性,指小说显性的描述,它要求我们"基于文本"。对小说人物形象的封闭性解读,就是要充分把握文本描述出来的外在形象。

鲁迅善于写人,往往是寥寥几笔就能勾勒出鲜明的形象。写吕纬甫,"独有行动却变得格外迂缓,很不像当年敏捷精悍的吕纬甫了",一句话,概括、对比,就呈现了当年的书生意气,以及今天的消沉、迷惘。小说通过对吕纬甫须发乱蓬、脸色苍白、衰瘦以及"精神很沉静,或者却是颓唐"等细致描绘,以及"给三岁死掉的小弟迁坟"和"给阿顺送剪绒花",还有"教《女儿经》这类的书"等几件事情的叙说,笔墨节俭时惜字如金,铺张处连绵反复,给我们塑造了一个无聊、浑浑噩噩、敷敷衍衍、模模糊糊的典型的吕纬甫形象。

小说更借助时间跨度的比照,对吕纬甫之前眼中"射人的光","到城隍庙里去拔掉神像的胡子""连日议论些改革中国的方法以至于打起来"等过往事件,以及他"现在自然麻木得多了,但是有些事也还看得出"的内心世界进行复现,让我们感受吕纬甫昔日的蓬勃朝气、锐意改革。这样的往昔,对比现在的吕纬甫"躬行昨日之非"的情感麻木、思想清醒与内心痛苦,自然就能激发阅读者的情感落差:这个认认真真做着毫无意义之事的"落荒而逃者",当初也是一个热血的"抗争者",这个当初的"坚守者",今天已经转变为一个无聊的"彷徨者"。

文本的全面性,要求我们打破一望而知的表层直觉,"衍生于内容"。对小说人物形象的全面性解读,就是要结合环境、事件、作者、写作形式规范等因素,理解人物形象的内在灵魂和规定性、冲突性等。

在鲁迅笔下,不少人物的样貌特点一望便知,比如阿 Q、孔乙己、祥林嫂、杨二嫂等,但鲁迅小说人物更深一层的内在性格特点,则较为复杂、隐蔽,比如吕纬甫客观的外貌、言语和行为等,和他的性格、心灵之间缺乏明确的统一性。这种不统一的跳跃性,就造成了理解小说过程中的一种断裂——我们需要结合环境、情节等内容,对人物行为举止进行仔细分析,反复分解统一,对比归纳,才能有序地把这个人物的特点一一集中起来,才能较为精准地把握人物的时代局限性,以及其内心的矛盾冲突,从而把握他思想的转变历程。

《在酒楼上》,如果摈弃时代背景等,粗粗读之,也许会认为这是一个颓唐的教书匠在做一些无聊的事以谋生的过程。如果我们结合鲁迅小说创作的特点,以及当时的社会背景等进一步阅读,可能会发现吕纬甫是 20 世纪 20 年代五四运动落潮后,当时为数不少的一批新青年,因为看不清历史发展的前景,摆脱不掉独战的悲哀和孤独彷徨的状态,进而由向往革命的知识分子,转变为在无路可走的境遇中销蚀了灵魂的悲剧人物代表。

小说在过去、现在、未来三个时间维度上,呈现了热血的吕纬甫、无聊的吕纬甫、迷惘的吕纬甫。吕纬甫不是一个人,他是一群人,他甚至是鲁迅这位清醒的"中国文化的守夜人"的阶段性侧影——据周作人回忆,"给三岁死掉的小弟迁坟"一事就是鲁迅的亲身经历。鲁迅在《题〈彷徨〉》中也写道："寂寞新文苑,平安旧战场。两间余一卒,荷戟独彷徨。""彷徨"二字,也正是鲁迅在1924年至1925年间创作《彷徨》时的思想矛盾的集中体现。说白了,吕纬甫,就是鲁迅在同时期的杂文《娜拉走后怎样》中"人生最苦痛的是梦醒了无路可走"的思想状态的外显,是这个形象在特定历史阶段的社会意义。

这就引出了文本的开放性,它要求我们发现文本的社会意义和穿越时空的意义,即"着眼于思想"。对小说人物形象的开放性解读,就是通过一个人物,理解一类人、一个时代(时期)的人等,还要通过这一个人物,连接"这一个"对于当下时代的精神价值。

无论是《在酒楼上》,还是《记念刘和珍君》,还是《娜拉走后怎样》,鲁迅通过不同类型的文本,都呼吁当时的改革青年"要缓而韧,不要急而猛"。面对"即使搬动一张桌子,改装一个火炉,几乎也要血;而且即使有了血,也未必一定能搬动,能改装"的当时中国,面对异常强大的封建势力,像吕纬甫这样由狂热而失落,由激昂而溃败的青年,并不罕见。怎么办呢?鲁迅要呐喊,发出"铁屋子"里的"大嚷",以引起疗救的希望——为了疗救病态的社会和愚弱的国民,这是鲁迅"弃医从文"最关键的缘由和愿景。

小说中,吕纬甫教着"子曰诗云"和《女儿经》之类,获得了庸常生活的庸众状态,但他却不能摆脱"旧日的梦"的蛊惑,为自己像蜂子和蝇子一样"绕了点小圈子"又"飞回来了"而感到愧疚、痛苦——这正是时代的呼求,是精神的抗争。小说中的"我",其实也是另一个吕纬甫,是鲁迅本人的侧影——"我"在与吕纬甫分别后,冒着寒风和雪片,在黄昏时分,踏进了"不定的罗网里"——这是一个清晰的观念传达:尽管悬而未决,甚至让人失望,但像鲁迅这样的人,仍将百折不回,追随微茫的希望,奋然而前行。也就是说,把握吕纬甫的外在形象,概括其内在性格特点,这是必要的;但这个人物的关键意义,不在于外貌、性格,在于他的社会角色意义。鲁迅刻画出了这样一个吕纬甫,应是期待能警醒、激励更多的"吕纬甫",以更多的耐心,更强的心志,坚守在改革、进步的道路上。

同时,像吕纬甫这样的人,不只是活在20世纪,他还活在21世纪,甚至还会活在下一个世纪;他也不只是活在中国,还有可能活在世界任何地方。通过阅读,我们经历了吕纬甫的人生,最终获得了自己所处时代的社会意义和精神追求。

这就构成了人物形象分析的纵深层面——粗心大意的文本分析过程,容易忽略这种转换的结构化过程,导致文本和学生的心理距离偏大,无法达成理解的清晰和透彻。这种结构化认知,通过有序的思维过程,把理解人物形象的由浅入深的内在逻辑揭示出来了,实现了有效解读。这样,我们才真正借助人物形象分析,理解了杰作成为杰作的缘由;借助阅读,实现了师生的生活意义启迪和价值引导。

在分析人物形象之时,我们需要有这样"三种态度":立足封闭性,对人物的外在形象进行梳理;立足全面性,概括人物的内在性格特点;立足开放性,对人物的社会意义和精神价值做出深入理解。

可以用"三种态度"分析其他小说。分析路翎《英雄的舞蹈》,要抓住外貌、神态、心理等概括张小赖的形象;再借助环境和情节,理解这位底层说书人的顽固、守旧等特点;最后结合其"疯""死"的结局等,分析他败阵而亡的必然性,以及旧文化的脆弱、旧秩序的没落的不可避免性,进而在精神上明晰"文化需要顺应时代潮流"以及"要能够辨认先进文化,不要娱乐至死"等观念。分析福克纳最负盛名的短篇小说《纪念艾米丽的一朵玫瑰花》,尽管它属于"意识流",采用了时序颠倒等写法,但我们依然可以通过"三种态度"的分析,从人物形象到人物的性格特点,到社会意义,再到精神价值,进行结构化分析、解读。这样才有法可循,较为完整地体现了经典小说对学生心灵的浸润、提升作用,从而全面提升学生语文素养。

"用自己的方式与鲁迅相遇"

语文课无法回避鲁迅的作品。

以前读鲁迅,总在脑海中若隐若现地感觉到先生那双忧郁的、悲悯的、慈爱的或是横眉怒目的眼睛。总觉得鲁迅的作品太深奥,看不懂。后来读钱理群的《与鲁迅相遇》,才明白不是自己看不懂,而是自己以前只用眼睛去看那些文字,没有用心去感受文字背后的意义。

　　我们都需要以自己的方式，与鲁迅相遇。"他要进入你的内心，你也要进入他的内心，然后纠缠成一团，发生灵魂的冲突或者灵魂的共振，这是阅读鲁迅的一个特点。"鲁迅作品尤其是杂文锋芒毕露，被称为"匕首""投枪"，以极富特色的冷言妙语，描写人、物或环境、事件，总能让人感到惊奇。他的抨击总是那样准确地击中要害，而他引经据典的时候更让人浮想联翩，觉得妥帖之至、妙趣横生。我们不仅要理解其思想，更要领悟其精妙、凝练的表述方式。《野草》《朝花夕拾》不谈，鲁迅的杂文也颇具诗性；而很多散文中的杂文笔法，更增添了文学和生活的韵味。鲁迅总是以其独特的表达方式让人感到持续的惊奇和叹服，他往往只用简单的几笔，便很强烈地刻画出一个永久的悲哀。

　　这就是鲁迅，鲁迅的风格。谈鲁迅的风格时，我们首先要意识到，这指的是鲁迅的独特品质和作品的独特表现方式。

　　《在酒楼上》描写辛亥革命之后，很多人摆脱不了孤独者的命运，在强大的封建传统压力下，像一只苍蝇飞了一小圈子，又回来停在原点，在颓唐消沉中无奈消磨着生命的过程。小说让人感到无比的绝望和苍凉，但又不由得对这样的绝望产生怀疑。这背后，是深蕴着鲁迅"反抗绝望"的生命体验的。鲁迅的作品始终关注着"病态社会"中人们的精神苦痛，鲁迅总以自己独特的视角在关注他们的命运。《过客》中表达的"行走"主题，也有丰富的内涵。过客、老翁和女孩，是作者的三个自我。全篇在自我灵魂的对话中展开：对孤独行走的思索，对人的生存意义的探究，都显示了鲁迅自身的矛盾和困惑。鲁迅不断思考，不断写作的探索精神让人深味文字的力量。

　　它是显示灵魂的深度的。鲁迅的语气和风调，哪里只是愤激犀利这一点，他一会儿深沉厚道，如他的回忆文字；一会儿辛辣调皮，如中年以后的杂文；一会儿平实郑重，如涉及学问或翻译；一会儿精深苍老，如《故事新编》；一会儿温柔伤感，如《朝花夕拾》；更有一种非常绝望、空虚的况味，几乎出现在他各个时期的文字中——尤其在他的序、跋、题记、后记中，以上那些反差极大的品质，会出人意料地糅在一起。

　　只有知人论世、切身体味，才能真正了解鲁迅。或许人在春风得意的时候，是很难接近鲁迅的;当人陷入了生命的困惑甚至绝望中时,就走近鲁迅了。当然,我们可以一次次走进鲁迅的绝望,去虚拟的真实中感悟鲁迅。有位叫王冶秋的学者把读《阿Q正传》叫"煮书",他认为,要读懂《阿Q正传》,至少要读14遍以上:看第一遍,我们会笑得肚子痛;第二遍,才咂出一点不笑的成分;第三遍,鄙弃阿Q的为人;第四遍,鄙弃化为同情;第五遍,同情化为深思的眼泪;第六遍,阿Q还是阿Q……其实,也许14遍还是远远不够的。读懂鲁迅,谈何容易!

对于当代人来说,读一些鲁迅作品是很有必要的!我们这一代人,谁都不知道自己会通过什么方式与鲁迅相遇,也不知道会在什么时刻,什么地点与鲁迅相遇,这些都是可遇而不可求的。但可以确定的是,人的一生,总有一些时刻,会走近鲁迅,用自己的方式与鲁迅相遇,开始直面人生,不管惨淡也好,灿烂也罢。作家陈村说:"文学还是镜子,可以照见愚蠢或智慧,心地坦荡或心术不正。鲁迅就是镜子。他与别的镜子不同的是,这面镜子前,小丑太多了。"这是鲁迅的独特价值,也是我们一定会与鲁迅相遇的缘由。

新课改下,教材中的鲁迅作品教学,需要立足于文本价值的深度发掘。学习鲁迅的文章,尤其要以开放的视野将文本和学生的知识储备(主要是对鲁迅所处时代背景的了解等)、生活经验结合起来,将大家都知道的"鲁迅"变成学生个人的"鲁迅"。我们的教学对象是一个个有思想、个性和灵气的独特个体。教学要力求使每个学生获得精神自由。

其实,当下教材中的鲁迅是不太完整的鲁迅。目前鲁迅作品的教学方法,大多是零碎敲打,"各自为政",各篇作品之间,无论内容和形式都缺少必要的连贯和衔接。单元教学中,有不少教师把鲁迅作品等同于一般文章来处理,没有从鲁迅作品与教材上的其他文章的不同地位的角度来教学,也没有足够深刻地挖掘鲁迅作品的现实意义,就文论文,无暇多顾,这也势必造成许多不必要的损失。

比如教学《五猖会》,难道就一定要理解成鲁迅对摧残人类天生的爱心的封建旧伦理、道德的批判性审视?结合学生的已有生活经历,父子之间的代沟,无论封建社会还是今天,都有;怎么到了鲁迅笔下,就是反封建了?此文写于1926年5月25日,匠心独运,开篇就为参加赛会蓄势,先写童年看赛会,然后写《陶庵梦忆》里的热闹赛会,接着写自己见过的比较隆盛的赛会,这些都在为写五猖会做铺垫。然而,接着转写父亲要求"我"背书,"我"失望、郁闷至极,最后终于背书成功,得以去看五猖会。当时,"在纷扰('三一八'惨案后,鲁迅被北洋政府通缉,生活动荡,处境险恶——本文作者注)中寻出一点闲静来"的鲁迅,在诸事缠绕不得解脱的时候,向故乡向童年寻找自己寄托的《旧事重提》(后易名《朝花夕拾》),难道就仅仅是为了反封建?所谓"知人论世",我们往往只了解粗线条的"人""世";具体到某一篇鲁迅作品,我们更需要关注到鲁迅写作时的真实背景和心态,才能接近鲁迅作品的"原生态",感受到鲁迅的真实性情和深沉情怀。

鲁迅的每一篇作品,都值得我们用心去琢磨、探究:或是感受他敢于说真话、自我解剖的勇气,或是勾起我们对往事对家园的回忆,或是领略、品味其作品的艺术魅力、思想深度等。我们不能指望通过阅读几篇或者十几篇鲁迅的作品就了解鲁迅,更不能以为学习了《阿Q正传》就理解了鲁迅。在高一学生学习鲁迅《祝福》的时候,我就郑重地告诉大家:"谁要是带着先入为主的观念来阅读鲁迅,那么第一步就错了,而且只能愈走愈偏,直到再也看不懂鲁迅了。"如果看到《祝福》只想到这是一篇"反封建"作品,那就太对不起鲁迅了。每一篇小说都是一个完整的新天地,读书的时候,我们要做的第一件事就是不要带着成见进入这片天地。比如谈到《从百草园到三味书屋》,过去大多认为此文主题是"批判封建教育制度",而现在很多人也许认为此文主要"表现儿童热爱自然,喜欢自由自在的生活,有强烈的好奇心,喜欢追根究底的性格特点和天真可爱、活泼生动的内心世界"。

对于教材中鲁迅作品的教学,我们要尽量"再朝前跨一步",或者换一个角度,另辟蹊径;或者不满足于简单的思考,更深一层,探求其内在的永恒价值。王栋生老师的《和学生一同读〈药〉》一文中研讨"鲁迅写夏瑜之死的深刻意义",王老师问:"为什么鲁迅写夏瑜就用了那么两句话?"这让我们联想到鲁迅在《呐喊·自序》中解释的,小说在夏瑜的坟上凭空添上一个花环,也意在慰藉那在寂寞里奔驰的猛士,使他不惮于前驱。这都是鲁迅运用曲笔表达的特点。鲁迅内心对夏瑜的革命行动是支持的,甚至他一直认为必须革命才有未来。但在当时的白色恐怖下,鲁迅的疾呼又是只能这样隐晦深藏。正如林贤治所说,鲁迅作品"作为现时代的一份精神遗产,它博大,沉重,燃烧般的富于刺激,使人因深刻而受伤,痛楚,觉醒,甘于带着流血的脚踵奋力前行"。

最是鲁迅应该读,尽管教与学都不容易。学者王富仁曾这样评价:"不难看出,正是在这样一种对课堂教学的理解中,教师感到鲁迅作品最难教,因为教师感到无法清晰地把握鲁迅作品的全部内涵;学生感到鲁迅作品最难学,因为他们感到无法清晰地了解教师要他们必须清晰地了解的东西,他们感到无法清晰地说出鲁迅作品所要表达的全部内涵。"

二、《装在套子里的人》"结构化"教学分析

短篇小说教学应该教什么? 我们一般从"三要素"谈起。学习世界短篇小说巨匠契诃夫的经典名作《装在套子里的人》,"套中人"的经典形象,值得我们从不同层面进行清晰、透彻的分析。那么,如何围绕"这一个"人物形象,设计有效教学呢? 可以采取"结构化"教学组织方式,加强小说要素与教学主题之间的整合,揭示人物形象与情节、环境和主旨等方面之间的联系,帮助学生完成认知结构的建构和完善。以下是我设计的教学过程:

(一) 初步感受,"知人论世",即作者的风格漫谈

在我们的阅读中,每一个具有鲜明特征的文学形象,都会给我们留下深刻印象,比如站着喝酒唯一穿长衫的孔乙己,比如永远摇着羽毛扇胜券在握的诸葛亮,再比如变脸比变色龙还快的奥楚蔑洛夫。我们所说的奥楚蔑洛夫这个形象,出自短篇小说《变色龙》,作者也是契诃夫。让我们重温一下契诃夫——请一位同学来简要说一说。

预设内容:契诃夫(1860—1904),俄国 19 世纪末期批判现实主义作家,以短篇小说和戏剧著称。他的作品揭露了沙皇政府对人民的残酷压榨和剥削,讽刺庸俗腐朽的市侩习气,同情被侮辱与被损害的"小人物"。代表作有中篇小说《第六病室》,短篇小说《小公务员之死》《变色龙》《装在套子里的人》(又译为《套中人》),

剧本《万尼亚舅舅》《樱桃园》等。

追问:在风格上,他的作品给你留下什么样的印象?

预设内容:幽默讽刺。契诃夫善于从日常生活中发现具有典型意义的人和事,通过幽默可笑的情节,塑造出典型形象,来反映当时的俄国社会状况。

今天我们一起来学习他的短篇小说《装在套子里的人》,感受这位伟大作家的机智幽默,感受小说人物形象的魅力。

设计意图:知人论世,更明确学习目标。这是教学的常规步骤,是起点,就像我们吃饭时拿起筷子,然后才能夹菜一样平常。该部分设计用时 2 分钟左右,简洁,重点突出。

(二)整体感知,初步分析人物的行止形象

1.小说,简单来说就是讲故事。这篇小说讲了谁的故事?

预设内容:讲了一个叫别里科夫的人整天把自己装在套子里,后来想结婚,但却没有结成,最后死掉的故事。

2.高尔基是这样评价契诃夫的:"只需一个词,就能创造一个形象,只需一句话,就可以创造一个短篇故事,而且是绝妙的短篇故事。"题目是"装在套子里的人",我们就来看看别里科夫身上有哪些套子。请同学们快速浏览,做标记。

预设内容:(穿的怪)穿雨鞋、棉大衣,把脸蒙在竖起的衣领里,穿羊毛衫,戴黑眼镜,用棉花堵住耳朵;(用的怪)晴天带雨伞,把表装在灰色鹿皮套子里,削铅笔的小刀也装在套子里,出行坐马车也要支起车篷(封闭);(住的怪)卧室活像一只箱子,床上挂着帐子,睡觉则用被子蒙住脑袋(胆小多疑);(想的怪)歌颂过去(怀旧,极力维护旧秩序),官方禁止的才觉得一清二楚,违背法令的就闷闷不乐;(说的怪)标志性言语:"千万别闹出什么乱子来!"(指导朗读:读出他可笑的担忧心情)。

设计意图:这个问题的设置,是理解小说人物的初体验,更是关键一问。以最简洁的方式概括故事情节之后,直接介入人物形象的分析,这体现了成熟型教师对课堂的把握能力,也是教学得以深入的基础。课上通过人物的行为举止、言谈心理等来了解人物,这是分析人物的常规思路。这个问题,有利于学生从不同方面进行理解、分析、概括,然后综合大家的认识,取得较好的学习效果。

3.阅读小说的过程,首先应该是想象的过程,或者说更主要的是想象重塑的过程。仅就初步的印象而言,你一下会想到用什么样的词语来形容别里科夫?

预设内容:滑稽可笑。(作家正是通过夸张、变形的手法,塑造了一个从生活习惯到思想行为都完完全全"装在套子里"的怪物。)

…………

(三)深入文本,追根溯源,把握"这一个"的社会角色形象

1.说一说发生在别里科夫身上最主要的故事。

"可是,这个装在套子里的人,差点结了婚。"这里的"可是"有了转折的意味,作者花了大量的笔墨来写别里科夫的恋爱故事,我们想象中这样一个外表滑稽、行为怪异、思想守旧的人会谈一场轰轰烈烈的恋爱吗? 找一位女同学提问:"你会喜欢别里科夫这样的人吗?"

预设内容:既然华连卡对他表示了好感,说明他还是有一些可取之处的。比如他和柯瓦连科发生冲突前后的迥异表现,比如他的高度"敏感自尊"、爱面子等;他思想愚昧,却也有比较真诚的一面。

2.华连卡出现了,别里科夫为什么会打算结婚?

预设内容:别人的怂恿;华连卡的热情和真诚(不了解);别里科夫也被她迷住了(喜欢);门第啊,年龄啊,男大当婚……别里科夫也是一个有血有肉的、有自尊的人,自我感觉是正人君子;等等。

3.除了文章安排的结局,会出现华连卡和别里科夫幸福地生活在一起的结局吗?(情节的夸张——个人命运的悲剧)

预设内容:这注定是悲剧结局:两人又不是一类人。别里科夫恼怒,老气横秋,性情孤僻;华连卡充满热情、朝气蓬勃、活泼开朗,勇于接受新生事物。(预设补充内容:巴金的《家》讲述了高家三兄弟因一家之主高老太爷的蛮横专制而引发了一连串不幸的故事。身为长房长孙的觉新被迫放弃和表妹梅芬的爱情,接受"父母之命,媒妁之言"的婚姻,娶了素不相识的李瑞珏。这样的结合,会幸福吗?)

华连卡姐弟是具有新思想、敢说敢为的年轻人,代表一种新生的进步力量,必然同旧势力斗争。写华连卡姐弟,是为了反衬别里科夫,进一步揭露他套子式的思想和生活,以他爱情和婚事的失败,来说明这样的人绝不可能从"套子"里爬出来——甚至爱情都无法拯救他了。

别里科夫的价值观是不合逻辑的、可笑的,比如"您骑自行车,这种消遣,对青年的教育者来说,是绝对不合宜的""一位小姐,或者一个姑娘,却骑自行车——这太可怕了"写出了一个守旧的别里科夫。

别里科夫说:"说不定有人偷听了我们的谈话了,为了避免我们的谈话被人家误解以致闹出什么乱子起见,我得把我们的谈话内容报告校长——把大意说明一下。"写出了一个虚伪阴险、告密、威胁别人(露出了伪善真面目)的别里科夫。

小说高潮部分,"恋爱"的过程,本质上是新旧两种思想斗争的过程,特别是他最后被华连卡的弟弟推下楼,并没有摔死,却最终郁闷而死。

设计意图:此处教学在把握别里科夫外在形象的基础上,推动学生自主分析、概括其内在性格特点,力求让学生经历有意义的深度学习实践。此处的问题设计,让学生有话可说,能够激发学生的言语实践活动,引领学生主动参与到学习中来,提升思维能力,并指向学习成果,是很精当的教学环节。相比较而言,一些教师的课堂,之所以冗沓无趣、缺乏思维含金量,一个关键的原因就是问题大而空,缺少具有引导性的、细致推进的问题串,难以激发学生的思维碰撞。

(四)把握主旨,体会人物形象的社会角色意义

1. 小说的结局(别里科夫的死亡)合理吗? 请结合具体内容谈谈。

预设内容:合理。

理由有:别里科夫通宵做噩梦"到早晨我们一块儿到去学校的时候,他没精打采,脸色苍白……",以及"别里科夫脸色从发青到发白"。"漫画事件"对他的打击很大,说明他其实外强中干,不堪一击,即便没有这次事件,随着时代的发展,反对他的人、捉弄他的人也还是会给他致命一击,导致他最终走向死亡。

其实,他也可以不死——只是太难实现:比如洗心革面,"从前种种,譬如昨日死;今后种种,譬如今日生";又或者一直躺在家里不出门了,那么,他就不是别里科夫了。

2. 对于别里科夫的死,他周围的人是什么样的态度呢?在文章的开头还有这样一句话"我的同事希腊文教师别里科夫两个月前才在我们城里去世"。这个"才"字表达了故事叙述者布尔金什么样的情感色彩?

预设内容:装在套子里的人死了,大家感到大快人心。

"才"说明包括布尔金在内的这些城中的人,早就希望这样的人死掉了,丝毫没有同情怜悯之心。呼应结尾的"大快人心"。

3. 别里科夫死了,为什么大家都很高兴?

预设内容:别里科夫的套子是个利器,不仅套住了自己,也套住了别人,限制了别人的自由——可恨。具体原因如下:

"看到有个告示禁止中学学生在晚上……"(套年轻人);

"在教务会议上,他那种慎重,那种多疑,那种纯粹套子式的论调……"(套同事,套学校);

"他认为如果把二年级的彼得罗夫和四年级的叶果洛夫开除,那才妥当……"(套同事,套学生);

"我们这儿的太太们到礼拜六不办家庭戏剧晚会,因为怕他听见;教士们当着他的面不敢吃荤,也不敢打牌。在别里科夫这类人的影响下……"(套全城的人)。

4. 一个胆小、怯懦、保守、封闭、落后的人,居然能辖制全城15年,这可信吗?

预设内容:装在套子里的人不仅仅是别里科夫,而是像别里科夫的一类人;这个套子不仅局限了他个人,还局限了所有人。别里科夫之死大快人心,表明人们对他的厌恶、憎恨,表明人们对自由生活的向往。但像他这样的沙皇政府的鹰犬还大有人在。人们惧怕的不是别里科夫本人,而是他深受其毒害而又为之效忠尽力的沙皇专制统治。虽然,别里科夫一笑即死的脆弱,预示着专制统治的一触即溃,但只要反动政府没有被推翻,它就会做垂死挣扎,甚至于变本加厉地镇压革命,残酷地杀害有进步思想的民众。小说的结尾,使人触目惊心,发人深省,启迪人们起来和反动势力做斗争。

5. 可"埋葬别里科夫"之后,我们却为什么"露出忧郁和谦虚的脸相","不肯露出快活的感情"?为什么一个礼拜没完生活又恢复旧样子了呢?

预设内容:契诃夫在他去世的前几年的日记中写道:"世界上没有一个地方像我们俄罗斯这样,人们受到权威的如此压制,俄罗斯人受到世世代代奴性的贬损,害怕自由……我们被奴颜婢膝和虚伪折磨得太惨了。"

设计意图:以上以五个小问题串连成开放性、探究性的研讨,结合别里科夫这个人物的悲剧结局,深度探究人物形象的社会意义,具有明确的思维含金量,是课堂的核心部分和闪光点。师生阅读分析、合作探讨,把握人物的外在形象,分析概括其内在性格特点,这是必要的;但这个人物的关键意义,不在于外貌、性格,在于他的社会角色意义。此处五个问题,专业化程度高,价值观鲜明,让学生对人物形象的理解把握上升了一个层次,具有重要教学意义。

(五)纵向拓展:从人物个案分析到人物普遍意义解读

1. 别里科夫死了,19 世纪的俄罗斯也成了历史,但伟大的作品是常读常新的,契诃夫早在一个世纪前就断言:我的作品将永久地拥有读者。在今天,别里科夫的套子还在吗?

预设内容:思想总有先进落后,永远存在着别里科夫这样的人物。一个别里科夫死了,可还有更多的别里科夫活着。这个人不只是活在 19 世纪,他还活在 21 世纪,甚至还会活在下一个世纪;他也不只是活在俄罗斯,还有可能活在世界其他任何地方。

2. 推荐阅读:契诃夫《恐惧》。

通过今天的学习,又有一个永恒的文学形象,留在了我们的心中;或者说,开启了我们进一步深入认识这个形象的意愿。这就是"套中人"(别里科夫)。

设计意图:分析人物形象,除了外在行止、内在性格和社会意义之外,更重要的是,我们通过阅读,经历了别里科夫的人生,获得了小说人物在我们所处时代的精神价值。整体上,就高中生阅读经典短篇小说的现状而言,他们大多能够读懂或者基本读懂故事,也会简单思考其表层意义;但仍有很多学生无法挖掘文本深层内涵,容易忽略文本的写作背景,不会举一反三、拓展迁移等。这就需要教师重视教学方案的整体设计,设计出能够激发学生注意力的结构化教学,促使学生主动探究,变碎片化学习为更高效的学习。

三、小说《鉴赏家》主题剖析

汪曾祺,"中国最后一个士大夫"。他的作品尤其是短篇小说,以独特的个人风格营造了一种优美和谐的民俗情境。他也是一位衔接现当代的作家。的确,其隽永、冲淡的风格,给时代和社会"一种富于人情味的思想",甚至他半现实半理想的表现内容,也让人百读不厌。然而,少有人强调的是,短篇小说作为汪曾祺主要的写作形式,隐含着他内心的真正情感。

说到汪曾祺的小说,《受戒》《大淖记事》是绕不过去的经典。《受戒》中,小英子和明海之间混沌、跃动的爱,尽显作家对美好人性的弘扬和向往;那一句"我给你当老婆,你要不要",让多少青年男女至今情动于衷、记忆犹新。《大淖记事》则搭建了一个亦真亦幻的民间,赋予悲剧以健康、温婉的生命态度;尤其是借助巧云和十一子的相濡以沫,以文笔和细节表现了人性的疗复和柔韧,对现代人仍有着明确的借鉴意义。这两篇作品,充分体现的是汪曾祺的文字特点和叙事风格;而更明确表达的是他对故乡往事深刻而美好的怀念。追溯其渊源,大概有三:一是生长于高邮水乡,定居于京城大院,小桥流水的江南秀色和四合院、老胡同的京城生活,给予他淡远、质朴、丰富的人生况味;二是师从创建唯美"湘西世界"的沈从文,"要贴到人物来写"的指导让汪曾祺努力把凡人小事写出了恒久的人性光辉,更让他的作品有着浓郁的乡土气息和人文情怀;三是社会和阅历促使汪曾祺越来越想做一个"文人"而不是其他,所以他更愿意把多样的人生体验和情感思想,融合在自己的"精神净土"——短篇小说之中。

在其短篇小说《鉴赏家》中，情感表达深隐，可以说，是一种内向的、无待于人（强调不指望别人读懂）的追求。他塑造了一位朴素、真诚，成为绘画大师季匋民知己的卖果子小贩——叶三的形象。在这个人物身上，有明显的传统文人气质——汪曾祺把自己的文风和思想的美好，力求尽善尽美地通过这个人物呈现出来；当阅读这些美好的文字，我们得到美的熏陶渐染，就会情不自禁地产生一种深入解读的心理——《鉴赏家》就具备这样的吸引力。

叶三身份的确定，是解读《鉴赏家》的过程中首先遇到的问题。"全县第一个大画家是季匋民，第一个鉴赏家是叶三。叶三是个卖果子的。"小说是这样开始的。这个开篇，点明了主人公叶三的两个主要身份，看似随意漫谈，实则匠心独运。身份，往往是由个体和这个世界的关系来确定的。"他这个卖果子的和别的卖果子的不一样"，体现在何处呢？汪曾祺说，叶三是"鉴赏家"，这就需要我们来思考他这么说的缘由。阅读下来，我们可以想见：这一方面源于叶三卖果子时丰富的生活阅历，源于他在平凡生活、生活细节中找到了美感，源于他对生活的热爱而触类旁通——譬如，他从紫藤里看出风来，从尾巴的描画上看出一只小老鼠的顽皮；他能够凭借经验和阅历指出"红花莲子白花藕"等。另一方面，小说中，叶三是真正懂画、真心爱画的：季匋民死后，叶三就不卖果子了，但四季八节，他还四处寻觅鲜果到季匋民的坟上供一供；并且季匋民给他的画，他是一幅也不卖而是装在自己的棺材里埋了（当然，这是个争议之处）……由此可见，叶三的确是一位"鉴赏家"——他以文化人的品格和至死不移的坚守，守护着这个珍贵的身份。

一般来说，作者在文中塑造的形象，往往都与自己的经历或者心灵有关，甚至有时候与自己的思想契合。通过阅读小说，我们不难看出，叶三品鉴果子的水平，应是丝毫不亚于季匋民的作画水平。但是，叶三并不多么在意"果贩"这个职业，坚持送果子只是为了能够一直和季匋民"对得上话"。在儿子劝阻他继续卖果子的时候，叶三说得格外明确："就为了季四太爷一个人，我也得卖果子。"于此，我们能够清晰感受到叶三的坚守，以及他最期待成为什么人。他的坚持，为了季匋民，更是为了自己强烈的身份期待。

我国的传统文化重文轻商，强调藏文于民。果贩为小商人，终究是登不上"大雅之堂"的。叶三作为一个通晓人情事理的果贩,自然明白这个道理。尽管是小商人,但在多年送果子的经历中,他的品位、见识和修养,都让他更接近于当时社会的文化人;他的内心,应该也期待一个社会普遍认可的身份。所以,他执着于给大画家季匋民送果子。那么,汪曾祺为什么要着力塑造这样一个人物呢? 汪曾祺有着文人气质和淡泊个性,再联想到汪曾祺所处的不同时期,以及他在"文革"中被打成"右派"等经历,汪曾祺的内心有着不少的委屈、思考和期待。这些是否会反映在他所塑造的人物身上呢? 叶三的追寻和向往,是否隐藏着个人经历中潜意识的追求呢? 我认为是很有可能的。

《鉴赏家》是汪曾祺60岁之后创作的,是他晚年所珍视的一篇小说。仔细推敲《鉴赏家》的文字,小说清晰呈现了叶三的追求和坚守:他以一个果贩的身份成为一名"鉴赏家",他更始终坚守着传统文人的气节。这不就是汪曾祺曾经的心路历程吗? 同时,汪曾祺又说,对于他的作品,并不期待别人一定要读懂。汪曾祺是有着古典文人的骄傲的,他问心无愧的过往并不需要具体解释,但是,《鉴赏家》浅而有致、深而浸思的人物塑造,又寄托着什么呢? 他说:"一个人不被人了解,未免寂寞。被人过于了解,则是可怕的事。我宁可对人躲得稍远一些。"也许,"平芜尽处是春山,行人更在春山外",汪曾祺的叙述方式、语言风格与其内心的真正情感是互为表里、协调一致的;《鉴赏家》的主题,除了表现故乡往昔醉人的风土人情,还有基于作者那段曲折的生活经历以及由此产生的认识、理解和深沉感喟——当然,这是个人着眼于阅读体悟所做的粗浅推敲,期待能够与文本形成更加积极、深入的呼应。

教学延展

《鉴赏家》教学设计

这篇小说描写了一个卖果子小贩——叶三,凭着对生活朴素、真诚的理解,对绘画艺术的赤诚与热爱,成为绘画大师季匋民的知己。汪曾祺通过塑造叶三这个质朴、赤诚的"素心人"形象,来表述自己作品的风格之美和人生态度。根据《鉴赏家》文本特点以及高中生的特征,我们确定教学目标,采用师生研习的方式开展教学。

(一)教学目标

(1)细读文本,把握叶三"完整的世界",挖掘"鉴赏家"的内涵。
(2)通过体悟小说语言技法等,初步感知汪曾祺小说的基本风格。

(二)教学重难点

(1)"鉴赏家"的内涵。
(2)品读小说简约、恬淡的语言艺术风格。

(三)教学课时

1课时。

(四)教学过程设计

1.课前预习:了解汪曾祺及其文学创作特征。

预设目的:让学生对汪曾祺这个独特的文化生命体有一个整体感知。这一设计涵盖小说教学的"共性知识"——作者、写作背景介绍。结合之前的学习,学生初步了解到汪曾祺的小说有着"清水出芙蓉"般的语言(小说的语言是作者人格的一部分,语言体现小说作者对生活的基本态度),其着意淡化情节,在"散文化""诗化"小说的展开中,让叙述者的情致,自然地融贯、浸润在色调平淡的描述之中。

2.课堂教学过程。

(1)速读全文,走进小说主人公叶三完整的世界。

问题一:叶三有几个身份?

预设目的:身份往往是由个体和这个世界的关系来确定的。叶三的身份("鉴赏家"这个题目是身份之一)作为理解本文的钥匙,能够化难为易,引导学生从文本中探寻作者的写作思路。

明确:叶三的身份有果贩、鉴赏家(季匋民的知己)、父亲、爷爷等,作者花了大量笔墨的身份是果贩和鉴赏家。

问题二:叶三作为果贩和鉴赏家,两个身份之间有无关联?

预设目的:通览全文,培养学生对文章的整体把握。

明确:引导学生从整体上感受文气、文脉、文意,"叶三是个卖果子的"(第2自然段),"就为了季四太爷一个人,我也得卖果子"(第13自然段),"叶三还是卖果子"(第16自然段),"他给季匋民送果子是为了爱他的画"(第17自然段),"季匋民死了。叶三已经不卖果子……"(第56自然段);然后结合小说线索特征,进一步深入理解文本,从而深入理解汪曾祺的"形散而神聚"(强化其散文化特征)的小说结构。

(2)精读文段第2~5自然段,说说作者具体描写了叶三"他这个卖果子和别的卖果子的不一样"的地方在哪里,这体现了人物什么样的性格?

预设目的:这一环节的设计,针对本课重难点——"鉴赏家"的内涵分析。

明确:经过师生合作探究,能够得出叶三具有以下几个方面的性格特征:

①勤劳——"看门的和狗都认识他""喜欢到处跑"。

②诚实,重情义——宅门主人有时就隔着门说话;"什么果子,是看也不用看的";"果子不用挑,个个都是好的"。

③为人憨厚——叶三卖果子从不说价格;"他的果子全都从他的手里过过";他的果子都是原装,有些是直接到产地采办来的。

④生活阅历丰富——"四乡八镇,哪个园子里,什么人家,有一棵什么出名的好果树,他都知道"……

⑤热爱生活,生活"精致"(买卖果子都很雅)——"金丝篾篮,篮上插一把小秤""能看很多好景致,知道各地乡风,可资谈助""人家买去,配架装盘,书斋清供,闻香观赏"。

(3)精读文段第17自然段至文末:小说中,哪些事实可以证明叶三是一个鉴赏家?这些情节具体刻画出了怎样的人物形象?

预设目的:这是本节课的主要教学内容。师生共同细析文本,在层次梳理的基础上实现对叶三是一位"鉴赏家"的真正理解,并照应文题。

明确:叶三是一个鉴赏家。"凡是叶三吸气、惊呼的地方,也正是季匋民的得意之笔";判定"紫藤有风";判定灯台上的老鼠是"小老鼠";依据"红花莲子白花藕"指出季匋民绘画错误。

通过具体的情节刻画,我们可以感受到这样的人物形象:有敏锐观察力和丰富生活经验,不谄媚,不卖弄,不假充内行(不像季匋民在家看见的那些假名士——写假名士是为将季匋民对待那些人的态度和对待叶三的态度进行对比);真正懂画、真心爱画——他对画的爱是不涉及功利的;季匋民死后叶三就不卖果子了,但四季八节,他还四处寻觅鲜果到季匋民的坟上供一供,并且对季匋民给他的画一幅也不卖而是装在自己的棺材里埋了……

(4)深层探讨:将叶三作为果贩和作为鉴赏家的身份联系起来,把握"鉴赏家"的内涵。

明确:叶三能够成为一名鉴赏家,一方面源于卖果子时的丰富生活阅历,源于在平凡的生活细节中找到美感,源于他对生活的热爱——譬如,从紫藤里看出风来,从尾巴的描画上看出一只小老鼠的顽皮,能够凭借经验和阅历指出"红花莲子白花藕"等。另一方面,他作为"鉴赏家",其对艺术的纯粹、不涉功利的爱,正是卖果子经历中呈现的勤快、憨厚、诚实和重情义的人生态度的必然反映。由此可以理解,真正的鉴赏家要有对生活的敏感和热爱;要有对艺术不涉功利,保持本真的热爱;要有对人间真情的热爱。

(5)小说情节并不复杂,但读起来很有味儿,为什么？可从情节、结构、人物和语言等方面来思考。

预设目的:赏读角度是多元的,单位时间内比较明确的指向性、针对性、集中性,学习的效率会更加突出。这节课就从语言技法、风格的角度试着赏析。学生可以根据自己的阅读感受,找出比较有感悟的地方先行赏读,教师做适当的引导,更加尊重学生个体的阅读体会。针对部分对话内容,可以考虑分角色朗读然后适当分析等方式。

教师示范解读第3自然段:这一自然段,通过他所卖的水果,以时间为序,运用视觉和嗅觉描写,有概述,有具体描述,简简单单的几笔,把当地一年的四季风情画一幅幅地展现出来:我们能由此看到冷暖相关的气候、美丽的景色以及丰富而诱人的特产,还有辛勤忙碌而又懂得生活的叶三的身影,很有诗情画意和民俗风情。

赏读第6自然段,叶三家老二卖布,"量尺、撕布(撕布不用剪子开口,两手的两个指头夹着,借一点巧劲,嗤的一声,布就撕到头了),干净利落"。语言和他所描写的动作一样,准确,干净,利落,人物形象鲜明。

赏读第42自然段,"季匋民最爱画荷花……"这一自然段,语言简约、恬淡,有着古典文化内蕴,富含"中国味儿"。

…………

3. 品读,探究。

尝试思考,汪曾祺在情节的设置上,似乎喜欢"旁逸斜出",也许在别的小说家那里可以舍弃的内容,在汪曾祺这里,却花了不少的笔墨,比如第6～16自然段,你怎样理解这种近乎散文的"散"?

明确:存疑是真正的阅读,思考是阅读的根本。很多小说靠跌宕起伏、环环相扣的情节,强烈的冲突,典型的人物来吸引读者,这篇小说却不是这样,它娓娓道来,如话家常;可细细品读,又很有味道,这就是汪曾祺小说独特的散文化风格。

这一问题的设置,促使学生尝试着去体味文本的技法、风格之美,理解小说主人公叶三的完整精神世界—— 一如我们去理解沈从文先生的"湘西世界"一样。

第四章　散文的解读与教学

一、《想北平》"情境创设"的教学实施

新课标下,学科教学素养是教学设计的出发点和归宿。这要求语文教学精心创设情境,设计多样化的"学的活动",为学生的言语实践活动提供情境,进而为教学的深入开展提供条件。试以老舍《想北平》一文的"学的活动"设计为例,阐述散文教学"情境创设"的教学实施。

(一) 创设"微情境",以文本评价推进整体感知

《想北平》的教学起点,我摈弃了惯常的作家作品和写作背景的学习,结合学生印象深刻的《获得教养的途径》一文的关键语句,营造了"向杰作表明自己的价值"的"微情境",建立情境和教学内容的深度联系,引发学生的语言实践活动——向散文《想北平》表明自己的价值。这激发了学生阅读、思考和表达的兴趣。教学片段如下:

师:之前学习了《获得教养的途径》一文。

黑塞说:"我们先得向杰作表明自己的价值,才会发现杰作的真正价值。"(学生呼应)下面,借助老舍的《想北平》一文,我想请大家向杰作表明自己的价值。(生笑)结合预习,请大家谈谈你阅读《想北平》的初步感受? 或者说,文章有没有打动你?

生：第一遍读《想北平》，我觉得自己在和老舍面对面交谈，他的语言非常朴素、真实，都是记录了一些生活小事，却能够让我感受到他对北平的热爱。

师：我非常欣赏你的这种表达方式。你以场景描述的方式谈阅读感受，很准确，很棒！我抓住了你表述中的关键词，一个是写了很多"小事"(板书)，确切地讲，描述了很多细小的事物，二是你指出了他的语言朴素、真实，即"朴实"(板书)。

生：我认为文章不仅写了北平，还写了巴黎和伦敦等，他正是通过对比的方式，突出了北京的独特之处。

师：你是一个好学生，抓的点很准。(生笑)

生：我发现老舍有些地方直接表达了对北平的爱，是直抒胸臆的抒情手法，比如标题。

师：非常好，你怎么知道我马上要讲到标题啊！大家可以思考一下"想北平"的"想"是什么意思？

生：他当时不在北平，"想"是想念、思念，还有爱的意思，不爱就不会思念。

生：还可以是"怀念"，因为远离故土，他这时候在山东，身份是游子，游子思故乡嘛。

生：还可以是"向往"。想去北平而去不了，北平即将沦陷。

师：都说得很准确，再请几位同学谈谈题目之外的阅读感受。

生：我看老舍这篇文章的语言，感觉特别口语化。

师：很好，你抓住了他的语言特点。老舍的文章，语言特别有地方风味，称"京味儿""京片儿"。记下来啊，要考的。(生大笑)

生：这篇《想北平》语言平实，但是平实之中更能感受到感情的真切热烈，引发人的共鸣。

师：平实的语言背后，情感真切热烈，这需要写作功力的。

生：老师，我读到最后一段的时候，觉得必须要很端正严肃地去读，因为它蕴含着一种很深沉的爱！

师：你对语言文字的感受能力还是相当不错的。同学们，都来感受一下，最后一段能否轻佻地或者很轻松写意地读？

生(试读):不能,因为不端正态度去读,就感觉是一种对情感的不尊重。

生:必须要庄重地读,否则不仅是对老舍的不尊重,更是对自己、对情感的不尊重。

师:是啊! 一起来感受一下,师生有感情地齐读课文最后一句。

好的教学设计不需要面面俱到,也没有固定程序。起始教学撇开了作家作品和写作背景的知识,通过上一节课印象深刻的语句激发学生的思维活动,进而开展语言实践,实现了更迅捷地理解文本的目的。这是一个很灵动的"学的活动"设计,尤其是教师不着痕迹地衔接——"你怎么知道我马上要讲到标题啊""最后一段能否轻佻地或者很轻松写意地读",将教师主导融入学生的主动探究,致力于让学生主动去发现文本深处的问题,既推动了教学进程,又在无形中提升了学生的分析理解能力,帮助学生完成了真实情境中的语言任务。

(二)融入"真情境",以探究拓展明晰结构认知

"情境创设"作为散文教学方式的关键变革,并非与传统教学背道而驰,或者改弦更张;它也绝不是讲个故事拉近师生距离,或者做个假设引发学生共鸣。它更倾向于从真实的学习、生活情境出发,为学生营造融入文本的氛围,启发思考,引导学生把握教学内容的本质,进而基于真实问题、具体内容,积极搭设深入理解文本的学习支架,及时展现学生的"学的活动",促进学生知识、能力和思想的全面发展和可持续发展。教学片段如下:

师:那么,老舍具体写到了北平的哪些内容呢? 同学们,有没有去过北京的? 你对北京的印象是什么样的?

生:主要是天安门、人民大会堂,胡同里面都是小贩,八达岭长城巍峨,但是人太多。

生:我小时候去过,印象主要是圆明园、颐和园、天坛和地坛,还有北京糖葫芦和烤鸭。(生笑)

…………

师:(幻灯片展示北京著名景点图)每个人对北平的印象都是不同的。我们刚

刚读过的《苏东坡传》的作者林语堂先生就说:"北平好像是一个魁梧的老人,具有一种老成的品格。"那么老舍和林语堂的认识一致吗?

生:不一致。

师:老舍选取了哪些具有代表性的事物来描写北平? 通读全文之后,直接描写北平事物的是哪几段?

生:第4~7自然段。

师:有没有写那些著名的景点? 老舍的笔触,重点在哪些地方?

生:第6自然段描写了北京的"花多菜多果子多",这说明他作为北京人,关注点和游客不一样。

师:找得很好,老舍写出了北平的日常生活,这是游客很难关注到的。看文章第1自然段,老舍生于斯,长于斯,一直到廿七岁才离开北平。那么,这一段哪些地方写得最能打动你? 给大家读一读。

生:"雨后,韭菜叶上还往往带着雨时溅起的泥点……西山的沙果、海棠,北山的黑枣、柿子,进了城还带着一层白霜儿,美国包着纸的橘子遇到北平带霜儿的玉李,还不愧杀!"这几句写得特别好,把平凡的事物写得很美。

师:是的,通过细节描写方式,老舍写出了对北平生活的真切记忆。我们一起把第6自然段读一遍,感受一番。(生齐读)

生:第4自然段,把北平和巴黎做对比。我认为有两个点,一是北平"既复杂而又有个边际",很个性化的特点,强化了北平给予老舍的亲切感和心灵安慰。二是香片儿茶和咖啡、酒的对比,说明北平的生活"动中有静",更温和,值得怀念。

师:思路清晰的理解。谁还可以就这一段的描写,具体说说。

生:最突出的手法是对比。在描写北平的城市布局和特色时,与伦敦、巴黎、罗马和堪司坦丁堡这四大"历史的都城"对比,尤其是与巴黎具体对比,很好地突出了北平的自然、疏朗、闲适。

生:带霜儿的玉李与美国橘子的对比,香片儿茶与咖啡、酒的对比,都突出了北平物产的特点,感觉作者的观察很细腻。

师:分析得很好。同样是写北平,郁达夫作为旅人,就带有一种"赏玩"的态度,在北平看很高很高的碧绿的天色,听青天下驯鸽的飞声。而老舍,越是写得细腻细微,越是能让我们体会到他对北平日常生活的热爱。

生:这一部分写"老城墙",让老舍"心中完全安适",让人觉得非常亲切,也让我们联想到自己童年的珍贵记忆。

师:你真的非常敏感! 对老舍而言,北京城西北角德胜门一带的老城墙,是他一生的起点,也是人生的终点,非常重要——老舍就是在这里长大的。我们来齐读一下这几句话,感受"老城墙"带给作者的心灵慰藉。(生温声齐读:"面向着……")

生:我来说说第5自然段,写出了北平布局很匀调,处处有空儿,处处有美景。

师:概括全面。是的,这一段构筑了一幅和谐的北平生活图。梁思成1949年9月给当时的北平市长聂荣臻写信,极力建议完整保护北京古城,结果被否决,所以我们今天已经看不到老舍所描绘的这幅图景了,这是一个永远的遗憾。那么,有同学了解这篇文章的写作背景吗? 作者为什么会在这个时候"想北平"?

生:结合学习资料看,文章写于1936年,日本侵华的步伐加快,老舍表面上是"想北平",实质上是担忧时局安危。

师:也就是说,"想",还有"担忧"(板书)的意思。

生:是的,担忧故乡沦陷,谁都会时时关注故乡。

生:我认为,老舍对北平有非常深切的担忧,因为这是他出生、成长的地方。我查阅了他的资料。老舍1899年生于北平,家境贫寒,一岁半时父亲作为满族护军在八国联军攻打北京城时阵亡,孤儿寡母生活清苦,后来因为经济困难几次辍学,北平一直是他的家园。直到许多年后,他为了谋生才举家迁往青岛,到山东大学任职。而在写这篇文章前夕,老舍又因为山东大学在抗日态度上的妥协而愤然辞职,无奈地"靠稿费度日"。这其中,除了家园、家庭的因素,还有一个重要原因,就是他作为知识分子的正义与良知。

师:我必须为你知识的渊博和准备充分而鼓掌! (师生鼓掌)

生:我能理解老舍的选择,就像杜甫所写的"艰难苦恨繁霜鬓,潦倒新停浊酒杯"一样,所谓"艰难",除了个人身世的艰难,怀才不遇或者志向难酬,还有国家时局的艰难。

师：的确如此。不久之后，大家都知道，1937年7月7日发生了"卢沟桥事变"，日本悍然发动了全面侵华战争，华北危急，北平沦陷！而在这之前，不是没有预兆。热爱北平的作者忧心如焚，思念家乡之情，较平日肯定更为强烈，于是写出了只属于他"一个人的北平"。

情境创设实现了真实生活与文本的深度融合。首先，情境创设把情境作为教学内容的有机组成部分，创设了一个真实的学习环境。课堂把教学主要内容与学生个体成长、社会发展等融合在一起，使情境中的问题，既是理解学习内容的关键点，也是学生知识积累、经验提升和思维发展的现实要求。教学中，把学生去过的"北平"（北京）与老舍笔下的北平做对比这一"学的活动"设计，实现了学习内容与学生自身经验的融合，促使学生在真实情境中介入文本、理解文本。

其次，情境创设的深度融合还体现在文本的多元认知层面。比如，教师把学生所了解的北平、《想北平》所描绘的北平，与林语堂、郁达夫等人笔下的北平，把北平与巴黎，把北平与当时的国势（包括学生把老舍的"想"和杜甫的"艰难"）都联系起来了，这就通过"学的活动"设计，把知识和知识相互勾连，主动构建了一个立体的知识结构，让学生在语言实践中，实现了对文本的结构化认知。又如，有关林语堂、郁达夫、"德胜门老城墙"和梁思成等内容的补充，每一次都厘清了学生的理解困惑，推动了课堂的延伸，使课堂变成学生的思维场域——适切的"学的活动"，促使学习者通过教学、体验活动、讨论和反思促成最终理解。课堂通过文史知识的拓展，增加了全体学生的知识量，引发了学生深入学习的兴趣。再如学生对老舍家世的拓展，知人论世，让学生更能理解老舍对北平的深情。这也引发了其他学生主动联系，把老舍的这种隐藏的家国情怀，自然而然地与杜甫强烈的家国之感做了类比，实现了文章主旨在更深层面上的理解。

（三）进入"深情境"，以结构把握深度理解文本

情境缺失的课堂，对学生来说是身心的"苦役"，尤其是在主题分析环节。这节课的最后阶段，依托"学的活动"设计，借助全文结构的把握，引导学生更加关注

情感表达的方式,使这篇文本的深度解读更加完整,从而利于学生顺利把握文本主旨。

师:理解了第4~7自然段老舍对北平的具体思念,以及第8自然段的深情呼告;那么,文章前三个自然段写的是什么呢?有什么作用?

生:这三个自然段主要是书写老舍对北平深厚的情感,内容上主要是作者对北平的爱"说不出"的客观原因、内在原因以及想说的意愿,从而为下文具体的描写做铺垫。

师:的确如此。能否找出作者想抒发情感却又似乎"说不出"的相关语句,并做具体分析?

生:第2自然段,"可是,我真爱北平。这个爱几乎是想说而说不出的。我爱我的母亲。怎样爱?我说不出"。这里,运用了类比手法,把作者对北平说不出的爱比作对于"母亲的爱"。"母爱"最能引人共鸣,形象地体现了老舍对北平之爱的真切与深沉。

生:也是第2自然段,"我所爱的北平不是枝枝节节的一些什么,而是整个儿与我的心灵相黏合的一段历史,一大块地方……每一细小的事件中有个我,我的每一思念中有个北平"。还有第3自然段,"它在我的血里,我的性格与脾气里有许多地方是这个古城所赐给的"。这些句子,都说明了老舍和北平你中有我、我中有你的特殊情感。如果作者只是像旅游指南一样,叙述北平的名胜古迹,是无法表现这种深沉的爱的。

生:第3自然段,"我不能爱上海与天津,因为我心中有个北平"。这是对比,别的地方再好,但我只爱北平,强化了对北平的爱。

…………

师:看来,老舍不是"说不出"啊,通过对比、类比等方式说出来了。那么,第1自然段呢?

生:我来说。这一自然段老舍强调他所要写的,是属于"我的北平",看似闲话,其实可以很自然地引出下面的内容。

师:很好,这种写法,叫作"闲话不闲"。大家的解读多是结合一个角度详细解读,非常有研读精神,很见功力。这节课,我们主要从把握作者情感的层面进行对话,期待大家课后结合其他几篇关于北平的散文,继续思考、探究他们的情感表达。

课堂收尾部分,教师引导学生深入理解其开篇部分"平淡"文句背后的深沉情感。学生在教师的引领下,立足文本内容,以自身情感的"投射"和"代入",建立了自身与文本的关联,完成了文本深层含义的把握,一定意义上促进了学生个体知识、技能和思维的发展。但是,由于课堂容量有限,这节课对文本结构的深度建构还不够。因此,仍需思考如何优化"学的活动"的开发,从"任务解决"的角度,将教育目标、学习内容和方式方法等整合起来,收获学生作为"人"的精神成长。

教学延展

《想北平》"学的活动"简析

《普通高中语文课程标准(2017年版)解读》中提出,新课改背景下,语文教学方式的重大变革之一,是积极引发学生的言语实践活动,通过学生的参与和实践,充分运用各种感官接触和使用语言,将语言知识内化为自身的语言能力,凝结为语文素养。"文学阅读与写作"学习任务群也强调:"文学作品阅读教学要引导学生将文学阅读与现实生活关照和自我反思联系起来,以提升思想境界和审美情趣。"语文教学的言语实践活动,主要包括阅读与鉴赏、表达与交流、梳理与探究这三类最基本的"学的活动"。如何设计这三类"学的活动",是语文教学的关键问题之一。

毋庸置疑,从过去的教师中心、文本中心,到目前的学生中心、活动中心,我们的语文课堂仍然处于变革阶段。处在变革阶段的语文教学,从"教教材"到"用教材教",从"教什么"到"怎么教",教学目标的实现越来越依赖于从"教的活动"到"学的活动"的转变。然而,一节课的教学效果如何,尤其是文本确定的课堂上,"学的活动"如何指引学生找到文本解读的优化路径,一个最关键的因素在于学生言语实践行为的课堂效果。《想北平》的教学,有效开展了三类"学的活动",取得了较为明显的学习效果。

(一)阅读与鉴赏活动:让知识转化为能力和意义

一节课上,"学的活动"设计,是形式,是教学之"表";文本内涵的解读,言语实践行为的整合,知识内容的汇聚转化,是内容,是教学之"里"。基于此,新课标下的阅读与鉴赏,与以往的知识体系教学或者听说读写训练等不同,可以细化为更丰富的方式方法,如辩论、比较阅读、主题研读、网络协同学习等——这些"学的活动"的具体路径,构成了学生语文学习的基本经验,并且促使学生有倾向性地结合自身兴趣和所需,学会"选择"与"提升",收获作为"人"的成长。这是"表"。而知识只有与言语实践行为发生关联,才能真正发挥语文学习的效益,让知识转化为能力——这是"里"。

课上,师生进行了多次拓展学习,比如对林语堂、郁达夫、"德胜门老城墙"和梁思成等内容的补充,每一次都厘清了学生的理解困惑,推动了教学的延伸拓展,使课堂变成学生的思维场域,促使学生在接受、感知、讨论和反思中形成深度理解——显而易见,这些知识内容在课后单独拿出来学习掌握,达不到课堂上通过言语实践活动习得的效果。

课堂主体部分,围绕理解作者情感这一教学核心内容,教师也引导学生感知、品味文句蕴含的情感,分析不同写作手法的表达效果;更知人论世,引导学生领悟文章深层的思想情怀,让学生拾级而上,在主动探索中把握了《想北平》的核心价值。比如,教师借助比较阅读的方式,把学生对于北平的已有经验,与林语堂对北平的评价,与老舍笔下的北平进行两两对比,促使学生更容易切入文本内涵,理解老舍的北平之"生于斯长于斯"的故乡特质。

语文教学最重要的功用之一,是沟通联络和文化传承。为了达成这一功用,学生在开展阅读和鉴赏活动时须养成两种能力:一是表达的能力,二是理解别人表达的能力。叶圣陶先生也说:"学语文为的是用,就是所谓学以致用。"课上,师生也通过文史知识的拓展,引发了学生延伸学习的兴趣,实现了教学内容与生活的对接。比如把老舍的这种家国之感与杜甫的家国之感类比,则拓宽对文章主题理解的深度和广度。

（二）表达与交流活动：好的"学的活动"实现效益

语文是一门实践性很强的课程，语文学习的本质不是获得知识（体系），而是进行能力建构，实现技能的提升和素养的形成。这就需要大量的练习和实践运用。基于此，语文学习应该以学生的言语活动为主要形式，在"做中学"，在表达与交流中进步。

这节课，教师的问题串设计，让静态的文本内容变成了动态的学习过程。课堂问题环环相扣，层层深入，是这节课的一大亮点。与之相伴的，是教师的有效评价和引导。比如学生说："第一遍读《想北平》，我觉得自己在和老舍面对面交谈……"老师立即评价说："我非常惊喜于你的这种表达方式。你以描述的方式谈阅读的感受，非常准确，很棒！"这种准确、细致的评价，让学生格外自信、自豪，接下来说话的声音都大了不少，也间接激励了其他同学主动对话。又如学生说："我发现老舍有些地方直接表达了对北平的爱，是直抒胸臆的抒情手法，比如标题。"老师在评价中巧妙引导："非常好，你怎么知道我马上要讲到标题啊！我们可以一起来看看标题'想北平'的'想'是什么意思？"这样的课堂引导，同时表达了对学生的高度认可，让学生"心有戚戚焉"。整节课，问题串的充分设计，让课堂自然推进；教师的评价都是积极引领，让学生自然地融入课堂，甚至爱上这样的交流——这都是优质的"学的活动"设计：有哪一个学生不喜欢自由表达的课堂，不喜欢被老师肯定呢？

教学设计的难点，还在于如何寻找适切、有效的语言知识运用途径，也就是如何设计好的"学的活动"。课上，因为学生生活阅历较浅，理解作者对故乡的深情有一定难度，尤其是深入理解其"平淡"文句背后的深沉情感更是不易。所以，课上，教师在拓展联结之外，还注重诵读引领，让学生在不同的"读"中"悟"，进而促进理解，激励学生以自身情感的"投射"和"代入"深入理解文本，实现更加高效的学习——这也是有效的表达与交流活动设计。

（三）梳理与探究活动：达成结构、内容和主旨的统一

教学是一个循序渐进的过程。本质而言，传统的教学内容要素并没改变，知、情、意的统一依然被隐性贯彻。但是,新课改下,"学的活动"还是有一些显著变化的。这节课,教师的活动设计延续了之前良好的研讨氛围,以开篇部分"平淡"文句作为切入点,让学生反推这种结构的潜藏、照应和情感表现的含蓄、深沉,进而避免碎片化理解,实现全文思路的再整理。这一梳理活动的设计,不仅给了学生表现的机会,更让学生分析理解文本结构的能力得以强化,新的学习也得以发生。

又如,课堂依托言语实践行为的推进,使文章三个部分的文本内容产生了一种内聚性的关系,看似关涉不大的文段、语句,经过分析勾连,就像有了组织关系一样,产生了一种向心力,让人感觉成了"篇"。这种教学思路的推进,促使学生在分析结构之时,会主动联结,拓展到"铺垫""写作背景"等方面。再如,课上教师鼓励学生深度协作,重视活动的过程性评价,积极探索基于解决实际问题的教学等,这都是梳理与探究"学的活动"的具体表现。

综合而言,《想北平》一文的教学实践,通过巧妙设计"学的活动",从导入、整体感知,到课堂主问题的研习;从拓展延伸,再到文章结构的整体把握,这中间的过渡、时间分配都比较合理,教学容量也比较大。课上,师生既对散文进行了深入解读,又建立了学生与作品的关联,让学生受到感染和激励,实现了阅读与鉴赏、表达与交流、梳理与探究三种基本活动的有机结合,真正促进了学生的知识、技能和创造性思维的发展。当然,这节课也一定还存在一些问题,但总体来说,看似平易,实则厚实、有效。

《想北平》:不朽的思念

老舍(1899—1966),原名舒庆春,字舍予,满族,北京人。在创作上,他以抗战救国为主题,写了各种形式的"京味"作品,曾因创作优秀话剧《龙须沟》而被授予"人民艺术家"称号。其《想北平》一文,粗粗读之,似乎纯粹思念北平,无关抗战;但若能结合写作背景,便能看出作者对时局的深沉忧思。

老舍曾说:"许多好小说是由这种追忆而写成的。"那么,他的这篇散文就仅仅是追忆北平吗?"自幼生长在那里的地方……我们对于它能像对于自己分析得那么详细,连那里空气中所含的一点特别味道都能一闭眼还想象地闻到。"在《景物的描写》中,老舍这样说他对北平的熟谙;那么,敏感的老舍感觉不到北平的危机四伏吗?尽管老舍刻意隐藏,但我们仍可以从老舍的描写中看出端倪。

这篇1500多字的散文中,老舍选择了一个独特的视角——"我的北平",对一个熟悉之至的地方仔细端详,由此生发出只属于一个人的情感。文中,对每一处景物的描写都是情感的衍生物,老舍仿佛用心拂拭自己最心爱的收藏。"言语是不够表现我的心情的,只有独自微笑或落泪才足以把内心表达出来。"老舍说。其实每个人,无论富贵贫贱、忙碌悠闲,都有一座属于自己的城,敏感的老舍更是如此。

一般来讲,我们在什么时候思念自己的城呢?当我们背井离乡时,当我们在世界的另一个角落听到故乡的消息时……如果"故乡"随时可以回去,哪一个游子会像老舍想北平一样想念故乡?如果思念仅仅是乡情,那么老舍为什么要长期离开自己所向往的家园而四处奔波呢?写散文,因情为文,有感而发;这样的文章大多可以让他人的灵魂随之颤响。因生活经历的不同,我们今天读来,阅读感受已经发生了变化;所以要读懂《想北平》,首先要真诚地靠近作者本身。老舍的笔触满怀深情,欢乐或者沉思,宣告了对北平的留恋。但是,在写作的时刻,是北平的什么消息让老舍如此思念?这篇散文写于1936年,作者当时已经被迫离开北平。那时日本帝国主义已经加紧了对中国的侵略,丧权辱国的"何梅协定"的签订,适应日本侵略需要的"冀察政务委员会"的成立,都说明了华北危急、北平危急。此时的老舍,对故乡的思念,是否是因为有家难回的现实?是否也蕴含着对时局的忧虑呢?

作者对北平爱得真切、深沉,很容易打动读者的心。他说"我所爱的北平不是枝枝节节的一些什么,而是整个儿与我的心灵相黏合的一段历史,一大块地方",他又说"我最初的知识与印象都得自北平,它在我的血里,我的性格与脾气里有许多地方是这个古城所赐给的",北平的"每一细小的事件中有个我,我的每一思念中有个北平"。他所表现的,是"我"和北平,"我"中有"你","你"中有"我",融为一体,密不可分。这就超出了一般的描写,他不仅要告诉读者他对北平的爱,而且还要表明他和北平密不可分的关系!可是,他不是在北平,而是在"想"北平:想念,想象他心中最美好的北平;反过来,只能想念了,一时难以回去了;更深的,是担忧,担忧时局突变可能带来的北平沦陷！作者的思念，没有给他愉悦，而是带来了深重的痛苦。从这种意义上来说，《想北平》不同于我们经常读到的那些纯粹的游子思乡文章，它不仅仅是思乡情绪，或者生命确证，它还投射着历史的映照。

单说热爱或者思念，我们甚至能够在《贫嘴张大民的幸福生活》中看出老北京人对这座古城的感情。但每一篇文章都是有自己的灵魂的，读着这篇散文，难道你不会心头一亮？老舍通过《想北平》表达了对北平的记忆，确证了自己对故乡的热爱，但他心中并不因为故乡而获得安宁。歌曲《天下没有不散的筵席》中有这样几句歌词："我曾经以为生命还很漫长，也曾经以为你还和从前一样，其实我错了，一切全都变了。"由情真而达情深，结合眼前的时局动荡，老舍不自觉地从纯粹的乡思中抽身，将自己内心雀跃、激荡的感情融合为沉潜、静谧的文字，深刻地表现出对北平平安的期待和呼喊。

老舍去过巴黎，住过伦敦，可心中惦念着的，还是北平。他说人家的城市笨拙、喧闹，北平庄重、有人情味：多明显的地域情结啊！作者运用极为熟练的对比手法，写出了北平之于他的独特意义！一边是世界各大名城，一边是自己生活的北平，这样的比较显然让人期待一些特别的意义。作者意在表达自己对北平的深厚感情；于是在《想北平》中，作者的文字如文火炖鳝鱼一样，慢慢地让你感受到了他对北平真挚、深重的爱！那是一种渗透在骨子里的深情！"面向着积水潭，背后是城墙，坐在石上看水中的小蝌蚪或苇叶上的嫩蜻蜓，我可以快乐地坐一天，心中完全安适，无所求也无可怕，像小儿安睡在摇篮里。"老舍把景语、情语融为一体，浑然天成；他鲜活的文字，竟是那般如锥画沙，不落痕迹。他抒写对这座文化古城的深情眷恋，一处景便渗出刻骨铭心的一缕情，他想"把一切好听好看的字都浸在自己的心血里，像杜鹃似的啼出北平的俊伟"。可大家知道"杜鹃啼血"的寓意吗？杜鹃啼血多喻悲苦之情，或多用作离愁国恨的寄托。很明显，即便背井离乡，也几乎无人用杜鹃啼血表达对故乡的思念的，那么，作为一个对字眼非常慎重的作家，老舍怎么会这样写呢？很显然，这是老舍颠沛流离、饱经沧桑之后的感受和渴望。文人一般不议论政事，老舍也不想在散文中议政，但他仍不能掩盖自己对北平的深切担忧。这实际上体现了一个知识分子的精神高度。

作者特别说道,北平虽然也是有钱人的天堂,但"像我这样一个贫寒的人",仍然可以尽情享受它的美。所以作者花费了大量笔墨,去写北平的物产,写北平平民的日常生活。一枝一叶总关情,正是这样的叙述与描写表明了作者与北平的亲密关系;他真正融进了它的生活,深入到了它的血肉肌肤之中。但是,作者在哪里?他正流落青岛。距离产生美,贫寒的生活也许并不值得向往,只是因为想而不能得,就有了深沉的情思。在《老舍自传》里,还有一篇《望北平》的文章,其中有这么一段:"八年流浪,到处为家;反正到哪里,我也还是写作,干吗去挤车挤船的受罪呢?我很想念家乡,这是当然的。可是,我既没钱去买黑票,又没有衣锦还乡的光荣,那么就教北平先等一等我吧。"无论是"想"还是"望",都是在遥远的地方期待。

用"要落泪了,真想念北平呀!"收尾,有如"曲终收拨当心画",使人情动于衷,意味深长。北平,是老舍的城。即便在这里平凡地生活,也让老舍满足了。但作者的期盼是不是可以达成呢?"要落泪了,真想念北平呀!"这最后一句有更深的含义,作品如实反映了那个时代的真实生活,体现了那时候许多人的现实人生。因为特定时刻的写作而让这篇散文获得了一种沉淀的氛围。面对北平的危机,老舍作为一个热爱北平的爱国知识分子忧心如焚,今思家乡之情,较平日肯定更为强烈;这一声呼唤,充满了民族忧患意识,震人心弦。在故乡可能面临没顶之灾的时候回忆,老舍写作《想北平》的目的何在?艾青说过:"为什么我的眼里常含泪水?因为我对这土地爱得深沉。"从这种意义上来讲,谁言乡思非国恨?"要落泪了,真想念北平呀!"这是一种不朽的思念!

《今生今世的证据》文本意蕴解读

《今生今世的证据》(以下简称《今》)是一篇文笔素淡但情感浓烈的散文。文章让我们深切地怀念起故乡,让人思,让人痛,让人不忍卒读,让人难以忘怀!刘亮程曾说:"我们没有宗教,故乡便成为心灵最后的归宿。"对于故乡,最是,那一回头的深情……刘亮程,在对乡土、乡情的演绎中抒写了独具一格的"一个人的村庄"。

（一）乡土转逆，题材是一种才华

作家蒋子丹这样评价刘亮程的作品："身边小事皆可入文，村中动静皆可成诗，散文中透出的那种从容优雅的自信，是多少现代人已经久违了、陌生了、熬长了黑夜搔短了白头也找不回的才华……"是的，从容优雅！"20世纪中国最后一位散文家"刘亮程，一个在沙漠旁边长大，种过地，插过秧，当过农机管理员的人，在劳动之余"从容优雅"地写写自己多年生活的村子。在他的笔下，房子在风声中陈旧，太阳下岁月慢慢变老，万物自然地生长死亡，人们来来往往……宁静的笔触，在不慌不忙中描绘着乡土的状态。

《今》，关乎故乡，关乎乡思。只是刘亮程没有像别人那样抒情，而是将情感深藏不露，融入故乡的一草一木、日出月升中。如果说许多乡思作品是在反复吟咏人对故乡的依恋的话，那么《今》则超越这种感情去进一步追问故乡对一个人来说意味着什么；家乡成为故乡，其间都发生了什么；等等。

文章从一个人对乡土的轻慢之举开始——从一个人的迁徙开始。当人拥有的时候，也许并不觉得某样东西的珍贵；而且，在日常生活中，东西是否珍贵，人们主要是从实用的角度考虑它的。所以，"我走的时候，我还不懂得怜惜曾经拥有的事物"，因为"它没用处了"。

但是，故乡是人出生、成长、生活与劳作的地方，不管它今后是否有用，也不管人是不是永远与它相伴，它都是有意义的。因为，它烙上了人的印记，是人生活的物化，用作品里的话说："这些都是我今生今世的证据啊。"之所以有人不明白，是因为他"还不知道曾经的生活有一天，会需要证明"。人的生活需要物来证明，物又因为人才具有意义，这是这个题材的二律背反。

"因为懂得，所以慈悲。"当故乡也就是一个人生命的印记不复存在时，一个人的生命、历史也就成了一片虚空：他没有"根"，也就没有了寄托与归宿，没有了通向未来的方向。乡土成为题材，演绎为精神栖息地，本身就是一个美与悲的过程。刘亮程的才华因题材的选择显露无遗。

(二)文笔洗练,演绎家园、精神之殇

"他好像能把文字放到一条清亮透明的小河里淘洗一番,洗得每个字都干干净净,但洗净铅华的文字里又有一种厚重。捧在手里掂一掂,每个字都重得好像要脱手。"这是作家李陀对刘亮程作品的评价。

"一切景语皆情语",的确,庄稼人,牲畜,田野,小麦和树林……在他的眼中春来秋去,都是故乡,均蕴深情。他在《住多久才算是家》一文中,有这样一段自白:"我一直庆幸自己没有离开这个村庄……但我留住了自己。我做的最成功的一件事,是没让自己从这片天空下消失。"于是我们不难发现,这片天空就是他的故乡——更是一个精神栖息地。

"我走的时候,我还不懂得怜惜曾经拥有的事物,我们随便把一堵院墙推倒,砍掉那些树,拆毁圈棚和炉灶,我们想它没用处了……"文章开篇实际是站在今天对昨天的假设,是一种叙述,更是一种感慨。许多事总是要经过人生历练和心灵思考才会真正明了,等到那时,时光的流逝可能已经带走了许多东西,所以人生常有遗憾。"我走的时候,我还不知道曾经的生活有一天,会需要证明。"人活在世界上,自己并不能证明自己。证明来自他人(可能是天堂或地狱,一般是人间——观照自己),来自自己生活之所(总有一些地方,让你找到你的气息),来自自己行走的痕迹,这些都是人生命的明证。

"这些都是我今生今世的证据啊。"最直接的表达,最浓烈的感情。当我们回顾往昔,往往会发现,在前行时,我们丢掉了一些珍贵的东西。但"即使有它们,一个人内心的生存谁又能见证"这才是刘亮程的敏锐之处!"内心的生存"是一种精神生活——在故土中寻找"内心的生存"是对生命意义的探索。如果人"内心的生存"找不到依凭,那么必然会产生空虚感和漂泊感,所谓"精神的流浪"是现代人常有的精神之痛。本文的"村庄""家园""证据"实际上都包含多层的意思,既是日常生活的,又实实在在地属于精神。唯有精神永恒……

"当家园废失,我知道所有回家的脚步都已踏踏实实地迈上了虚无之途。"一个人要想将他生命的物质痕迹全部留住是不可能的,但它们会长久地留存在记忆

中,成为人的精神财富和思想资源。只有这样,"家园"才不会废失,否则,就如结尾所言,人只能在"虚无"中了。其实,人总在往前走的过程中疑惑着,在追求的充实中,一转头,发现背后的空虚!刘亮程以洗练的文字,写出了厚重浓烈的家园之痛、精神之殇,让人读之唏嘘不已。

(三) 乡情沉潜,今生的悲喜皆因"证据"

"……我真是很惊讶作者是怎么在黄沙滚滚的旷野里,同时获得对生命和语言如此深刻的体验。"李锐对刘亮程的文字充满感叹。

人为什么喜欢故土?人为什么难舍乡情?"客亦知夫水与月乎?……且夫天地之间,物各有主……"曾经的经历之所以常常使人怀念,说穿了,怀念的并不是事物本身,而是怀念自己:自己的过去,自己的生活,自己的生命,自己过去的时间与历史的意义和价值……这类深刻的体验,是很多人都有过的:无论是黄沙滚滚还是烟雨迷蒙,无论是白山黑水还是雪域高原……其中,故乡显然具有特别的分量。否定了或忽视了这曾经,必然意味着对自己生命的怀疑:"在它们中间悄无声息度过童年、少年、青年时光的我,他的快乐、孤独、无人感知的惊恐与激动……对于今天的生活,它们是否变得毫无意义……"

情感、意义,以至过去的生活,特别是"一个人内心的生存",都是抽象的,无法把握的,它们只有通过具体的物、具体的场景才能表现出来——关乎一个人尤其是流浪者的悲喜!因此,《今》总是在"证据"中显现作者的感情:乡情沉潜,总是具体的事物在个人化的体验中成了他生命的情绪,比如"一场一场的风吹旧墙、刮破院门,穿过一个人慢慢松开的骨缝""地深处的大风""更黑,更猛,朝着相反的方向,刮动万物的骨骸和根须""恒久明亮的月光""它一夜一夜地已经照透墙、树木和道路,把银白的月辉渗浸到事物的背面"……这些事物,这些记忆显然是非常个人化的,换言之,故乡对人的意义从来都是独特的。

每一个独特的人,总是在不断的失去中不断寻找内心的生存!这就是故乡对每一个人来说都存在着不可替代的意义的道理所在。人,总是在失去中寻找!人,总是在寻找!

二、基于"逻辑问题"的《荷塘月色》教学路径

在《散文："真"的艺术》一文里，吴周文教授将散文的"真"概括为真实的题材、真切的思想、真挚的情感、真诚的人格四个方面。他认为，构成了散文"真"的内涵，也是散文的"真"所表现的美学范畴。因而大多数教学确实也都围绕"真"，去分析作者笔下景物描写之真美，探讨作者表达的情感之真切。这自然是正确的，符合散文重在抒情的文体特点，当前绝大部分的语文课堂也基本上遵循着这样的思路进行着散文的教学。然而，经典篇目如此循环往复教，不免有陈旧之感。如何教出新意？如何找到散文教学的问题意识？如何教给学生散文阅读之法？这成为散文教学有必要面对的问题。

在我看来，对于好的散文，具有了一定文学修养的中学生，能够感受到它的美，但是为什么美一般就说不清楚了。批判性思维的意义就在于我们学会为美寻找理由，探寻美学的原理和散文的美学特征。而散文中"真"的艺术背后，作者为了营造意境、表达情感，通常都会有"刻意为之"之处，而这些"刻意为之"往往会存在逻辑不通（包括语词的逻辑不通或矛盾，情感上的矛盾纠结）的问题。当然，这并不是否认散文之"真"，而是力求向文本更深处溯源。由此观之，我们在阅读文本时往往要关注作者的"刻意为之"，这些是我们破解作者情感的"密码"，而这也是学生可以通过学习掌握的"如何解读散文"的路径。

因此，引导学生去发现文本中的"逻辑问题"，通过篇目的逻辑问题构建本课教学的问题情境，形成真实的、以学生为中心的学习情境，师生共同完成学习目标，即探讨散文的情感（主旨），解读散文背后的"我"。而将批判性思维融入散文的教学中，是通过批判性的思考，引导学生从单纯的感性思维中探寻赏析散文的内在规律，实现感性认知与理性升华的统一。同时，让学生发现散文的创作从感觉开始，又超越感觉，有着内在的逻辑性。但这种逻辑性不是逻辑思维中的严密的逻辑推理，不是逻辑的实证，而是感觉发展变化中的情感、认知发展变化的归纳过程。因而，大多数散文都可以从"逻辑问题"切入，探讨散文背后的"我"与情感主旨。

(一)质疑:"于无疑处生疑"——寻找作者写景的"刻意为之"

问题一:为什么"每天都走过的荷塘"不写,反而独要写"今晚满月下的荷塘",今晚的荷塘有什么特别之处?

问题二:荷塘月色今晚格外美,但美得不切实际。在淡淡的月光中赏景,作者的观察却是非常细致生动的,像是拿着放大镜在观察。

这两个问题是由学生在课前预习的时候提出的,都围绕散文中的写景问题而提出。很明显,学生关注到了今晚的荷塘美得"刻意为之"。因此,我在教学的时候将景的"刻意为之"作为探究的起点,即探讨朱自清写了什么景,朱自清笔下的荷塘景为什么会这么美。

显然我们从这些赏析中不难发现,散文也和诗歌一样,可以营造意境,这和朱自清先生的文笔功力是息息相关的。而我们可以从视觉、听觉和嗅觉的角度来赏析,这个荷塘在朱自清的笔下是朦胧的、宁静的、芬芳的世界。所以,可以说今晚的荷塘月色格外美。但恰恰是这么美的荷塘,反而与平日里的荷塘"不一样"。这不得不让人产生怀疑,"有没有美得不切实际呢"?

经过仔细推敲,学生从视觉角度发现多处不合逻辑的地方:

第4自然段:这时候叶子与花也有一丝的颤动,像闪电般,霎时传过荷塘的那边去了。

第4自然段:叶子本是肩并肩密密地挨着,这便宛然有了一道凝碧的波痕。叶子底下是脉脉的流水,遮住了,不能见一些颜色;而叶子却更见风致了。

第5自然段:弯弯的杨柳的稀疏的倩影,却又像是画在荷叶上。

即普通的夜晚,没有灯光,只有淡淡的月光,景物观察却能如此细致,这不合常理。

因此,"今晚"的荷塘确实与日日走的荷塘有所不同,这个荷塘是虚实参半的,是朱自清"刻意为之"的另一个世界。现实的荷塘是自然界的荷塘,是日日走过的荷塘;虚构的荷塘是作者心中的荷塘,是朱自清乃至任何人平日里都未见过的荷塘。这是一个宁静、美妙、朦胧、芬芳的世界,是朱自清寄托情感的"载体",是他的理想世界。而这样的一个荷塘,才会带给他独处的妙处。也正是要建构理想荷塘,所以他主动走上平时很幽僻的小路,这个荷塘似乎被月光独照,四周却是暗的,就像每个人心中都有那一片被偏爱的地方。

有学生给了我这样一个解释,说:这是朱自清的"眼中景,心中境",他闭上眼睛也能写出来,这是刻在他脑海里的"荷塘月色"。显然,学生已然能从逻辑问题中思考,从无疑处生疑,在比较中分析。

(二)论证:"基于情感冲突的逻辑链"——探究作者自我的"矛盾之处"

问题三:文中的江南是怎样的江南? 这个部分可不可以去掉?

学生对于文中江南之景的描写颇为质疑。而从荷塘月色的虚构推导,其实除了荷塘月色之外,作者在文中的"所见所想"均是想象的"刻意为之"。而这样的"刻意为之"背后,作者是为了打造他心中的理想世界。其实在很多作品中,作者都会"构建理想世界"去填补现实的空缺。陶渊明《桃花源记》中的桃花源寄托了他与现实世界格格不入的理想;屈原《离骚》中"香草""美人"的意象,承载了作者毕生的追求与信仰。

王安忆曾说:"小说不是现实,它是个人的心灵世界,这个世界有着另一种规律、原则、起源和归宿。但是筑造心灵世界的材料却是我们赖以生存的现实世界。小说的价值是开拓一个人类的神界。"这一观点同样适用于散文,其实在很多作品中,作者都会"构建理想世界"去填补现实的空缺。显然,我们必然要问——朱自清的现实世界是怎样的?

当然,我们通过外部资料去考证,自然会发现朱自清当时的遭际。但是,如何让学生通过文本去找到蛛丝马迹,通过文本细读去发现作者情感的"矛盾之处"?如何让学生能够通过作者的语言表达,感受散文背后的"我",掌握散文阅读的方法? 这才是散文教学该着重用力的地方。因此,尝试回到文本去寻找作者的现实世界显得非常重要。而学生也在文本中发现了作者除了描景有"刻意为之"外,在抒写自我的过程中,也呈现"矛盾、不合逻辑"的地方。

问题四:文本第1、3、10自然段,朱自清像是在自我纠缠,而且逻辑上似乎在自我"打架"。他为什么如此矛盾？

文中矛盾之处	探究"我"的状态
"这一片天地好像是我的"	感性 VS 理性
"也像超出了平常的自己"	自我 VS 超我
"我爱热闹,也爱冷静;爱群居,也爱独处"	不同的姿态和精神状态的对比
"便觉是个自由的人"	自由 VS 束缚
"我且受用……"	理想快乐的短暂 VS 现实痛苦的长久

从中我们不难发现,朱自清是个很矛盾的人,夸张一点说,他的矛盾是非常"纠缠的"甚至"黏糊"的,又很"隐晦"的。而正是这样的内心矛盾,才会有感情的拉扯。他想解决自己内心的"颇不宁静",但是又很清醒、理性地认知到"无法解决",因此,荷塘月色只是暂时把"颇不宁静"给"悬置"起来的地方,而他清楚地知道颇不宁静是得不到解决的。不过在这样矛盾纠缠的背后,即使是短暂的快乐,"我"也呈现了主动的姿态——也想去拥有。

(三)释疑:"获得新的体悟"——破解作者情感的"逻辑密码"

朱自清带给读者的绝不是美好理想世界的泡沫,也不是现实世界的残酷体验。无论是他笔下写景的"刻意为之",还是情感上的自我矛盾,看似逻辑不通,但实则正是"我"的清醒与乐观。

这样矛盾的心理、情感的拉扯不是只有朱自清一人,这是文人们普遍的一种内心挣扎,有个专有名词可以概述——刹那主义人生观。学会短暂解脱亦是一种人生态度。如陶渊明"采菊东篱下,悠然见南山",王维"独坐幽篁里,弹琴复长啸",柳宗元"孤舟蓑笠翁,独钓寒江雪"这些诗句,都是他们在自我情感拉扯之后,形成了另一种人生之路。《梦游天姥吟留别》中,李白也吟道"且放白鹿青崖间"。文人们不是悲观地寻求躲避,而是主动悬置心中的不宁静,而这也正是普通人在面对困境时的状态,这是普遍的人性。

因此,面对这样的朱自清,我们也自然会问:为什么朱自清不能向身边人倾诉或者寻求陪伴呢?

文章结尾这样写道:"这样想着,猛一抬头,不觉已是自己的门前;轻轻地推门进去,什么声息也没有,妻已熟睡好久了。"走入现实中的朱自清,留给我们的是孤独的背影。朱自清给我们最大的启示便是,在现实中一个人是不能完全地理解另一个人的,人类的寂寞是永恒的,甚至更多的时候,我们要享受孤独。文人如此,我们亦如此。

正如迟子建所说:善待哀愁,也许就是幸福的开端。《荷塘月色》这篇散文给予读者的人生启示,是能丰富人生的体验的:看似具有个人性的情感,但实际上又具有普遍的意义和价值,我们存在于世,都要创造一片荷塘给自己悬置现实的矛盾冲突,悬置孤独之身。

在这样一次教学中,依循着解读的内在逻辑性,我与学生一起获得了对《荷塘月色》主旨的深度认识。学生对于散文背后的"我",对于相似的人生体验也有了共鸣。而学生也在课堂探究的过程中,使得逻辑思维得到了一次充分的体验与训练,对经典散文的"刻意为之"有了深层体验。简单来说,工具性与文学性兼而有之。

其实,新课标在"课程目标"中就提出要养成独立思考、质疑探究的习惯,增强思维的严密性、深刻性和批判性;学习探究性阅读和创造性阅读,发展想象能力、思辨能力和批判能力;能考虑不同的目的要求,以负责的态度陈述自己的看法,表达真情实感,培植科学理性精神,在表达实践中发展形象思维和逻辑思维,发展创造性思维等要求,在"实施建议"中提出"阅读论述类文本,教师应引导学生着重思考思想的深刻性、观点的科学性、逻辑的严密性、语言的准确性,把握观点与材料之间的联系"。据此,我们可以通过文学作品的教学,特别是经典篇目的教学,对学生进行思辨能力和批判能力、逻辑思维、科学理性精神的训练。这与文学作品的鉴赏并不矛盾,也是散文教学的应有之义,所谓"新瓶旧酒",老师有了不一样的教学实施路径,学生也收获了不一样的散文解读路径。不过,散文虽然有着内在的逻辑性,但是这种逻辑并不是实证的逻辑,散文教学依然要注意感性与理性的平衡与协调,因为理性过强可能会损害散文抒情的审美特征。

教学延展

《荷塘月色》作为"定篇"的教学片段及分析

《荷塘月色》一文作为高中语文的经典篇目，历来教学法多样。学生需要"彻底、清晰、明确地领会"文本的"定篇"，主要的教学方式是教师"引学生鉴赏"。试将我上课的片段与大家共享，探求"定篇"在文本解读以及对话教学中的教学思路和明确意义。

(一)"仰之弥高,是因为真实"——介绍作者,导入新课

师：第一次听说朱自清，并对他产生敬意时，显然不是因为他曾当过中学语文教师，也不仅仅因为他是一名著名的学者、诗人，而是另一个原因。是什么原因呢？

生：我知道。我读过一篇文章，说朱自清身患重病，宁可饿死，也不领美国的"救济粮"……

师：这显示了朱自清的气节，但是我要澄清一点，朱自清并非饿死的。在当时，像朱自清这样全国有名的文化人、名牌大学的教授，他的生活不会沦落到饿死的地步。他得了严重的胃溃疡这种当时难以治疗的病，最后死于难以进食。

生：原来是这样。

师：我们需要了解一个真实的朱自清。仰之弥高，是因为真实。

生：我也了解到，大师也有缺点。据说朱自清上课总是引用别人观点，缺乏自己的理解。他上课总是很紧张，神色很不镇定，还要用手帕擦鼻子上的汗珠。

师：大师也是凡人，这却也说明了他的严谨和认真。好，简单了解了作者，下面我们一起来学习课文。

赏析：散文求真，课堂教做真人；课堂导入，让学生了解真实的朱自清，包括朱自清的真实生活状况和个性特点，这只会使学生更能"得见其人，仰之弥高"。在现代教育技术高度发达的今天，一些知识性内容值得适当引入课堂，以避免学生在以后的学习中对今天的学习产生"虚假"或者"被欺骗"的感觉。

(二)今夜,"江枫渔火对愁眠"——抓关键词,梳理情感

师:请大家听名家朗诵(放录音)。然后,大家自由朗诵一遍。(生自由诵读)好,现在我们先来谈谈此文具体写了什么内容。

生:写景抒情散文,描绘了作者在某一个月夜游览荷塘的心绪变化。

生:描绘了月夜的荷塘景色和作者月夜在荷塘边散步的心情。

师:都概括得非常精当。夜深人静之时,作者为什么会突然想去荷塘边散步?请大家结合文章思考讨论一下。(师生交流)

生:主要是由于"这几天心里颇不宁静"。

生:夜深人静,本该休息,但许多事情扰乱心神,让作者就想去荷塘散步,以此来排遣内心的烦恼。

师:是的。那么,为了排遣这种不宁静,作者散步的游踪是怎样的?

师生探讨,明确(生齐声答,师板书):游踪是从家出发,经小路,到荷塘,然后回家。

师:一夜游览荷塘,观赏月色,朱自清找到心灵的宁静了吗?

生(异口异声):没有找到。/找到了。

师:到底找到没有呢? 我们一起具体来看看作者的心情是怎样变化的。

生:第6自然段,荷塘的景色非常美,甚至说美到了极致;"但热闹是它们的,我什么也没有",可见美景也无法排遣他的愁绪。

生:不完全对。欣赏美景肯定是欣喜的,否则写不出那么美的文字。

师:有愁绪,有喜悦;这么理解更合理。文中还有体现吗?

生:第1自然段,"忽然想起日日走过的荷塘,在这满月的光里,总该另有一番样子吧"。作者去荷塘是有期待的,应该心情不错吧?

生:第3自然段,"我且受用这无边的荷香月色好了",尽管不能完全排遣愁绪,但因为欣赏美景,有一种淡淡的喜悦。

生:最后一个自然段,"这令我到底惦着江南了",这种感慨,可见作者最终还是忧愁的;他有一种无法排遣的忧愁。

…………

赏析:这一片段,整体认知课文内容,分析梳理游览路径和情感脉络,课堂问答妥帖,师生沟通自由,于自如中实现了文本结构的分析与把握。其实,教学设计未必都需要高度的精巧。更多的课堂,需要引领学生在静思默写中感悟文本内涵,尤其是家常课。

(三)"独特的那一个,那一句"——自由鉴赏,批注评点

师:请大家挑出你个人最欣赏的句子或者片段,并简单鉴赏评价一下。

(生思考四五分钟)

生:第3自然段,"路上只我一个人,背着手踱着。这一片天地好像是我的;我也像超出了平常的自己,到了另一个世界里",作者独自踱在这苍茫的月下,写出了独处的妙处;我最喜欢这种感觉。

师:我也喜欢独处静思的感觉,那是一个人精神高度自由的时刻。

生:"叶子出水很高,像亭亭的舞女的裙",运用比喻手法,写出了一种动态的美。

生:"微风过处,送来缕缕清香,仿佛远处高楼上渺茫的歌声似的",把"清香"说成远处的"歌声",是通感手法,更烘托出夜晚月色下的宁静。

生:"塘中的月色并不均匀;但光与影有着和谐的旋律,如梵婀玲上奏着的名曲",第5自然段最后一句,用了通感手法,写月光清淡如水,犹如琴声,有一种动感的美。

师:修辞的作用就在于让你如临其境。

生:"这时候最热闹的,要数树上的蝉声与水里的蛙声",大地已然入睡,唯有树上的蝉声和水里的蛙声,打破了宇宙的沉寂,却更加写出了夜的寂静,写出了"蝉噪林逾静,鸟鸣山更幽"的感觉。

师:是的,这句话其实有更深的意味啊。

…………

师:大家觉得哪一自然段写得最美啊?

生(意见不统一):第 4 自然段。/第 5 自然段。/第 6 自然段。

师:请大声朗读你认为写得最美的一个自然段,品味这一自然段的写景特点和手法等,并标注在课本上。(生大声读,然后自由标注评点)

赏析:萝卜青菜,各有所爱。教师不应该规定学生具体赏析什么内容,而更应尊重学生,倾听学生的真正声音,让学生自己把他们最喜欢的句子找出来。这一部分,教师简洁的评价,促使学生更加全面、细致地去理解具体语句,具有使学生深入文本去领会、理解的作用。

三、《铃兰花》"教学评一体化"课堂实录及评析

教学是减法的哲学。一堂课短短 45 分钟,到底把什么教给学生? 教学设计第一个要考虑的问题,是如何确定课堂教学的主要内容。依据王荣生教授关于"学的活动"的规定性要求,还需要深入思考怎样"让学生学好"。基于此,围绕《铃兰花》这一教学文本,我确定了"通过景物描写的学习和散文的语言品读,深入文本,感受作者的独特人生体验,把握主旨"的教学目标。第二个问题,如何将我的阅读经验和学生的已有经验对接,实现学生的阅读和作者的叙述的对接? 依据"学的活动"的教学组织特点,我设置了有序的教学问题串,立足"以评价驱动教学"的观念,设计了"教学评一体化"的课堂教学。这节课的课堂实录及评析如下:

(一)导入

师:同学们,在短短的十几年间,你们有没有特别难忘的时光? 多不多?

生(七嘴八舌):没有。/有,不多。

师:请大家说说看,回忆中哪段时光最让你难忘?

生:我很难忘在外婆家的日子,外婆家有一块小的园地,种着各式各样的蔬菜;田边有枯树、鸟窝;夏天可以在田边沟渠里捉鱼抓虾,那是我最有趣的童年……

师:那么,这段日子给你留下的最深刻的感受是什么?

生:快乐、自由自在。

师:"等待着下课,等待着放学,等待游戏的童年",在广袤的自然里成长,是难得的好时光。同样,南斯拉夫作家沃兰茨也有一段非常难忘的童年经历,就是我们今天要来学习的散文名篇《铃兰花》。(板书:铃兰花、沃兰茨)

评析:解读散文,一般分两个阶段:一是唤起学生的经验,理解文本语言的特征;二是从语言特征入手,延展到对文本精神、情感的理解。教师从学生的人生经验、阅历介入:"在短短的十几年间,你们有没有特别难忘的时光? 多不多?"借此问题,巧妙地调动学生经验,与文本形成呼应,还拉近了学生和文本的距离,使学生自然而然地感受作家表达出来的独特人生感悟。所谓"教学评一体化",指课堂教学活动成为学生的学习经历、教师的教学与评价相互融合的有效教学过程——这节课的开端就深得其味。

(二)初读文本

师:每个人,都有这样或那样的故事,会对我们的成长产生非常重要的促进作用。今天,我们一起看看沃兰茨的《铃兰花》讲述了怎样的一个故事。请大家尝试用简洁的语言概括一下。

生:不到6岁的主人公"我"非常害怕村里的那块洼地,认为那里是"地狱"。有一次去那里放牧,更加深了"我"的恐惧;又因为母亲想要一束铃兰,"我"在某一天早晨勇敢地去"地狱"采回了铃兰花。

师:这位同学概括得很细致。

生:还要关注到"我"是在父亲的逼迫下前去放牧的。

师:好。第一位同学的概括主要讲了"我",而故事不止"我"一个角色,也不要忽略了父亲。我们概括一个故事,往往要包括时间、地点、人物、事件等。接下来,我们一起来回顾一下:首先,什么时间?

生:"我"小的时候,六七岁时。

师:地点?

生:"地狱"。/"我"家的那块洼地。

师:在"地狱"里主要发生了什么事?

生:主要是两件事,放牧、采铃兰。课文主要讲了"我"六七岁时到"地狱"里放牧和采铃兰的故事。

师:这样的概括是不是更加准确?

生:是的。

评析:这一环节,对文本内容进行一个简洁的概括,从人物、时间、地点等要素进入文本——这个设计的目的,就是希望能够引导学生"读进去,再读出来"——简要的对话间,对课文有了宏观掌握。

(三)研读文本

师:刚才那位男同学说,我们不能忽略的人物是谁?

生:父亲。

师:那么,在"我"成长的过程中,父亲扮演了一个怎样的角色呢?(板书:父亲)一起来看看,父亲在哪一部分第一次出现?

生:第一次,父亲逼迫"我"去"地狱"放牧,不是"我"自愿的。

师:看来,两次去"地狱",第一个明显的差别,那就是有没有父亲的逼迫。在阅读的过程中,有没有同学注意到,作者把第二次去"地狱"的行为称为什么?

生:壮举。

师:读得很仔细。为什么称为"壮举"呢?

生:第二次他克服了恐惧,是主动前往"地狱"的。

师:概括精练。那么,"我"对"地狱"产生了巨大恐惧的原因有哪些呢?结合故事的内容具体说说看。

生:第1自然段,对地狱的环境进行了描述:"'地狱'里人迹罕至,阴阴森森,人们来到这里,心都会不由自主地……"这说明地狱本身的环境,让幼小的"我"产生了恐惧感。

生:第4自然段,父母在对"我"进行基督教的启蒙教育时,讲到了"地狱"的情状,"我"将宗教里的"地狱"和这块洼地联系到了一起,增加了恐惧感。

师:宗教里的"地狱"和俗称"地狱"的洼地,二者有什么相像之处?

生：都是阴森恐怖、神秘莫测的。第4自然段说，"我"认为，洼地"只不过在它的深处少一堆不熄灭的大火罢了"。

师：回答得非常不错。我们能够从作者的哪些描述中，发现"地狱"的阴森、恐怖？

生：首先它是阴暗的，"三面由陡坡环绕，活像一口深锅，只有一个隐没在晦暗、神秘的密林里的出口"。给人的第一感觉，就是色调的幽暗。"阴暗""晦暗"等，以一种暗色调集中渲染了"地狱"的阴森恐怖。然后，"地狱"里的植物杂乱，没有用途，这也造成了这片地方整体上很荒凉，让人害怕。

师：你分析得特别细致，欣赏的角度也很准确。有一句话是"色彩即思想"。作者正是借助这种暗色调，写出了他对"地狱"的害怕。这是客观环境。

生：这片洼地里，还有泉水流动的声音，是以动衬静。一个幽僻的地方，如果你内心对这块地方存有恐惧，泉水的声音会让你更害怕，觉得它藏着很多未知的危险。

师：是的，越有声响，这种寂静越是突出。大家分析得很具体。真是太棒了！通过这一自然段，我们可以感受到，"地狱""阴森神秘"，是可怕的。这是从景物描写的角度来看，还有其他角度吗？

生："地狱"的可怕，还因为"我"的主观感受。文章里说"我打从记事的时候开始就害怕这个地方"；在教堂谈到"地狱"，"我总觉得我们的这块洼地有点像真正地狱的入口"，以至于"我每次总是恐惧万端地走近这个地方，然后又尽快跑开"。

师：这一层是主观因素，你分析得很好，正是我们需要的答案。还能找到其他的主观因素吗？也就是，作者对"地狱"还有什么不好的记忆，或者经历？

生：有！作者不到6岁时，惊魂落魄地独自去放牧的经历，使"地狱"在"我"的心中更加可怕；这次放牧，"我号啕大哭，把眼泪都哭干了"。

师：准确！我们分析并且理解了课文的一个关键内容。作者已经从客观环境和主观认识两个方面，渲染出了"地狱"的可怕。尤其是放牧的经历，极大加深了"我"的恐惧。

评析：文本解读，要求我们用"语文经验"去解读文本具体、独特、主观的感受。

这一部分的师生对话,教师抛出的一个问题是:作者一共去了"地狱"两次,将第二次去"地狱"采铃兰的行为称之为"壮举",为什么?"我"对"地狱"产生巨大恐惧的原因有哪些?问题比较简单,目的是引导学生进一步进入文本,真正理解作者独特的生命经验和生命感受,从而能够深入理解"采铃兰"这一关键事件。另一个问题是,文章从哪些角度写出"我"的恐惧?这就引导学生在具体分析之后,又跳出文本,从结构方面整体把握文本,实现了对文本的全面分析。

师:作者在此处宕开一笔,写"我"被逼迫着去"地狱"放牧,大家觉得这样的安排有什么好处?

生:写父亲逼迫"我"到"地狱"放牧的经历,强化了"我"对地狱的无限恐惧,与下文写采铃兰时克服巨大的恐惧,形成了鲜明对比。

生:是的,这种强烈的反差,更加突出了"我"对母亲的爱,因为"我"要克服那么大的恐惧,并不只是采铃兰那么简单。

师:同学们真的特别会解读散文。这篇散文先充分介绍"地狱"的阴森恐怖,为下文写"我"失败的放牧经历蓄势;而进一步详细描述"我"放牧的失败经历,更为"我"克服巨大的恐惧去采铃兰蓄势。大家说,是不是?所谓蓄势,就是感情的浪潮涌到此处,筑一道坝拦下来,只等一泻千里(教师动作模拟,然后板书:蓄势)。

生:是的。

师:很好,要及时学会这种写作方法。

评析:对插叙的内容,学生的解读极具层次,这是一个惊喜;教师的课堂评价很有针对性,激励学生踊跃发言,很有成效。一般来说,教师精心预设,大都可以实现这样的"教学评一体化"的引领。

(四)再读细析

师:让我们齐读第9~10自然段,分析作者采铃兰时的恐惧心境是怎样表现出来的。(生齐读第9~10自然段)

师:"地狱"如此恐怖,"我"却能主动到"地狱"采铃兰。促使"我"深入"地狱"采铃兰的原因主要有哪些?

生:首先,"我"对铃兰特别喜爱,可能铃兰有幸福的寓意;最主要的,是"我"对母亲的爱。

生:源于对铃兰花这种美好事物的喜爱,更源于对母亲的深爱。

师:说得非常好。我有一个疑惑,文章中,母亲怎样的行为和关爱,激发了"我"对母亲的深爱呢?

生:文章有两处细节,描写出了母亲对"我"的爱:一是在父亲派"我"独自去"地狱"放牧之前,她心疼、安慰"我",试图阻止父亲,说"他怕'地狱'呀"。二是见"我"惊魂落魄地回来,她很心疼,担心再让"我"去会吓成"傻子",便对父亲说以后别再叫他去"地狱"了。

师:正是因为母亲如此呵护、疼爱"我",所以,"我"就更加爱着自己的母亲。当这份爱,在心中持续发酵、涌动、升腾的时候,就有了感恩,也就是回馈母爱的想法。也正是这个孩子心中拥有的这份爱,给了他去"地狱"的勇气和力量!大家说,是吗?带着这种体验,我们一起尝试着来品读这一部分中,你特别欣赏的段落或者语句。(师生自由朗读)

生:我来理解第28自然段。当作者心中有了爱,并且因为爱而激发出勇气和力量的时候,他看到了和以往不同的景象。这一次,作者用了很多色彩明亮而又温馨的词句,与前两次描写"地狱"迥然有别;这种写法,就像王国维说的"物皆著我之色彩",把"我"内心那种因为爱而产生的给母亲采铃兰的使命感、责任感,通过具体的景物描写展现了出来,很生动,很形象。

生:第31自然段,文中的"我"肯定不止一次看到朝阳下的自家院子,也肯定不止一次看到过朝霞里的母亲形象,怎么偏偏今天的朝阳竟如此多情地把它的第一束光辉"投进我们家的院子,把院子装扮得绚丽多彩"呢?怎么偏偏今天伫立在霞光里的母亲,会"周身通红,漂亮极了,犹如下凡的天仙"呢?理由很明显,因为今天早晨"我"做了一件大事——到"地狱"采了铃兰花送给母亲。这一段,表面上写朝霞的绚丽,写母亲的美如天仙,实际上是借景和人的描写,烘托"我"此时此刻又激动又得意又幸福的心情。

生:第29和30自然段,采用了心理描写和动作描写相结合的手法,把"我"在

"地狱"里采铃兰时"一种兴奋而难过的心情"写得很形象,那种矛盾的感受,和"我"感到恐惧的时候非常相似。

…………

评析:这一环节,切入课堂的主问题"促使'我'深入'地狱'采铃兰的原因主要有哪些",学生的分析非常细致——文本中"我"的成长,尤其是责任感和勇气的勃发,是学生能够充分感受到并为之感动的。读到这个层面,学生的内心,也会升腾起成长的强烈愿望,以及清晰的责任感。在此基础上,教师注重借助评价引导学生去发现文章是怎样做到这种表达和传递的,就使学生不仅在感受,更在表达方面,也获得了及时的成长。散文阅读的教学,实质是建立学生的已有经验与"这一篇"散文所传达的独特经验之间的有效链接。如何链接?如何理解文字?朱自清曾说过一段发人深省的话:"只注重思想而忽略训练,所获得的思想必是浮光掠影。因为思想也就存在语汇、字句、篇章、声调里;中学生读书而只取其思想,那便是将书里的话用他们自己原有的语汇等等重记下来,一定是相去很远的变形。这种变形必失去原来思想的精彩而只存其轮廓,没有什么用处。"这是很有道理的,这也是这一教学片段在用心实现的。

(五)拓展探究

师:一个小男孩,瞒着父母,悄悄跑到"地狱"去采铃兰,把惊喜送给母亲。这一举动,看似微小,然而对于一个少年而言,却是成长的转折点,是这个少年的一件人生大事。最后一个问题,这篇文章为什么要以"铃兰花"为题?

生:借铃兰花抒发感情,既有"我"克服恐惧的成长,也有"我"对母亲的爱。

生:铃兰花是一个标志,我认为这篇文章也可以叫"地狱",是"我"在父母不同的关爱下成长的另一个标志。

师:应该也可以,和"铃兰花"孰优孰劣,可以讨论一下。

生:我还是觉得"铃兰花"更好,因为感觉上更美,而且更符合成长和爱的主题。

…………

师:大家都说得非常好,其实题目也是"没有最好,只有更好"。不过,我也觉得"铃兰花"作为这篇散文的标题是恰当的。无论是"铃兰花"的花语,还是"我"的经历,或者文章所要表现的爱、勇气、责任和成长,都和"铃兰花"这个题目的含义很接近。如果命题为"地狱"当然也可以,就是对比落差更鲜明。这节课,我们通过学习沃兰茨的《铃兰花》,一起探讨了成长和爱,大家的表现给了我很多惊喜和惊叹,你们也一样成长了,一样有着丰盈的爱,感谢大家的共同研读。

评析:这篇散文最感人之处,就是"我"为了满足母亲带一束铃兰上教堂的心愿,而冒险去那个可恨可恶可怕的"地狱"采摘铃兰花的过程。这个行为的伟大之处在于:"我"由一个被爱的小男孩变成了因为爱母亲而勇敢的小小男子汉,由"接受爱"转向"创造爱",呈现出成长的可贵——这也是每一个人都要经历的成长。一个男孩的成长,第一步就是要战胜形形色色的恐惧,变得坚强,变得勇敢。战胜恐惧的力量可以有很多,对美好事物的追求、发自内心的责任感、亲人的鼓励和安慰等。学生需要去读懂这样的经典作品,代入自身的生命感受,链接"这一篇"散文所传达的作者独特的经验,通过个性化的语句章法,去感受、体认、分享它所传达的丰富而细腻的人生经验。

整体而言,这节课是一节师生经过熟读之后,借助于几个主要问题的引导,而开展的一次"教学评一体化"的本色课。当然,也不无遗憾。在这篇文章中,推动小男孩克服恐惧的,恰恰是他的家庭,是他拥有的父母之爱——父爱和母爱,都不是无原则的骄纵,值得引发我们对文本的进一步思考,以及对课堂的更为深入、巧妙的设计的思考。

四、《论快乐》"深文浅教"的教学实施与探讨

新课标指出:"思维发展与提升指学生在语文学习过程中,通过语言运用,获得直觉思维、形象思维、逻辑思维、辩证思维和创造思维的发展,促进深刻性、敏捷性、灵活性、批判性和独创性等思维品质的提升。"学生的思维发展和思维品质的提升,是一个需要借助课堂情境,通过思考、表达、交流研讨等环节来实现的过程。

钱锺书先生的《论快乐》是一篇议论性散文,这篇 2000 多字的文章阐述了对快

乐的种种理解,深入浅出,文采斐然,哲理意味浓,政论性强,需要师生以多重思维融合的学习方式进行分析、理解,从而引发学生自己去"想",去整合,去吸收和表达,提升内在的思维品质。我结合新课标"思维发展与提升"的语文核心素养要求,通过对这篇文章的备课、授课和议课的全过程呈现,阐述"深文浅教"的教学实施。

(一)教师与理想教学的相遇:预设完美过程,引导思维方式

【教学设计】

1. 创设情境,激发挑战导入。

让学生带着特定目的进行速读。我用了大约 5 分钟的时间,向学生介绍以下材料(材料来源于网络,已在课后告知学生未查到权威依据,仅供本课课堂教学使用)的大致内容,激发学生阅读兴趣和潜能。

幻灯片展示:

字/分钟	问题答对数	等级
0 ~ 150	1 ~ 4	一般
150 ~ 250	5 ~ 7	正常
250 ~ 400	6 ~ 8	良好
400 ~ 750	7 ~ 10	优秀
750 ~ 1000	8 ~ 10	聪敏
1000 以上	8 ~ 10	天才

材料:人类的眼睛进行注视点的转换,用时 1/500 秒还不到。当眼睛与书本的距离是 45cm 这一标准距离时,眼睛能看到的宽度是 9 个字,因此,理论上,人每秒可看 4500 个字,每分钟可看 27 万字,一本《红楼梦》只要 5 分钟左右就看完了。

但实际上,人均阅读 600 字/分钟。关于看书速度、效率和人的能力等级的关系,大家看投影。我们测一测你用多长时间可以读完《论快乐》。这篇文章 2000 字多一点,尽管哲理味浓,但大家需要的时间不会超过 6 分钟。

这一步(速读课文),学生用了6分钟左右。阅读方式是多种多样的,我在这里采用了激趣速读的方式,要求学生迅速把握文本的一些基本要素。同时,我要求学生在阅读时要回答我提出的10个关于文本要素、细节的小问题。

2.承上启下,解意渐入佳境。

师生再读文本,初步感受层次结构,体会内容主题。具体问题如下:

(1)《论快乐》的作者是谁?(　　)

A.朱自清　　　　B.钱锺书

(2)《论快乐》的体裁是什么?(　　)

A.叙事散文　　　　B.议论散文　　　　C.抒情散文

(3)文中用(　　)个民族的语言文化正反阐释"快乐"?

A.2　　　　　　B.3　　　　　　C.4　　　　　　D.5

(4)"快乐"在人生里,不可以比喻为(　　)。

A.引诱小孩子吃药的方糖　　　　B.跑狗场里引诱狗赛跑的电兔子

C.钓钩上的鱼饵　　　　D.教人学会休息的女教师

(5)《论快乐》认为(　　)。

A.快乐分为肉体的和精神的两种　　　　B.快乐只属于精神

(6)文中几个人谁最快乐?(　　)

A.初生的小孩子　　B.苏东坡　　　　C.苏格拉底

(7)钱锺书在《论快乐》中大量运用典故,以下对应不正确的是(　　)。

A.《西游记》——天上一日,下界一年

B.《广异记》——鬼言三年,人间三日

C.穆勒——痛苦的苏格拉底和快乐的猪

D.白洛柯斯——可惊异的大发现

(8)关于"病"的说法有偏颇的是(　　)。

A.病是文明人的痛苦　　　　B.病是教人学会休息的女教师

C.病是灵魂的洗涤

(9)论述"永远快乐"荒谬不能成立,下列比喻不正确的是(　　)。

A.四方的圆形　　　B.静止的动作　　　C.人生的刺

(10)以下观点,最先被提出的是(　　)。

A.快乐的享受都属于精神的　　　　　B.快乐由精神决定

C.人生虽不快乐,但仍能乐观　　　　D.快乐是短暂的,人生是痛苦的

此处问答,浅解文意,初涉文旨,且承上启下,既考查了学生阅读成果,又趁着学生兴致盎然,解趣正浓,正好进行第三步,所谓"渐入佳境"。

3.浅入深出,领悟深层意蕴。

这是解读全文的关键一步,也是这节课的主体部分。在之前的铺垫下,学生的交流研讨兴趣被激发。所以,巧妙地设计问题串,领悟这篇颇有深度的议论散文,也是水到渠成的。我设计了如下的问题串:

(1)全文主要论述了哪几个观点?

快乐是短暂的,人生是痛苦的;人生虽不快乐,但仍能乐观;快乐由精神决定;乐由心生,对快乐的追求是人的精神源泉。

(2)钱锺书的文章旁征博引、幽默诙谐,你觉得最有趣的是哪些地方?

①第 13 自然段的三个比喻;

②第 14 自然段,用"痛苦的苏格拉底"和"快乐的猪"做比较;

③第 15～21 自然段,论述病痛与快乐的关系。

…………

(3)拓展学习:你了解钱锺书吗?

探讨:"思维发展与提升"要求学生自觉分析与反思自己的阅读活动。学习该文,我试着深度激发学生的阅读兴趣,使学生深入理解文本内容,试图通过以上教学过程,和学生用一节课完成《论快乐》一文的阅读、分析、理解、鉴赏等层面的学习,并且巧妙引导学生主动进行听说读写的训练,达到"寓教于乐"的效果。预设方面,期待学生有较好的语感——这是形成思维品质的基础,有整合阅读内容的能力——这是形象思维和逻辑思维的实现途径,能够在速读中把握文本要素,进而使学生逐步理解文章的内涵。

(二)课堂与理想学生的相遇:问题环环相扣,深度剖析文本

【教学过程】(有缩减)

师:大家想不想做一个快乐的人?

福楼拜说:"快乐好似生命上的温度计,快乐多,生命中的乐趣也更多。"那么,快乐是什么呢?我们该如何看待快乐呢?来,让我们怀着十二分的虔诚,和被称为"20世纪人类最智慧的头颅"的钱锺书先生来一番交流、碰撞吧!

首先请大家迅速阅读这篇文章,我来给大家介绍一种速读的方法,请大家看投影……(学生投入地阅读)

师:下面,我们进入抢答阶段,每一组选一位同学到黑板前写出答案,请两位课代表一人计时一人监督。(四组学生抢答的过程精彩纷呈,最后,四组同学一组全对,两组答对9道题,一组答对8道题)

师:上课时我们这么阅读,平时我们也要这样阅读各类文章,保持专注度和信息吸纳的准确度。接下来,让我们趁热打铁,思考文章论述了有关快乐的哪几种观点。(生答,师板书)

生:快乐是短暂的。

生:人生是痛苦的,但并不悲观。

生:快乐是由精神决定的,应当保持乐观。

生:一切快乐的享受都属于精神的。

师:钱锺书先生的观点总是这样深刻,却又充满了文字的意趣,在他对快乐的论述中,有哪些句子是让我们耳目一新的呢?请大家分别找出来,从内容、表达方式、语言风格等角度谈一谈。

生:我喜欢"快乐在人生里,好比引诱小孩子吃药的方糖,更像跑狗场里引诱狗赛跑的电兔子"这句话。这句话包含两处比喻,告诉我们快乐指引着我们,让我们不断地奋斗。

生:注意紧跟着这句话的下一句话"几分钟或者几天的快乐赚我们活了一世,忍受着许多痛苦"。所以我的理解是,方糖和电兔子这两个比喻都说明了快乐是暂时的,徒劳的,痛苦才是长久的存在。

师:这一段,对于"快乐"还有一个比喻,大家发现了吗?

生:还有这句"快乐的引诱,不仅像电兔子和方糖,使我们忍受了人生,而且仿佛钓钩上的鱼饵,竟使我们甘心去死",快乐甚至会让我们献出生命。

师:这三个比喻,有什么不同吗?

生:我认为,方糖是暂时的快乐,电兔子是虚假的快乐,鱼饵甚至是让人送命的快乐。对快乐的追求,结果是不同的,但都使我们心甘情愿去付出,所以人生虽然痛苦,但并不悲观。

师:特别深刻!赞一个!请你把这三个比喻再给大家朗读一次,让我们一起再次感悟。(生朗读)

生:快乐其实都是短暂的,我喜欢"'永远快乐'这句话,不但渺茫得不能实现,并且荒谬得不能成立。快过的决不会永久;我们说永远快乐,正好像说四方的圆形,静止的动作同样地自相矛盾"。我觉得解释得太睿智了。快乐,"快"就是转瞬即逝,所以不可长久,太精辟了!

师:也就是说,永远快乐是不可能的。我们只能不断地追求快乐。那么,我们要追求什么样的快乐呢?

生:我们应该追求更高级的快乐。

师:什么是更高级的快乐?

生:比如,有一句话"自律,是更高级的快乐"。

师:还有呢,谁来说说?

生:周国平在《人生哲思录》中认为,获得精神快乐的途径有两类:一类是接受的,比如阅读、欣赏艺术品等;另一类是给予的,就是工作。我个人认为,有坚定的、正确的信念,就是一种高级快乐。

师:太值得赞赏啦!高中阶段,大家能有这样高蹈的价值观,特别值得肯定啊!由此也可见,钱锺书先生的观点实在深刻,他为什么能总结出这些观点呢?

学生讨论,教师通过幻灯片呈现以下两段话辅助理解。

……是因为内心之中有自己真正的持守。他知道自己所需要的是什么……不在乎别人对他说些什么，甚至也不在乎生活的贫穷潦倒。

——叶嘉莹

我们一生坎坷，暮年才有了一个可以安顿的住处……我们不论在多么艰苦的境地，从不停顿的是读书和工作，因为这也是我们的乐趣。……我们的阅读面很广，所以"人心惶惶"时，我们并不惶惶然。

——杨绛《我们仨》

师：这对于经常会陷入迷茫的我们，是多么重要的启示啊！守住自己的精神高度，保持自己的个性尊严，即使身处泥泞，也要坚忍不拔。这种品质，反映在文中，就是层出不穷的警句，丰富新颖的譬喻，机智幽默的讽刺，鞭辟入里的剖析。那么，你读完全文，觉得文中还有哪些地方是最有趣的？

生：我觉得"病是'教人学会休息的女教师'"这句很有意思，有时候你换一个角度看问题，病痛，甚至可以是一种快乐的享受，就像一位贴心的女老师，叮嘱我们好好休息。

生："精神的炼金术能使肉体痛苦都变成快乐的资料"，这句话让我想起了《牧羊少年奇幻之旅》，炼金术士告诫我们："畏惧忍受痛苦比忍受痛苦本身更加糟糕。"所以我们在人生路上，要笑对痛苦，笑对人生。

师：说得精彩，来，试着读一读这句，读出感情来。（生读）

师：第15～21自然段，文章把病痛和快乐的关系进行了论述，大家自己再在文中归纳、标注一下，并思考"我们怎样做一个最快乐的人"。

…………

师：英国《太阳报》曾以"什么样的人最快乐"为题，进行征答比赛。从应征的八万多封来信中评出四个最佳答案：作品刚刚完成，吹着口哨欣赏自己作品的艺术家；正在用沙子筑城堡的儿童；为婴儿洗澡的母亲；千辛万苦开刀后，终于挽救了危难病人的外科医生。可见，快乐与一个人的财富、地位、名气无关，那就让我们像钱锺书先生那样守住自己的精神园地，拥有乐观豁达的心态，做个最快乐的人吧！

探讨：课堂教学过程表明，"思维发展与提升"既需要表达与交流，需要积累与联系，更需要想象与联想，需要比较与推理。教学中，几个主问题环环相扣，却又轻松活泼,实现了多种思维方式的融会。这节课,深文浅教,最大的特点却是思维品质的碰撞与生成——教学过程的准确度、系统性、深度与强度,都与思维的深刻性、敏捷性直接相关,思维品质成为课堂的自觉追求。

(三)风格与教学策略的相遇:几处曲径通幽,碰撞精彩艺术

【教后研讨】

课堂教学的本质,是由教师组织学生进行有效学习的过程;很显然,这是一节使用了多种教学策略的课堂。立足于"思维发展与提升",备课组通过观课议课的教研,得出以下认识:

1. 激发挑战,以新奇知识诱导学生。

课堂导入,老师激发了学生挑战阅读速度、提取重要信息的兴趣——类似这样的独特设计,使学生感到新鲜,因而格外投入。如果我们能够通过变换具体课时的教学方式,来培养并保持学生的学习兴趣,也是一种"化腐朽为神奇"的本领。雕虫小技,却也是教学关键!

2. 先易后难,以问题探究指明路径。

为了让学生尽快理清这篇较有深度的文章的思路,教师通过抢答、有层次地提出几个问题,促使学生有序思考、讨论:抢答的问题为下面深入解读做了铺垫,同时让学生产生探究欲望。

3. 如话家常,以积极评价引之以趣。

教师一直使用积极评价,表扬得恰到好处,激起了更多学生参与问答的兴致;在师生对话过程中,往往是既点拨了学生的思路,又拓展到了学生的生活中;既有明确的学习目标,又可让学生放开了来说;既让学生走出了文章的限制,又时时联系着文本。这也体现了教师的控场能力。

4. 单刀直入,以精准答问深文浅教。

对于这篇议论散文,学生有自己的理解。在他们思想成长的关键时期,要极力创设情境,促进他们思想的形成,激励学生大胆表达。如何组织这样的课堂教学?教师以"首席发言人"的地位,向学生主体提出问题,然后展开课堂答问。教师以

平等的姿态,精准的答问,比如"这三个比喻,有什么不同吗""我们要追求什么样的快乐呢""他为什么能总结出这些观点呢""你读完全文,觉得文中还有哪些地方是最有趣的",使学生既把握了文章层次和主题,又促使学生在听说读写和情感、态度、价值观方面得到发展。

5. 愤启悱发,以思维活动提升品质。

"不愤不启,不悱不发。"独特的教学设计,精准的答问过程,让课堂焕发生命活力。的确,课堂教学中,相同的教学内容,有的老师在课堂上讲得口干舌燥、唾沫星子四溅,但学生却昏昏欲睡,毫无兴趣;有的老师讲得不多,点到为止,却能让学生兴味盎然、积极主动地学习。很大一方面原因,就是教学环节设计得不同:好的设计,能全面客观地了解学生的实际情况,善于启发和诱导,巧妙设置教学环节,促使学生始终处于思维互动之中,通过"自我提升"的期望,获得生动活泼的提升。

五、巧妙设计"学的活动"——以《酸橙》为例

"学的活动",指把教学内容或者学习任务潜置在教学活动中,通过教学活动的建构,引导学生学会学习的过程。王荣生教授指出:"以'学的活动'为基点,就是在确定教学内容的时候,着重考虑学生需要学什么;在设计教学环节的时候,着重考虑学生怎样才能学得好。"

由此可见,"学的活动"强调活动的基础性、桥梁性作用,可以从两个方面理解:一是基于学情,从"教什么"出发,侧重于学习起点,确定合宜的教学目标和教学内容——苏联教育家维果茨基称之为"最近发展区";二是指向教学核心问题、环节、流程的设计,从"怎么学"出发,侧重于学习过程,设计充分的"学的活动"——苏联教育家巴班斯基称为"教学过程最优化理论"。

基于这样的理解,我选取傅菲的散文《酸橙》作为研究对象,围绕"学的活动"的基础性和桥梁性作用,开展教学实践。为此,我们需要发挥教师作为教学组织者的角色定位,充分考虑教学目标和教学内容的确定,考虑课堂教学"主问题串"的设计,组织好"学的活动",以推动学生知识、技能和创造性思维的发展。

为了更好地探索"学的活动"，我要先选择一篇合宜的文本进行教学设计。经过斟酌、比较，所选文本为《酸橙》(刊于 2017 年 10 月 18 日《文汇报》"笔会"栏目)。这篇散文通过对农村普通生活的细微观察、描述和思考，呈现多层多义的主题特征，给我们的解读和教学提供了多样化的可能。结合《酸橙》一文的"学的活动"公开课教学实践如下：

(一) 抓住选文内容的独特之处，诱导介入

《酸橙》作为一位年轻作家的新作，不需要像对待经典篇目那样来设计教学。那么，如何确定教学目标呢？研读之后，我认为这篇散文初看浅显，欲扬先抑，但细读很有深意，尤其是语言颇具深意和乡土特色；又考虑到学生的自主阅读投入程度不同，概括、提炼等抽象思维能力不足，有可能获取了浅层意义，对文章内涵不能深入理解；再考虑到文章多个人物明确表现出来的不同认识，我确定以"人物的情感变化"为切入口，引导学生介入并逐步理解文本，获得教益。"教师应该充分考虑文本的难度，再根据学生的知识能力基础，确定适宜的教学目标。"基于此，我将教学目标确定为——理清文章中不同人物的情感变化，理解文章丰富的意蕴，体会作品平淡朴素的语言。

导入部分，教师根据课前的提示(刚刚出名的年轻作家，刚刚发表的未经检视之作)，根据学生个性鲜明的阅读感受(课前了解了一下，有喜欢的，有批评的，更有认为文章很一般的)，单刀直入，简单导入："今天，我们一起来欣赏一篇 2017 年 10 月份发表在《文汇报》上的散文《酸橙》。你喜欢这篇文章吗？说一说喜欢与否的理由。"学生的回答分为三类，有同学认为"还可以，有生活气息"，有同学认为"作为教学内容，不出彩，写得很平淡"，还有同学觉得"围绕一棵酸橙'咸鱼翻身'的过程来写，有点烦琐，可以再修改修改"。整体上而言，不喜欢或者不大喜欢的占多数。教师明确散文产生美感的原因大致有两个方面：一是思想情趣的美；二是语言文字的美。借助学生的回答，课堂顺利转换到对文本内容的初步理解："那么我们就一起再来读读这篇散文，深入探讨一下喜欢或者不喜欢的理由。"叶圣陶先生有句名言：教材无非是个例子。这个"例子"的优劣，或者说文本自身的特点，往往

正是教学的有效抓手。

(二)抓住教学形式的激趣之处,调动思考

想让学生理解文本,就要让他们有机会抓住一个切入口,来重组、设计所学内容,并得到及时的反馈。教师"请同学们再次浏览全文,尝试理清这篇文章的不同人物对酸橙的感情变化过程,并且画出每个人的情感变化曲线图(明确用坐标轴的形式来画,横坐标为时间延伸,纵坐标为期待程度)"。教学实践证明,画图是一个巧妙的"学的活动"设计,将学生的认识、思考凝聚起来,既锻炼了学生获取信息并进行概括、构图的能力,培养、提升学生的认知策略,又为理解散文的情感和深层意蕴提供了依据。

一个学生到黑板上所画的图(见左下图),并不符合教师的预设。

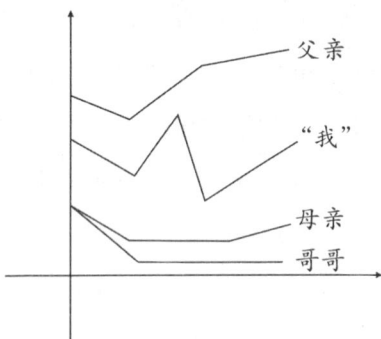

学生所画的《酸橙》人物情感变化曲线图   教师期待的《酸橙》人物情感变化曲线图

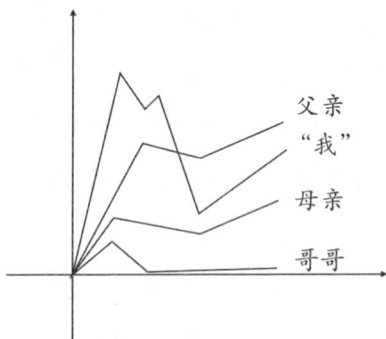

教师预设的图(见右上图),情感的起点相同(吃甜橙),发展的过程不同,有稍有不同的时间节点。但这并不重要——其实,学生无论画出怎样的图,都能够巧妙引入接下来的讨论。然而,正是这种"不符合",显示了学生自读文本之后的不同起点,显现了学生的"最近发展区",才激发了接下来的讨论。"这张图是否还可以适当改进?"这个问题推动了全体学生投入对人物情感脉络的图表化分析,促使学生提出了如下问题:"每一个人物的情感(基点)是否从零开始? 各人情感的期待有什么不同? 理由是什么?""谁的情感更强烈? 最高点在哪里? 你从哪里看出他(她)的情感最强烈?"……学习过程完全是生成的。这种激起兴致、促进探究的活

动体验,能够化繁为简,降低理解的入口,借助图表引导学生有序地开展学习——当我们能够设计个性化的教学活动,进而把教学活动简单化之后,学生就会报以丰富的回应,并更进一步促进问题的诞生、灵性的迸发。

(三)抓住教学内容的闪光之处,深入理解

"学的活动"的设计,对理解文本的内容更有着关键意义。这节课的教学实践中,表现为从语言的精妙处、情感的转折处、文本的表层和深层意味入手,领悟其"所言志,所载道",探讨文章丰富的意蕴。课上,教师设计了四个主问题:

(1)散文前半部分对橙子之酸进行了比较细致的描写,大家读后有怎样的感受? 追问:对金华的师傅花了大量笔墨的写法,你认为有必要吗?

(2)文章情感的转折点在第6自然段,"橙子吊在树上,再也无人问津"。行文至此,其实也可以打住不写了,戛然而止,也是一种表达。但作者继续写了下去,那么每个人对这棵酸橙树,又表现出怎样不同的态度? 读一读,说说你的感受。

(3)作者仅仅是在写一棵酸橙树吗?

(4)从不同人物的情感态度和做法上,试着分析、归纳文章丰富的意蕴。

教学实践下来,"主问题串"的合理设计——这四个问题,每个环节都为下一环节的开展搭建了阶梯——激发了学生的思维潜能,一步步揭示了这篇散文的内容、层次和思想内涵。

第一个问题介入"酸"和失望(乃至"完全绝望"),属于"抑",写得生动形象;笔墨之浓,更见期待,尤其是详写金华的师傅,颇见淳朴真挚的人情味,也是对"酸"的确认。第二个问题,让学生谈感受,分析人物态度下隐藏的信息,要见的,其实是学生的态度,以及学生态度的直接碰撞——课堂想要的思维生长过程。第三个问题,由第二个问题自然衍生,任何一个善于思考的同学都会产生这样的疑问——教师的首要责任,在于帮助学生思考并且从多个角度思考文本的多元意义。第四个问题,是一个理性总结的过程,学生实现了"由物及人"的理解,也发现了更深的文本内涵。教师通过有效的提问,或者字斟句酌、概括分析等,及时把学生个体的学习经验转化为普遍的学习经验。

其实,只有尽量去发现散文共性之下的个性特点,师生才能真正发现这些文章的闪光之处,也能避免学生的"重复性"学习倦怠。优秀的教学设计者能够发现学生容易忽视或者误解文本中的哪些内容,然后巧妙设计,促使学生从这些地方入手,从整体上对课堂核心问题进行深入挖掘。课上,教师认真地倾听,细腻地捕捉到学生的学习状态和理解程度,有针对性地介入、引导和启发等;教师能够抓住学生回答的闪光点,进行具体、及时的评价,让更多学生敢于表达,乐于表达,颇见功力,也是教学活动组织的关键之一;而师生对于字词的点拨、咀嚼,似乎不经意间,也让学生得到了熏染,思维含金量很大。尤其是这样一篇普通散文的教学,对学生平时的阅读也具有启发性,具有明确的指导意义。

散文作者傅菲说:"当前的散文大多过于同质化,平铺直叙,玩弄词语,没有气场,没有核,最大的弊端是缺乏发现……散文都好读,就是不锥心。"他的散文,尽量避免这一点:《酸橙》就通过个体独特的酸甜苦辣,牵涉到了每一个人的生活,呈现了一种痛感,有内在的空间。唯有潜心体悟,才能读懂作者警醒人心的表达——这也正是这节课努力去呈现的。

(四)抓住文本承续的延伸之处,定向拓展

"学的活动"的最后一个教学流程是"和文本对话,反观自我":"换个角度,'假如我是这棵酸橙'……请同学们用这个开头,说完整的一句话。"这是一个真实、鲜活的问题——在学生逐步发现文本的深层内涵之后,选择最具有孕育性的对话,来激发学生内心的情感和思想。"假如我是一棵酸橙……",学生自然思潮纷涌,感慨良多。之后延续的口头表达训练是:"司马迁/爱因斯坦/爱迪生/张海迪/霍金/史铁生说:假如我是一棵酸橙……"这个问题进一步深化并且激发了学生的思考。学生的回答更是精彩,甚至有学生当堂引用霍金、史铁生、王小波等人的名句进行对话,课堂完全变成学生的思维场域。好的教学问题,促使"学习者通过教学、体验活动、讨论和反思促成最终理解"。此处设计,正是围绕着教学核心问题,以特定的形式对关键内容进行重述,进行理解和语言训练的强化,从而不断增进理解。同时,"教学成功的秘诀就是速度,要快速获得知识,然后使用它"。这些,都是"教学过程最优化"的应有之意。这个阶段的口头表达训练,还回答了导入阶段"喜欢不喜欢"的问题,学生的认识与之前不同,更丰富、更深刻了——引起学习的,总是对学习活动的反思,而不是活动本身。最后,教师还推荐了傅菲的《竹谱》,告诉他们《酸橙》是作者"赣东植物"系列文章之一,帮助他们从写作背景的维度,继续理解这篇散文。

这节课的教学实践,从导入、画图,到课堂主问题串的研习以及情感分析,再到口头表达训练,之间的过渡、时间分配比较合理,教学容量比较大,既对散文进行了深入解读,又建立了学生与作品的关联,让学生受到感染和激励。这样一节课,比较厚实、有效。

加涅认为,教学设计就是一种有目的的活动。不同的课堂组织形式,会带来迥异的教学效果。我们要主动创设与教学内容密切相关的"学的活动",提高学习的效率。当下,仍然大量存在以教师"教的活动"代替学生"学的活动"的现象:教师文本解读全面、透彻,"教的活动"结构完整、丰富多样,但是学生学得零散、单调、低效。这就呼唤教师要尽快转变观念,在深入理解文本的基础上,围绕教学环节的展开和教学流程的设计,巧妙设计"学的活动",使学生有较为充分的时间,进行更多的思考、讨论与交流,达成目标,提升素养。这节课,也只是一个例子。

第五章　现当代诗歌的解读与教学

一、《立在地球边上放号》"层级进阶"教学路径

新课标下,新教材采用学习任务群和人文主题"双线组元"的编排方式编写。实施语文学习活动,要以单元核心概念引领单篇学习活动,积极探索实施有结构、有梯度、有序列的单篇学习活动。新课改以来,不少教师关注到了任务群、单元与单篇的关系,但在实际教学中仍然出现了忽略或者轻视部分篇目,无法完整、有序实现单元整体教学目标的问题。结合统编高中语文必修上册第一单元《立在地球边上放号》一诗的教学,探索单元核心概念引领单篇学习活动的"层级进阶"路径。

"层级进阶"是南京师范大学黄伟教授提出的阅读教学新样态理论,"对教学目标和教学内容进行结构性的优化与重建,使教学目标、教学内容和教学效果变得层次分明而又前后关联,使学生在课堂教学中的学习表现和学业水平呈现出逐步升阶的形态和过程"[1]。"层级进阶"的理论和实践,"对文本进行三个层级的解读:释义——整体的理解与感悟;解码——表达形式的赏析与细品;评鉴——内容和形式的审思与迁移。这样的三层级解读可以直接通向并服务于教学设计,为教学实践构建框架与主线:在释义层打牢基础,在解码层抓好关键,在评鉴层走向高阶"[2]。这一理论对应新课标"文学阅读与写作"学习任务群的学

习要求,既能培养学生的阅读理解能力,又能培养学生的审美赏析能力,还能培养学生的探究迁移能力,为学生核心素养的发展铺设了台阶,是一条拾级而上的有效路径。

(一)建构单元框架,提炼单元核心概念

新课标明确了语文教学的任务导向,"以学科大概念为核心,使课程内容结构化,以主题为引领,使课程内容情境化,促进学科核心素养的落实"。语文核心素养的落实,需要建构结构化的知识体系——这就要求教师结合新课标、新教材和"层级进阶"理论的要求,梳理、整合课程资源,建构单元教学的整体框架,提炼单元核心概念。

提炼统编高中语文必修上册第一单元的核心概念,可从三个方面入手:一是参照该单元所属的"文学阅读与写作"任务群的"学习目标和内容";二是立足"青春的价值"人文主题,聚焦教材"单元导语"以及每一课的"学习提示",整体设计,统筹安排;三是依循任务导向,研读"单元学习任务"的各项要求。这一单元选入五首诗歌、两篇小说,分别为《沁园春·长沙》《立在地球边上放号》《红烛》《峨日朵雪峰之侧》《致云雀》《百合花》《哦,香雪》,共分三课。其中的五首诗歌,具有不同年代"青春的价值"人文主题的特征——为了引导学生更深入地理解不同阶段的中国青年的选择和时代价值,我将单元核心概念确定为"不同时代的青春价值"(见下表),并依据教学内容划分为四个阶段(《致云雀》属于宕开一笔的参照,展现了法国资产阶级革命阶段青年蓬勃的革命情怀):五四运动阶段、军阀混战阶段、新中国十年探索建设时期、改革开放初期。

单元核心概念"不同时代的青春价值"的建构与确定

所属项目(课)及篇目		创作时间及所属历史阶段	基于学习任务群和人文主题"双线组元"的单篇文本主题	单元核心概念
第一课	《沁园春·长沙》	于1925年出版,军阀混战阶段	面对军阀压迫,青年昂扬向上的青春激情,雄视天下的凌云壮志。	
第二课	《立在地球边上放号》	写于1919年,五四运动阶段	借助"力"的歌颂,表现出"五四"青年在觉醒年代破旧立新、执着追求的进取精神。	不同时代的青春价值
	《红烛》	于1923年出版,军阀混战阶段	借"红烛"表达了青年一代"莫问收获,但问耕耘"的不惧牺牲、无私奉献精神。	
	《峨日朵雪峰之侧》	写于1962年,新中国十年探索建设时期	展现青年身处孤绝之境的人生阶段中直面挫折,卑微而又强劲的生命力。	
	《致云雀》	写于1820年,法国资产阶级革命阶段	借助云雀展现了法国革命低潮阶段的青年对光明和幸福的迫切期盼。	
第三课	《百合花》	写于1958年,新中国十年探索建设时期	讲述了革命战争年代,年轻的解放军战士小通讯员的牺牲,反映了革命青年的崇高品质和美好人性。	
	《哦,香雪》	写于1982年,改革开放初期	展现了当"青春"遭遇"远方的世界"时,年轻人所迸发的用知识改变贫穷、落后状况,走出封闭的美好追求。	
拓展内容:视频《激荡四十年之1979/1980》		记录改革开放初期的社会各方面状况	从民间角度记录、展现了改革开放前后的年轻人抢抓机遇、奋力开拓的沉浮历史等。	

之所以提炼出"不同时代的青春价值"这一单元核心概念,主要是结合单元主题及每一篇的不同质性,综合考虑这一核心概念带来的梯度挑战,能使学生通过不同时期诗歌、小说的学习、对照,深度理解中国现当代百年历史、中国近现代诗歌、小说创作的特点与时代精神、不同时期作家的创作意图,历史使命与诗歌、小说的文学力量等,激发纵深探求的内在意愿。相较而言,若用"文学体裁"或"民族复兴"等作为核心概念组织单元教学,容易使学习任务变成诗歌、小说选篇学习的平行铺展,让学生缺乏探究、发现、创作的主动愿望。

(二)梳理教学主线,确定单篇学习目标

确定单元核心概念之后,下一步是梳理、确定单元学习目标,进而分解为单篇(课时)学习目标。面对单元文本,首先要梳理课程资源和学习要求,确定教学主线。依据新教材的编写体例,"每个单元由导语、选文、学习提示和单元学习任务四部分构成"。这四个部分共同构成了单元的课程资源。通过梳理、整合导语、选文、学习提示和单元学习任务等,高中语文必修上册第一单元的课程资源(篇名标有"＊"的为自读课文)和学习要求梳理、整合如下:

高中语文必修上册第一单元课程资源和学习要求分析

导语	(1)从"青春的价值"角度思考作品的意蕴,并结合自己的体验,敞开心扉,追寻理想,拥抱未来;(2)理解诗歌运用意象抒发感情的手法,把握小说叙事和抒情的特点,体会诗歌和小说的独特魅力;(3)学习从语言、形象、情感等不同角度欣赏作品,获得审美体验;(4)尝试写作诗歌。		
选文	《沁园春·长沙》	《立在地球边上放号》《红烛》《峨日朵雪峰之侧＊》《致云雀＊》	《百合花》《哦,香雪＊》

续表

学习提示	(1)领略毛泽东以天下为己任的胸怀,品味其中意象的活泼灵动、意境的丰盈深邃;(2)反复诵读,仔细揣摩,体会这首词炼字选词的精妙之处。	(1)学习《立在地球边上放号》要注意联系"五四"特定的时代氛围来理解这首诗的内涵与形式特征;(2)学习《红烛》要体会诗人如何借助与红烛的"对话"表达青春的困惑与希望以及对理想的坚毅追求,理解感叹词的回环使用和长短句的错落呈现;(3)学习《峨日朵雪峰之侧》要发挥想象,体味意象营造出地点凝重而又壮美的氛围,感受其中蕴含的谦卑而强劲的生命力量;(4)学习《致云雀》要体会诗人情感,理解云雀的象征意义,把握作品比喻新奇、想象奇特、修辞灵活大胆的形式特点;(5)学习这组诗作,要多借助朗读,理清诗歌的抒情脉络,把握意象的内涵,感悟诗人抒发的情思,体会象征手法的运用。	(1)阅读《百合花》时注意那些感人的细节描写,重点把握小说对人物形象的刻画,体会革命战争年代特有的崇高情操;(2)阅读《哦,香雪》时注意欣赏小说清新的笔调,以及洋溢在淡雅文字中的诗情画意。
单元学习任务	(1)认真阅读、欣赏这些作品,从你最有感触的一点出发,与同学就"青春的价值"这一话题展开讨论;(2)反复诵读本单元诗歌作品,围绕"意象"和"诗歌语言"探讨欣赏诗歌的方法,揣摩作品的意蕴和情感,感受不同风格;(3)从两篇小说中各选一两个感人的片段,揣摩人物的心理活动,分析典型的细节描写,并做简要点评;(4)发挥想象写一首诗,抒写你的青春岁月,给未来留下宝贵的记忆,并全班合作编辑一本诗集作为青春的纪念。			

　　教材编者的意图很明显,即引领教师打破原来的单篇结构,把一个单元的所有文本当成一个整体进行设计。结合"文学阅读与写作"任务群的各项要求,单元整体学习目标确定如下:

　　(1)精读课文,感受诗歌、小说中的艺术形象,欣赏作品的语言表达,把握诗歌、小说的内涵,理解作者的创作意图。结合自己的生活经验和阅读写作经历,发挥想象,加深对作品的理解,力求有自己的发现。

（2）根据诗歌、小说的艺术表现方式，从语言、构思、形象、意蕴、情感等多个角度欣赏作品，获得审美体验，认识作品的美学价值，发现作者独特的艺术创造。

（3）结合所学诗歌、小说，了解诗歌、小说写作的一般规律。捕捉创作灵感，用自己喜欢的文体样式和表达方式写作，与同学交流写作体会。尝试续写或改写诗歌、小说。

（4）养成写读书提要和笔记的习惯。根据需要，可选用杂感、随笔、评论、研究论文等方式，写出自己的阅读感受和见解，与他人分享，积累、丰富、提升文学鉴赏经验。

"层级进阶"理论的价值追求是把"核心素养本位"的语文阅读教学落实到位。但我们不能把整体学习目标当成一顶帽子随意戴在某一节语文课上，而是要结合这一单元的课程资源和学习要求分析，以结构化思维，把整体学习目标分解到每一课、每一课时，形成具体篇目（课时）的学习目标。然后，师生通过单篇（课时）学习目标的逐一落实，逐步实现单元核心概念指向下的学科核心素养整体提升。

在单元教学实践中，一篇课文可以被用于达成不同的学习目标，如《立在地球边上放号》（以下简称"《立》"）既可以用于分析诗歌的语言和内容，把握诗歌内涵；也可以借助其狂飙突进的表现方式，理解其美学价值。也可以多篇课文聚焦一个共同的学习目标，如借助多首诗歌强化对"意象"的多角度理解。因此，单元核心概念引领下的单篇学习活动，既要习得单篇的核心价值、典型意义，实现篇目（课时）的学习目标；又要与其他篇目互为补充、融合理解、深度学习，有效实现单元整体学习目标。基于单元核心概念，区别于其他篇目，围绕单元整体学习目标1、2、4发掘其独特的教学价值，确定中国新诗的阶段代表作《立》的主要学习目标如下：

（1）结合诗人特点、诗歌创作的时代背景，反复诵读诗歌，理解其特定意象。

（2）分析语言，把握诗歌抒发青春情怀、呈现"五四"精神的艺术手法。

（3）选写评论、研究小论文等，探究诗歌的独特风格和深层思想内涵，提升文学鉴赏经验。

（三）设置学习情境，实施层阶学习活动

确定单篇学习目标之后，设计实施释义层、解码层和评鉴层的进阶学习活动，让学生脚踏实地、拾级而上,实现语文核心素养的更新、迭进和优化,由低到高、由浅入深地经历单篇学习、单元学习的完整过程。

1. 释义层:理解文本内容,习得阅读方法。

释义层,理解性阅读层级,强调通过对教学内容的字词、句子、段落和篇章的概括和理解,获取信息和知识,习得阅读方法,教学生学会阅读。这一层级对应学习目标:"结合诗人特点、诗歌创作的时代背景,反复诵读诗歌,理解其特定意象。"该诗"学习提示"说:"它以崭新的内容和形式,表达了'五四'时期狂飙突进的时代精神。……阅读时要注意联系'五四'特定的时代氛围来理解这首诗的内涵与形式特征。"以图表形式梳理五首诗的"不同时代的青春使命"之后,师生开展有关作家作品和诗歌意象的学习活动。

其一,小组课前查阅资料,课上展示,了解诗人特点、创作背景。从诗人角度来看,当时郭沫若受五四运动和十月革命的冲击,面对浩渺无边的大海,那惊天激浪和狂飙突进的时代洪流一起撞击着他的胸怀,于是诗人写下了这首诗。从创作时间来看,《立》写于 1919 年 9 月至 10 月间——新诗起步阶段,五四运动及 20 世纪初工业革命的思想启蒙阶段,有着无可替代的史学和文学价值。这两个角度,激活了学生已有的时代认知和语文知识等,引导学生较为清楚地知人论世,实现了已有经验与新诗形式、内容的联结、补充和建构。

其二,时代背景下的意象理解。《立》由七个诗句构成,怒涌的白云、"壮丽的北冰洋"、"无限的太平洋"、"滚滚的洪涛"等意象具有强烈的视觉冲击力,能帮助学生更好地理解诗歌的主题和情感。教学中,要指导学生采用比较法,透彻理解这些与古诗意象不同的"新意象",理解以郭沫若为代表的新青年的新视野、新的宇宙观。如"地球""太平洋"是全新意象——提起太平洋推倒地球的想象,实际上是一种自我较劲、自我搏斗、自我更新的无限伟力,正如不断"毁灭"和不断"创造",最后都要回归到自身"不断的努力"上,仍然蕴藏着改天换地的情怀。课上,还借助"'地球'与古诗中的'天地'有何区别""'太平洋''北冰洋'的意象特点"等具体问题,执简驭繁,带领学生深入理解新诗意象,读懂这首诗。

2. 解码层：深度形式分析，达成意义建构。

解码层，审美性阅读层级，是教学难点，强调对文本的艺术手法、语言技巧进行细致分析，不仅关注文本的表面意义，还关注文本的美学价值和文学特征。这一层级对应学习目标："分析语言，把握诗歌抒发青春情怀、呈现'五四'精神的艺术手法。"理论层面上说，教学设计有无限可能性，单篇教学只有置于单元核心概念之下才能真正确定关键学习内容。

为真正把握《立》的教学价值，这一层级的学习活动设计如下：

其一，用声音画像，给《立》拟写朗诵脚本。为深入理解《立》的语言技巧，教师指导学生"认真准备，在反复吟诵品味中寻找表达作品情感与自己阅读感受的声音形式"，进而给这首诗设计朗诵脚本，"包括情感基调、节奏快慢、语调轻重等方面的提示与说明"。学生拟写的朗诵脚本示例如下：

原诗	朗诵脚本
无数的白云正在空中怒涌， 啊啊！好幅壮丽的北冰洋的晴景哟！ 无限的太平洋提起他全身的力量来要把地球推倒。 啊啊！我眼前来了的滚滚的洪涛哟！ 啊啊！不断的毁坏，不断的创造，不断的努力哟！ 啊啊！力哟！力哟！ 力的绘画，力的舞蹈，力的音乐，力的诗歌，力的律吕哟！	（整体情感激昂，声调高昂，情绪饱满） "怒"——"涌"——，声音延宕，重音。 "啊啊！"紧密强烈，而后停顿稍长，有沉浸感；"壮丽""晴景"重读，强调。 "无限的""全身的"重音，"来"轻声，之后稍顿，积蓄力量，"要""把"稍顿，"推倒"短促有力。 "啊——啊！"声音延宕，深情；"滚滚"重音，"哟！"延宕，抒情。 "啊啊！"舒缓，为后面蓄力；三个"不断的"间停顿短，换气急促，体现递进叠加的情感。 "啊啊！"上扬，"力哟！"声音上扬，"力哟！"声音向下走，为后面五个排比句蓄力。 每个"的"均轻音，五个短句重音均落在名词上，并逐步加重；"哟！"结束短促有力，以戛然而止的顿挫感表现诗歌昂扬的情绪。

语文学习包括听说读写，如果"只听不说""只读不写"，那么学得再努力，也只

是学了"一半的语文"而已。经过解码层的教学,学生抓住《立》的形式特点,对《立》不仅"知其然",还"知其所以然",实现了"用教材学"。正如陈莲春老师所言:"整个任务群中的实践主体——学生,其角色变化是:朗诵者、策划者、创作者,这样就在情境体验中以阅读、朗读激活学生的言语思维、情感认知,又以写作诗歌、分享诗歌和深化阅读效果,抓住读写之间且通且促的特征,阅读既是'为了写作',又是'通过写作',从而在读写双线环形互动互促的过程中渐渐提升学生的语文能力和素养。"

其二,分析独具特色的语言。诗歌的语言常有隐喻、暗示、移位、突转或陌生化等特性,需要用心品味。《立》一诗中的"晴景"一词,偏离日常语言习惯,着重强调晴天景象的动态感,创造了一个新世界:晴空万里,照耀在冰雪覆盖的北冰洋——这是一个相较于旧中国而言的崭新世界,也是诗人的理想世界。又如,针对诗的最后一段"力的绘画,力的舞蹈,力的音乐,力的诗歌,力的律吕哟"的语言理解,教师提出了三个问题,一是为什么要这么说,不能说"绘画的力,舞蹈的力……"吗?二是这五种赋形的顺序可以改变吗?三是如何充分理解"力"的内涵?《教师教学用书》把五个"力"归为三类:形态(绘画、舞蹈)、声响(音乐、诗歌)、韵律(律吕)。陈永志老师认为它是对全诗的概括,而最后一行的最后一个短语,又是对前四个短语的概括,他说:无论绘画、无论舞蹈、无论音乐与诗歌,其中都贯穿着、体现着"力的律吕"——力的节奏与音调,正如宇宙与人生都贯穿着、体现着"力"一样。经研讨,师生认为这一句还有更深层内涵,那就是郭沫若通过这一句展现了革命的审美特质,象征着革命不是只有流血牺牲的单一类型。语言分析往往指向诗意解码,从专业阅读的角度解开了《立》"为何这么写""何以这么写"的奥秘。

3. 评鉴层:凝练思辨读写,增进批判创新。

评鉴层,批判性阅读层级,强调通过深度探究文本的逻辑、语言和观点等,深入了解文本的意义和价值,发现文本背后的社会意义和文化意义,对文本进行批判性思考和创造性解读,培养学生批判性思维和创新性思维。这一层级对应学习目标:"选写评论、研究小论文等,探究诗歌的独特风格和深层思想内涵,提升文学鉴赏经验。"

其一,以"联读法"探究诗歌的独特风格。教学中,教师采用"联读法"推动学生以小论文的形式,更加全面、透彻地理解诗歌主题:一是把《炉中煤》《笔立山头展望》《浴海》这几首选自《女神》、具有郭沫若诗歌典型特征的诗作与《立》进行联读,横向分析诗人所用意象和语言的情感内涵,由整体到细节,实现了对诗歌意象、意境、语言的细致把握,透彻地理解了诗歌的关键点和动人处。二是把诗歌和视频《激荡四十年之1979/1980》进行联合解读,综合不同年代的青春价值,纵向探究郭沫若诗歌在其所处年代的鼓舞人心的独特价值。

其二,深度思辨"文如其人"的观点。学习中,有同学提出质疑,认为在大量查阅资料的过程中,发现这首诗不错,但郭沫若本人却抛妻弃子,这是否符合"文如其人"的观点?于是师生组织了一次课堂小辩论,围绕"'文如其人'的观点到底对不对"进行一番立足文本理解的"你来我往"。辩论之后,教师列举了宋之问"诗品"与"人品"割裂、"悯农诗人"李绅的豪奢人生等事例,并提出"如何看待文人和文人作品?"这个更具探究价值的问题,促使学生继续"向着思维更深处漫溯"。经过以上的教学实践活动,在真实问题的驱动下,学习真正发生,师生完成了《立》的深度学习,切实提升了学生的语文核心素养。

二、《雨巷》"学的活动"教学探究

《教学勇气——漫步教师心灵》一书中,帕尔默说:"真正好的教学不能降低到技术层面,真正好的教学来自教师的自身认同与自身完整。"真正的师爱也要有不可替代的专业能力,尤其是驾驭课堂的教学艺术。这两种观点看似对立,实则统一。教师不能把教学完全当成一种技术,而要立足自身的独特性实施教学;作为教师,也必须拥有较为精湛的教学技术,才能有效地实施教学。二者结合起来,就要求教师必须立足"以学定教"的角度,设计好"学的活动"。

所谓"学的活动"设计,即从"怎么教"出发,侧重于学习过程,重点设计学生做什么、怎么做。试以戴望舒《雨巷》的课堂教学为例,探索教师如何立足自身认同,巧妙设计"学的活动",通过教师的示范引领、教学环节的串接延拓以及文本理解的认知归纳,实施有意义的课堂教学。

(一)"读的活动"奠定基调:"发光体"和"发展区"的交叠

诵读活动是课堂介入和思考激发的关键因素之一。教学伊始,教师说:"同学们,我想先来给大家朗诵一遍,也许朗诵得不好,但抛砖引玉,期待大家能够比我朗诵得更好。"《雨巷》极具音乐美,教师做了配乐示范诵读:"……她默默地走近/走近/又投出/太息一般的眼光……"教师投入地朗诵——语调的抑扬顿挫、手势、目光和整体的动作,面部表情的变化等——就成了一个有效的"发光体",引导着学生向真正的教学世界过渡。教师借助诵读,读出诗歌的语调节奏、气韵情感,使诗词的生命力跳跃出来,让诗歌的韵律打动了学生。就如叶圣陶先生所言:"吟诵的时候,对于讨究所得的不仅理智地了解,而且亲切地体会,不知不觉之间,内容与理法化而为读者自己的东西了。"这是师生无声的行为对话,却能够极大地感染学生,赢得学生的认同。不少课堂上,教师不做示范,而是让学生读,或借用名家视频,一般难以达成这样的效果。

"读的活动"若想有更好的效果,必须要有学生的充分展示。示范朗读之后,教师精心设计了班级朗读活动,引导学生开展朗读比赛——这是目标明确而且有趣、有挑战性的课堂。《雨巷》的朗读流程设计如下:集体读(找一找感觉)——小组读(形成团队共性)——个别读(展示个体对诗歌的深入理解)。这阶段的朗读训练,通过自然生发的课堂,教师积极并且准确地评价学生的朗读,营造了一种鼓励性的课堂氛围,把学习(朗诵)的责任逐步转移到了每一位学生身上,激发了学生潜力。同时,教师也顺势完成了句读停顿、语调语气和情感抒发的朗读指导。经此指导,学生专注地进行了多种尝试。不少学生积极挑战自己,踊跃朗读;那些平时不大活跃的同学也能主动展示,给大家提供了"珍贵的声音"——朗读本身,就是一种主动陈述的过程;挑战性的朗读,则是一种情感的融入。这样,教师以非说教的方式,让学生在"读的活动"中,拓宽"最近发展区";随着全班同学朗诵水平的展示、锻炼和提高,学生对于诗词的情感领会得更透彻,从中受到的感染也更深。这是师生投入并且兴味盎然的课堂阶段。

(二)"问的活动"深入文本:问题无缝串接,评价延拓深度

"读而优则研",诗词内容的解读分析是教学重点之一。课上,教师精心设计"问的活动",把教学内容和课堂问题有效组合,形成了富有意义的学习序列,积极主动地达成了教学目标。如下所示:

1.意象理解阶段。

师:经过大家的朗读分享,我们已经初步感受到了诗歌情境。为了更透彻地理解诗歌内容,让我们再次走进《雨巷》的情节里。请找出这首诗的具体意象,并说说这些意象带给你的感受和象征意义。

生:描绘了丁香姑娘。

师:为什么诗人用丁香来形容这位姑娘?

生:丁香是愁怨、迷惘的象征。整首诗,有一种说不清道不明的迷惘、惆怅的意境。

师:的确,这首诗歌的意境,大都源于"丁香"二字。丁香,一种花,开花为白色或紫色,形状像蝴蝶结,开在暮春时节,很容易凋谢。古人常用"丁香"描写愁绪。

幻灯片展示:

芭蕉不展丁香结,同向春风各自愁。——李商隐《代赠》(其一)

青鸟不传云外信,丁香空结雨中愁。——李璟《浣溪沙》

师:营造起这个意境的,除了丁香,还有哪些意象?

生:还有"我"。

师:很好,找到了诗中的另一个人物。"我"在寂寥的雨巷中"彷徨",希望逢着一个丁香一样的颜色、丁香一样的芬芳又带着淡淡忧愁的姑娘,这个姑娘也许就是"我"的影子,"我"对理想的追寻和寻而不得。那么,他们相遇在哪里?

生:雨巷。细雨迷蒙,小巷悠长,正是相逢的好地方,有一种凄凉、伤感的情怀。

生:还有"颓圮的篱墙",具体写出了破败和冷清,也说明暮春的雨很漫长。

生:是的,巷子幽深狭窄,两边的墙被细雨浸湿而颓圮了,而且,诗歌就像浸湿在雨中一样,雨一直下着。

师：描绘得好有诗意！

生：我有一个疑问。雨巷的擦身而过，"我"有没有看清楚姑娘的容貌？为什么？

生（略带兴奋地）：因为"油纸伞"，"她彷徨在这寂寥的雨巷／撑着油纸伞"，两个人都撑着油纸伞！

⋯⋯⋯⋯⋯

师：能对"油纸伞"这一意象略加解释吗？

生：江南雨季常见的物件，用在这里让我感受到一种孤独，每个人都把自己遮挡在伞下；又因为这种遮挡，渲染了一种神秘感，我没有看清擦身而过的女子，还有一丝遗憾。

生：我还要补充一点。作为新派诗人，戴望舒写油纸伞的几处，还有一种很浓的怀旧感，就像现在看黑白老电影一样。

师：分析得好！油纸伞的古典与忧伤，被两位同学阐释得非常透彻！

生：我也有一个疑惑，为什么不干脆用"油纸伞"作为题目？

师：问得好！大家对意象的使用进行一个总结，为什么诗人以"雨巷"为题，而不是以"丁香"或者"油纸伞"为题？

生："丁香"是想象，是诗歌表情达意的一个特殊元素，而"雨巷"可以是现实，是故事发生的地点，而且引出了其他意象，如"油纸伞""篱墙"等，更具有概括性。

生："油纸伞"尽管象征着怀旧、孤独和神秘，但是如果离开了雨巷，放到大街上，就韵味全无了，所以"油纸伞"只是一个意象，而"雨巷"更全面，更有画面感，代表着意境。

生：我认为"油纸伞"可以，代表着两个人，预示着雨季以及擦身而过，还有朦胧感。不过我越是分析，越是觉得可能还是"雨巷"更具有多元意味。

⋯⋯⋯⋯⋯

师：都说得很好。意境与意象不同，意象是"一个"，意境则与整体对应。所以一般认为"雨巷"更好。

　　课堂最基本的问答顺序是组织、激发、反应和衔接,这也是一个从低水平提问走向高水平提问的过程。作为教师,应时时思考两个问题:"提问的目的是什么?""我能够提出恰当的问题吗?"问题不是目的,而是手段;教师要有组织不同层次问题的能力,尤其是要能够及时调整学生的回答,使其沿着更集中或者更深入的方向发展。如果仔细推敲这一阶段的师生对话,你会发现,由组织、激发、诱导、调整、衔接等构成的课堂问答——"为什么诗人用丁香来形容这位姑娘?""他们相遇在哪里?""'我'有没有看清楚姑娘的容貌? 为什么?"等,循序渐进,促进了学生的思考、发现和深入理解;学生从对话中得到了线索或者激励,然后达成了学习目标。

　　2.基于意象理解主旨阶段。

　　在意象理解之后,课堂顺势转向了主旨理解。

　　师:"诗言志,词言情",《雨巷》借助意象传递了怎样一种情感?

　　生:结合注释以及阅读材料上的时代背景,能判定这是一首政治诗。戴望舒写《雨巷》时,正值 1927 年大革命失败,这首诗整体上的朦胧、迷惘,其实是诗人对当时社会、时代甚至国家命运的一种茫然和惆怅。

　　生:老师一直告诉我们,不要过于依赖背景来解读诗歌,"知人论世"是可以的,但更重要的是诗歌本身。我认为《雨巷》就是对一次偶遇的怀念,表达了一种朦胧而又深沉的爱慕。正是因为那个女子的容颜没有看清,所以她才有可能是诗人过去或者未来爱慕的某一个女子。

　　生:我也认为是一首爱情诗,是诗人回忆一段往事,心里还是有具体的人物的,只不过求而不得空自怀恋。

　　…………

　　生:《雨巷》不一定是政治诗和爱情诗。我认真朗诵了好几遍,觉得和张九龄的《望月怀远》一样,"情人怨遥夜,竟夕起相思。灭烛怜光满,披衣觉露滋",也像杜甫的《月夜》,"今夜鄜州月,闺中只独看",都有人物,但都是思乡怀人的诗歌。戴望舒应该是在怀念他的家乡。

　　师:可以这么理解。请你为大家朗诵一遍,让我们感受一下这种怀念。

(生朗诵)

师:他的朗诵传递出一种对故乡的深情!还有什么观点?

生:通过他的朗诵,我感受到了江南水乡暮春三月的独特景象。戴望舒是浙江人,的确可以是怀乡之情。但我还听出,这首诗有一种莫名的激励,给我一种要勇于追求的朦胧感觉。

生:喜欢是没有理由的,我读完这首诗感觉诗歌像是在怀念过去眺望未来,尽管未来还没有来,"悠长,悠长的",但已经可以期待。

师:诗歌的理解是多元的,也是"一千个读者就有一千个哈姆雷特",我们可以从中读到爱情,读到政治和时局,也可以读到怀乡,还能读到寻而不得的人生理想,等等。期待大家继续探究,正好有一个作业,可以帮助大家实现我们的主题理解。

作业内容:结合诗歌内容,选择一个视角(诗人自己、丁香姑娘、雨巷里的一块青砖或油纸伞等),把这首诗歌改编成小说、散文或剧本等任何题材,表达你所理解的一种主题,字数不限,题目自拟。

这一阶段,教师通过倾听、评价,卓有成效地利用学生的表达和观点,引导出下一个问题——学生因为发言内容被使用,具有了积极参与课堂的感觉;这还鼓励了学生参与活动的热情和活跃性。这样,学生积极感知、理解、评价、创获文本,教师的适时引导、辅助,课堂也就具有了实现文本育人价值的特质。

(三)"归纳活动"提升素养:引导思维流向,激发期待成果

课堂研讨是一次次主动的、生动活泼的生命活动。我们需要理解学生的知识、认识状态,然后在教学互相适应的过程中,推进学生的成长与发展。为了达成教学目标,教师需要审慎地决定教什么、怎么教,以及怎么评价学生的学习。当一节课完成了一个阶段,或者课堂即将结束,教学需要有一个融会点。这个点,一般来说是课堂归纳活动——我们强调的归纳活动,不是在即将下课时进行,而是贯穿教学过程的始终。这是一个关键的阶段。

此时,教师提出综合性问题,组织学生以多种学习方式(头脑风暴、小组讨论、尝试、深思等),从教学内容和已有的知识网络中,去寻找、比较、分类和归纳——这

是学习成果呈现的关键点,也是课堂教学共同体的成果呈现阶段(如右图所示)。布鲁纳认为,学习的实质是主动形成认知结构。教师需要将教学内容、研讨观点和每个学生的生活经验综合起来,使其成为含义丰富的课堂归纳活动:或灵活地运用问题引导,或通过研讨达成共识,或凸显个性理解;进而促成教学目标的实现,确保学习成果的顺利生成。

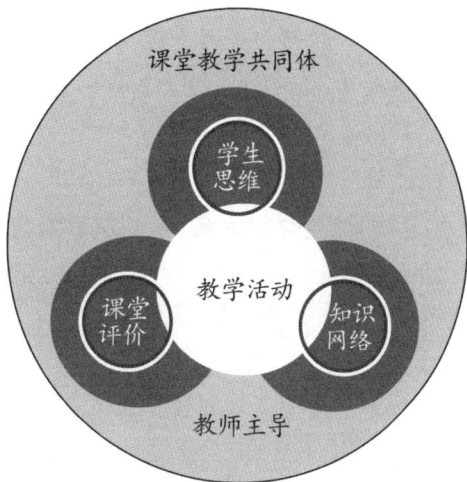

新课改背景下的课堂教学透视图

在《雨巷》一诗教学的起始阶段,经过教师的示范朗读和学生的体验诵读,依托"怎样通过诵读初步把握诗歌情感"这一问题,教师顺势进行了朗诵指导;又如"意象理解"阶段,"为什么诗人以'雨巷'为题,而不是以'丁香'或者'油纸伞'为题"一问,比较了意象,归纳了意境;再如"主旨理解"阶段,每一种观点的表述,以及拓展作业的布置,都是学习成果呈现的关键设置。

作为经典文本,《雨巷》的教学有很多成熟课例。不过,每一次精心设计的教学,都具有独特性和研究特质。这节课,立足"学的活动"的设计实施,无论从主导、主体的角度考虑,还是从宏观、微观的层面介入,每一个教学环节的设置,都通过"学的活动"设计,让学生能够更好地掌握所学内容,尤其是思维得到了激扬和拓展——这样的课堂,再加上教师较为精湛的教学艺术,一节好课也就产生了,这节课也就具有了深度研究并且反复观照的课程价值。

三、《悬崖边的树》深度教学及评析

之所以设计这一课,是因为在一次《悬崖边的树》"同题异构"教学活动中,我发现学生对该诗的理解普遍浅显,主旨呈现也较生硬。在听课之后,我在自己所教班级再次开展了这首诗的教学,力求进一步探索以更符合高中生思考深度的设计实施教学。教材没有选入这首诗,我两次教学均采取"陌生化"导入的方式,积极调动学生思维(活跃度和发散性),也在文本的深度解读方面取得一定突破。

【教学过程】(有缩减)

(一)陌生化:"命名"是一次思维的跃动,牵一发动全身

师:今天我们来学习一首诗,暂时还不知道题目。(生会心笑)请大家先将诗歌读两遍,感受一下。

生自由朗读提前发下的没有标题的诗:"不知道是什么奇异的风/将一棵树吹到了那边——/平原的尽头/临近深谷的悬崖上/它倾听远处森林的喧哗/和深谷中小溪的歌唱/它孤独地站在那里/显得寂寞而又倔强/它的弯曲的身体/留下了风的形状/它似乎即将倾跌进深谷里/却又像是要展翅飞翔……"

师:大家都读得非常不错,声音响亮,而且尝试着投入情感。有一个小问题,倔(jué)强,个别同学要注意读音。好,读完之后,谁能马上告诉我,这是一首写什么事物的诗?

生(众说):树!树!

师:大家的认识都是到位的。那么,如果要给这首诗起一个名字,拟一个标题,你怎样命名?直接说出你拟的题目。(学生思考之后,纷纷命名,老师一一写在黑板上)

生:我命名为"树"。

生:"挣扎之树"。

生:"展翅飞翔的树"。

生:我命名为"悬崖上的树",主要写树,生长的位置是悬崖上。

生:"伫立在风中的一棵树"。

生:我的命名具有动态感和拟人化特征,"树,在风中呐喊"!(生笑)

师:命名,考验大家理解诗歌的水平啊,看来大家的水平都不错,明显都要超过我了!(生笑)接下来,请大家结合你的命名先自由诵读一遍。如果,你觉得刚才

的题目还可以改进,那就赶紧改一改。(生读)

生:我把"展翅飞翔的树"改为"飞翔在悬崖边的树",第一次命名是因为最后一句显现了"展翅飞翔"的突出愿望,改了之后,我觉得这样更为确切。

师:改得好!而且理由还非常清楚。大家一起来看黑板上的这些题目。有没有共同点?

生:树,都和"树"有关。

师:那么,这首诗,只是写了一棵树?

生:不是,还写了其他的事物,主要强调的是一种生命的状态,还有森林、小溪。

师:除了写树,还写到了哪些事物?

生:还有风、悬崖、小溪和森林等。

师:写这些,在这首诗中有什么作用呢?

生:我认为,这棵树在倾听森林的喧哗,却远离了森林;它能够听到深谷中小溪的歌唱,自己却身处悬崖。由此可见,那些景物都是为了衬托这棵树是很独特的,很孤独的。

师:这种理解不错,还指出了手法——衬托。下面请大家结合自己的命名和我们的整体分析,将这首诗齐读一遍。然后,分别来解释你给这首诗的命名。然后其他同学来评价命名同学的理由。(师生齐读)

生:我起的是"树",主要是语感,觉得诗歌主要就是在表现一棵树。

生:这个题目大方向准确,但也较为宽泛。(生赞同)

师:"伫立在风中的一棵树",用了"伫立",有什么意味?

生:"伫立在风中的一棵树",我抓住了"树"这个内容,但结合有的同学起的"挣扎之树"来思考,可能忽略了其艰难的处境。用"伫立",是想突出树的坚守和坚毅,不怕狂风暴雨。

生:所以,我命名为"树,在风中呐喊",就是感受到了它的坚强,感受到这棵树有一种内在的宁折不屈的精神。

生:我命名为"悬崖上的树",主要是从树所处的位置出发,核心是"树",但所处的位置很危险,随时会被吹下悬崖。

··········

师:作者写这首诗的时候,到底用的什么题目呢?

生:老师揭晓谜底!

师:好,谜底是"悬崖边的树"。

生(大声说):可惜!我的题目就差一个字!

师:"悬崖上的树"的确是最为接近的题目,可惜在何处呢? 大家都可以来解释一下,用"边"和"上",有什么区别?

生:风吹树,把树吹到了悬崖边,一个"边"字,强调了孤独和危险。

生:"边",更有镜头感,让人想象到摇摇欲坠的画面;"上"没有这种突出的效果。

生:"边",强调时时刻刻面临险境。诗歌中提到"它似乎即将倾跌进深谷里"。因为是即将"倾跌进",所以应该用"边"更形象。

··········

师:大家都诠释得非常好,对诗歌的认识也是准确的、得体的。诗歌的题目,往往能够帮助我们初步判明大致内容,为剖析诗歌内涵提供便利;甚至能够暗示诗歌的主旨等。下面,我们结合刚才的探讨,再来齐读一遍诗歌,感受诗歌的具体内容。(师生齐读,兴致颇高)

(二)聚焦性:深入文本,在具体内容的层蕴理解上"展翅飞翔"

师:接下来,请大家结合诗歌的具体内容,分析"风"和"树"有一种什么样的关系。第一个问题,诗歌有没有告诉我们这棵树的命运?

生(齐读):"它似乎即将倾跌进深谷里/却又像是要展翅飞翔……"

师:那么,你认为这棵树最后是倾跌进深谷,还是展翅飞翔了?

评析:这是一个能够引发学生积极讨论的好问题,也是教师主导的体现。

生:面临着万丈悬崖,又随时面对着奇异的风,我认为它必然跌进深谷。

生:我也觉得总有一天这棵树会跌进悬崖。诗歌中"它的弯曲的身体/留下了风的形状",可见树被吹了很久,但它一直在挣扎着,抵抗着。只是,"树欲静而风不止"，总有一天，树会倾跌进悬崖。

评析：理解诗歌，最重要的是理解语言。学生主动咬文嚼字，这是理解诗歌的一种有效技巧，更是一种很好的学习习惯。下面的研讨，更多的学生掌握了这种方法。

师：可能风来得更猛烈些，树的命运就让人很担忧了吧。

生：我注意到，诗歌写"它似乎即将倾跌进深谷里"，我认为应该抓住"似乎"。这个词给人的感觉是，已经摇摇欲坠；如果这风更猛烈一些，这棵树就可能倾跌进悬崖里。但目前为止，还没有跌进去。而且"即将"也说明马上要跌进去了，但是事实上还没有。

生：我认为，展翅飞翔才是树的真正愿望，倾跌是肯定的；但倾跌的是身体，它的精神会飞翔。（有学生鼓掌）

评析：此处是一处深入文本的有效生成，我本以为需要更多的引导，学生才能思考到这一层面。当你给了学生充分表达的机会，他们往往会反馈精彩的生成。

生：我赞同这种观点。"倔强""弯曲的身体""风的形状"都看出了树的顽强，所以，树最后不会倾跌进悬崖，"却又"也有着非常明显的转折意味，就更加看出，树最后会展翅飞翔。它的身体会倾跌下去，但心一定会飞翔的。

生：我来综合一下大家的看法。诗歌写的是一棵树，但却不仅仅是一棵树。老师之前讲过，几乎所有的诗歌都是从事物写到人以及人的精神的。所以，这首诗也是用树来象征一种精神。用了象征手法，以树喻人，表现了作者哪怕身处逆境却也坚贞不屈。

师：说得很好！同学们在阅读中完成了由树到人的理解。从它所处的环境来看，树的倾跌是一种客观现实；但是从树的"内心"来看，也就是把它人格化，赋予了树以人的特征，它的"倔强"并不曾被击垮；即使倾跌，精神也是永存的、高蹈的！

师：我们对诗歌中的"树"进行了透彻的理解。那么，大家对这首诗的具体内容，还存在什么疑问吗？

生：老师，这首诗的主题是围绕"树"来写的，这很清楚。但是我还有一个疑问。树已经被风吹到了平原的尽头，却依然在"倾听"，好像"树"也并不是完全悲观,还是在期盼什么?

生:诗中"森林的喧哗"和"小溪的歌唱",作为意象,我也觉得不太理解,它们又该怎么理解呢?

师:两位同学都问得很精彩,答得是否更精彩? 有同学敢于回答吗?

评析:激将法。课堂气氛和学生的思维至此已经非常活跃,教师应该主动出击,进一步激发学生的学习主动性,锻炼他们深入思考的能力。

生:我先来说。结合独特的年代,我来解释"森林的喧哗"和"小溪的歌唱"。"喧哗"似乎是个带着贬义的词语,很像当时那个浮躁社会的缩影;而"歌唱"是一种欢快的节奏,给人带来安慰。只是,在这样的背景下,树"倾听"什么呢? 这一点我也不是很理解。

生:我的理解是这样的。森林,指很多树。小溪,指不停地流动。它们的出现是为了更加衬托出这一棵树的境遇和精神的孤独。它独自倾听,却无法融入。

生:我觉得森林代表庞大数量的人群,小溪代表着自由。倾听是一种在比较远的位置上,只能够用心听,参与不了,有种被迫害、被排斥的味道。

评析:这两个学生主动站出来阐述,应该是对历史背景有所了解的。不过,能够说得含而不露却也非常高明了。

生:倾听的时候,树应该是寂寞孤独的;它当然希望融入森林,摆脱险境。

生:树的倾听,似有无奈,但我觉得它内心应该是坚定的。它很想进入森林中吗? 我认为它不想。

生:这首诗中,森林代表群体,但是这个群体的喧哗,并不被这一棵树所认同;小溪代表着自由,但却只能处于"深谷中",这并不是这棵树向往的方向。

生:树是孤独寂寞的,是"倔强"的,处在这样的环境下,有无奈和伤悲,但更有它内心的坚持,有颗飞翔的心。所以树的倾听又是清醒的。我认为它不想进入森林中。

生:所以,这首诗用了象征的手法,写出了这棵树所处生存环境的恶劣,以及它精神上的孤独和坚守。

…………

(三) 共鸣感:知人论世,感受诗歌的深度之美,以及思想之魅

师:大家能够从诗歌本身的内容进行深度分析,能理解到这个层面,已经相当不容易了,表现非常不错! 诗歌的创作,的确是有着特殊的时代背景的。那么,诗人所处的到底是怎样的环境? 又在坚守什么? 请先看幻灯片。

幻灯片展示:

(1) 曾卓生平介绍:原名曾庆冠。16 岁加入中国共产党,是抗日救亡浪潮中锻炼成长起来的一代诗人。1955 年,受"胡风案"牵连,被捕入狱。1970 年,创作短诗《悬崖边的树》,在孤苦中仍表现了积极向上的昂扬精神。1979 年底,平反。

(2) 那个特殊时代的资料图:"打倒一切牛鬼蛇神"的巨大横幅、顶着"走资派"高帽子游街的知识分子等。

师:了解了时代背景和诗人的个人遭遇,我们再来朗读诗歌第 1 自然段,感受他的言说。"不知道是什么奇异的风……"(生齐读第 1 自然段)

师:"奇异的风"该如何理解?

生:应该与他入狱的经历有关。

生:是什么风,诗中并没明说,但想必读者也是能意会的,所以作者说得很含蓄,说"不知道",其实作者是知道的,只是没有明说。当时还处在危险时期。

师:可以这么理解。今天,我们再来读这首诗的时候,除了要把它放在特殊的时代背景下,去理解作者的那种倔强、寂寞、挣扎,乐观和坚强的心灵之外,还能不能撇开历史的因素,结合我们目前自身的生活,读出诗歌传递的共性情感? 大家自由地读一读全诗。(生自由读)

评析:这一处的转换基于学生对历史背景的不够清晰之上,进而让学生汲取最为纯粹的精神,而不纠结于历史的澄清和细说,是课堂教学环节处理的一个巧妙之处。

生:"奇异的风",让"树"被迫到了"临近深谷的悬崖上",并且深感危难,"即将倾跌进深谷里";但是诗人依然执着于理想,执着于生命深处的顽强,要"展翅飞翔"。

生:"树"是顽强精神的象征,"悬崖"也是象征,困境的象征。作者告诉我们,即使身处困境,也要有坚定的信念。

生:树,在诗歌中是一个具有沉重时代感的意象。这首诗,让我想起了陈毅的《青松》,"大雪压青松,青松挺且直",也是托物言志吧。

生:"树"是诗人自况,它激励我们勇于面对一切困难。就像我们学过的"廉颇老矣,尚能饭否",就是辛弃疾用以自况,表达老当益壮、一心报国的情感一样。

…………

评析:学生思维在深化之后,进而发散,课堂教学的目标有效达成。

师:是的,通过意象的确定,有所寄托,这样的诗歌很多,比如"墙角数枝梅,凌寒独自开"。是吧? 大家对这首诗想告诉我们的内容和情怀,已经把握得很精准了。"有情且赋诗",这首诗抒发了作者深邃的情感,过去种种,包含血泪,却构成了诗人这首坦荡而深沉的心灵之歌,表达了孤寂中的奋起之志。大家说,是不是啊? 和大家一起来理解这首诗,真是一次愉悦的精神之旅。以诗歌观照自身,我们要知道自己应该怎样面对生活。

生:……无论怎样,即便我们会倾跌于命运的安排,我们依然可以有一颗飞翔的心。

师:说得好! 优秀的诗歌总是常读常新,希望大家多读诗歌,更要多层次地思考,从而丰富情感,启迪人生。下课!

(四)教后反思

经过几次教学实践,这节课最终呈现为以上过程。教学是遗憾的艺术,教学也是常教常新的,并且可以具有教学设计不断改进的趋向。个人认为,这样的课堂,对于诗歌的教学乃至部分阅读教学的课堂具有一定参考借鉴意义。

课堂教学上,教师要知道怎样去培养学生阅读、分析诗歌的兴趣。这节课在教学中,通过"命题""解题"和分析"树"深层意蕴的思维锤炼,积极引导学生一步步深入文本内核,尤其是及时提供写作背景,给学生继续深入探究的机会;并在最后引发学生对于自身生命、生活的审视和思考,引领学生的生命成长。

叶澜教授曾经说：“课堂教学应被看作师生人生中一段重要的生命经历，是他们生命的有意义的构成部分……”高中生学习诗歌，需要在语言、技法的学习和情感的领悟之上，更加注重诗歌传递的品质、人格和情怀。这样看来，这是一节基于问题的、层层架构的、提升生命品质的教学相长的课。

教学延展

“提升思维品质”目标在《悬崖边的树》“同题异构”教学的具体呈现

新课标将语文学科核心素养概括为“语言建构与运用”“思维发展与提升”“审美鉴赏与创造”“文化传承与理解”四个方面，要求以学生为主体，在真实情境下提升学生的内在品质与能力。新课标课程目标第 6 条也明确指出：“提升思维品质。自觉分析和反思自己的语文实践活动经验，提高语言运用的能力，增强思维的深刻性、敏捷性、灵活性、批判性和独创性。”听了自选诗歌《悬崖边的树》（曾卓）的两节“同题异构”课，区别很大，试做阐述分析。诗歌内容是：“不知道是什么奇异的风/将一棵树吹到了那边——/平原的尽头/临近深谷的悬崖上/它倾听远处森林的喧哗/和深谷中小溪的歌唱/它孤独地站在那里/显得寂寞而又倔强/它的弯曲的身体/留下了风的形状/它似乎即将倾跌进深谷里/却又像是要展翅飞翔……”这首诗写于 20 世纪六七十年代，内容精短，意象、意境和语言方面都极具特色，能够推动学生进行感性理解和理性思辨，提升思维品质，具有深度教学的价值。

（一）找准契合点，波澜不惊的传统课堂

第一节课在引导学生了解时代背景之后，初步理解诗人，进而层层深入理解诗歌。课堂紧密围绕“读读这棵树——理解这棵树——寻找这棵树——写写这棵树”的教学主线展开，主要通过多形式朗读和师生对话的手段完成诗歌的全面理解。

教学伊始，教师范读，学生自由朗读；然后集体朗读；下一步是问题研讨。教师提出了一个能够引发学生积极讨论的好问题：“你认为这棵树最后是倾跌进深谷，

还是展翅飞翔了?"教师的目的,应是让学生结合诗歌内容来深入理解诗歌内涵,期待有不同观点、各个层面的解读,推进师生、生生的思维碰撞,尽可能还原诗歌情境,把握诗歌内涵。可以说,学生的表现相当不错。学生抓住"站""奇异的风""寂寞而又倔强"等关键词,认为这棵树不畏艰险,愈加繁茂,为了理想哪怕深跌也义无反顾;又抓住"奇异的风"和"悬崖"等特定环境,结合作者处境,认为这棵树最后的结局是倾跌到深谷中去,只不过"它的身体会倾跌下去,而心一定会飞翔的"。学生的思辨过程,体现了意义建构的过程。很多学生一开始都从现实层面认识到这棵树是必然要倾跌的。在教学中,一部分同学意识到了树的"精神飞翔",于是他们得出了"它的身体会倾跌下去,但心是飞翔的"的深度认识。这是生生互动的亮点,且是一个很好的课堂生发点。

"寻找这棵树"环节,学生思路很顺畅,很快就联系生命、生活实际,找到了不少例子——史铁生、保尔、桑兰、屈原、海伦·凯勒,孙中山……教师做了"我们每个人都可以是这棵树,肉体可能会倾跌,心永远是飞翔的"的总结,引领学生进行贴近现实和自我的深度思考。"写写这棵树",则是通过写作,让学生把动态的灵感化为静态的文字,使学生把这堂课中相对分散的感受、思考沉淀下来,成为有价值的认识。有新意的是,写完后,教师让学生大声朗读自己写的感悟。最后,一位女生声情并茂地朗读了这首诗,让每个人都被感染,让课堂在美的熏陶中接近尾声。

可以说,这节课是很精彩的。只是,若从新课标的要求来推敲,那也可以认为这节课缺乏整体情境设置,学生的思维缺少创造性。当课堂生成和预设不同时,这位教师执着于自己的预设,想方设法(这是我的主观臆测,学生未必有这种感觉)引导学生沿着预设的步骤前进。尽管课堂结构依然清晰,学生表现依然活跃——除了几个关键性的问题是被教师不着痕迹地牵着走的之外——这节课的实质依然反映出了教师教学内容理解和课堂调控两方面的不足,从而导致课堂教学没有体现提升学生思维品质的特征。也可以说,这是一节波澜不惊的课,学生深化了诗歌相关内容的掌握,学到了一些他们应该学到的内容。苏霍姆林斯基说过:真正的教育技巧和艺术就在于,一旦有必要,教师就能随时改变课时计划……这样一节课,如果教师对教材已经深研钻透,能够挖掘出文本内涵,那就应站在更高的学习期待层面,敢于放手,灵活把握课堂活动,让学生畅所欲言,让学生的思维品质得到有效提升。

(二)激发吸引力,疑惑重重的创生课堂

第二节课,教师试图以《悬崖边的树》的解读为范例,推动学生关注诗歌解读的主观性、合理性,建构以自我眼光理解诗歌的思维方式。课前,教师下发了总题为"一代人的歌唱"的四首诗:曾卓的《悬崖边的树》、顾城的《石岸》、食指的《热爱生命》、北岛的《〈陌生的海滩〉序》。

课堂从一开始就摈弃精心设计,追求教学本真,让学生自由表达。教师只是适时引导。上课,问好;教师板书"一代人的歌唱"并提出第一个问题:我为什么会给这四首诗命题为"一代人的歌唱"?这个问题引出了学生对时代背景的理解(在 20世纪 70 年代,社会风气"假、大、空",这四首诗是那个时代的真挚歌唱)。接着,以读促思——诵读是理解诗歌的重要方式;先是学生个别朗读——在没有充分预习、没有自由朗读的前提下,个别朗读不如人意,但经过大家齐心协力的修正,还是展现了诗歌朗诵的投入感;接着集体朗读,让每一位同学在声韵起伏中熟悉文本。之后围绕《悬崖边的树》中"树"的形象自由交流。学生认为"这是一棵顽强、坚强、不屈不挠、饱经风霜的树""这是一棵想飞的树,弘扬一种精神"——经分析得出,这两位同学的原生态解读较为到位,说出了"树"三个层面的特点:饱经风霜,顽强不屈,精神飞翔。教师的点评也很妥帖:"看到了树的内在精神""有理有据"。

然后,进入这节课的教学核心过程——研读《悬崖边的树》。教师抛出第一个探究性问题"猜猜这是一棵什么树",这个问题一下子打开了学生思考的空间,答案自然是多元的!不过,很显然,这个问题的提出,并不是为了判断这是一棵什么树,而是为了提示文本环境,激发深度对话的情境。学生的已有经验与这节课新的学习一对接,就促使学生自然而然地开始深入思考诗歌的多样意义。教师适时追问:"从诗中哪些地方能看出树内心的倔强?它的向往和追求体现在哪里?你觉得它的向往是什么?与结尾的飞翔有什么联系?"这一系列问题(也称为"问题串设计")引导学生回归文本,逐步对"森林的喧哗""小溪的歌唱"这些反映时代环境的意象进行还原性解读,"树"的形象得以进一步明晰;再通过对"风""森林""小溪"等意象的细致分析,以及对文末"倾跌"与"飞翔"的意义探讨,师生逐步明确了这首诗"书写生命内在光辉"的主题。

之后,师生基于共同的时代背景,就四首诗歌的联结解读开展课堂学习活动,教师在教学中对诗歌的文体特征并不是特别强调,而是更为关注学生基于阅读和生活实际,对这些诗歌思想主题的横向延伸和整合分析,尤其是通过比较、概括等深度探索方式,对诗歌文本进行评价——在这个过程中,学生没有止步于文本浅层理解,而是将阅读视野进一步打开,进一步提升了自身的思维能力。这节课的师生对话过程,教师敢于让学生发挥,让学生不断尝试突破现有认知,并探寻理据,寻求诗歌内容、主题的合理解释;然而因教师对文本的深度解读,也有一小部分学生难以跟上课堂进度。这样一节课,这位教师的主要责任是架设管道、观察课堂,如层层剥笋般推动学生去还原诗人的思考,引导学生一步步深入文本内核,为学生提供开展深度、立体的思辨性阅读的机会,引领学生的生命成长。

(三)诗歌教学实现"提升思维品质"目标的应用分析

这两节课的教学效果其实都不错。为了促进更多教师对新课标下的课堂教学有更深理解,结合《悬崖边的树》(曾卓)"同题异构"课,围绕在语文教学中有效提升学生的思维品质,我们进行三个层面的分析。

第一,开展阅读朗诵活动,通过诗歌形式的感染、熏陶,建立优质语感。

新课标下,诗歌《悬崖边的树》(曾卓)的主要教学任务,经研讨确定为揭示诗歌语言的文本所指和深层意义,力求从个例分析中得到理解特定时代诗歌的共识。教学中,教师首先"铺垫""蓄势",引发学生欣赏、理解诗歌的主动性,让学生乐意调动自己的阅历、学识、文化积累等,进行有意义、有创生的学习。这就需要重视朗读、朗诵的价值。第一节课在深度理解这棵树的教学主线中穿插了多形式朗读,师生多次通过示范读、齐读、美读等方式,感受诗歌用词的丰富和深刻,感受诗句的简洁和跳跃,感悟诗歌情感的显隐张力——语感本身既是一种关键能力,又是形成思维品质的基础;课堂上,语感的锻炼和提高,也是思维品质提升的一个标准。基于此,我们也认为第一节课作为传统课堂教学的常见教法,也能提升学生思维品质。第二节课让学生个别朗诵、当堂修正,然后比较阅读,静思默想,能促进学生反复感受诗歌的语言、形象和情感之美,让学生能欣赏、鉴别和评价不同时代、不同风格的诗歌,理解诗歌的多元内涵,感悟诗歌的当下意义,有效提升形象思维能力和逻辑思维品质,使学生的思维得到了全面发展。

第二,开展文本解读实践,通过诗歌内容的探究、领悟,实现深度学习。

这两节课的教学都是有序的:师生基于对教材的理解,如庖丁解牛般条分缕析,有序理解诗歌的情感脉络和意义建构。第一节课从学生已有经验和兴趣出发,体现教学的契合性,促进学生对诗歌文本进行有序学习。然而课堂推进过程中,师生未能突破预定设计,最终的课堂深度是"牵"往预设的理解层面,导致学生在课堂后半段的参与度不够,显示出一种固定的流畅。如果教师把"你认为这棵树最后是倾跌进深谷,还是展翅飞翔了"作为教学切入口,带动学生朗读、分析,逐步入文、入境、入情,深入把握手法和情感;由浅入深建构诗歌的有序理解,吸引学生来决定课堂学习的深度,是否更好一些? 可见,当文本深度和学生理解程度有冲突时,教师应该妥协,让学生通过自己的途径、方式进入文本,让学生有自由支配的探究时间——这看起来似乎深度不够,其实这才是有效、有价值的学习过程,能够持续促进学生的思维品质提升。

第二节课,教师对诗歌有着较为全面、深入的研读,于是放手让学生表达、想象、比较,并且教师特别注重从学生的交流中发现课堂推进的契机,自如地建构起诗歌理解的一般步骤,并基于此,推动学生通过比较阅读探求诗歌的深层意义,让学生不断有所发现,越来越投入到深度研习中去——整个情境化学习活动设计,聚焦"通过教学设计,使更多学生真正理解他们所要学习的内容"这一目标。这就实现了"随机进入教学"——学生可以通过不同途径、不同方式进入某一教学内容的学习,从而获得对同一事物或同一问题的多方面的认识和理解。这节课上,学生思维所呈现的深刻性、敏捷性,学生对诗歌的比较和想象力,学生主动探究过程中的表达能力,都是衡量思维品质的不同维度,都得到了很好的展现。

第三,开展文本整合探究,通过诗歌特质的概括、评价,拓展阅读视野。

如何有效提升学生的思维品质,这两节课的一个关键区别就是,第一节课步步为营,波澜不惊,形成了一首诗理解的"闭环";而第二节课通过个性朗读、深度解读和四首诗的联结解读,让学生通过一节课的学习,不断吸收师生同伴在交流碰撞中的知识和思想,不断建构自身的知识体系,不断提升自己解读诗歌的能力,实现了阅读速度、深度和强度的多方面提升——这些都是提升思维品质的直接反映,是深度学习的表征。"新课标对教材的使用有明确引领,要实现从知识本位到学科素养的转变;课程目标也从原来的'三维目标'转向四方面的'学科核心素养'。"基于新课标的要求,师生要把思维品质训练当成教学的自觉目标来追求,有意识地改进学生的语言习惯、知识体系和思维习惯,积极提高学生的形象思维能力和理性思辨能力,不断开阔学生的视野,不断提升学生的全面素养。

参考文献:

[1]徐瑾,黄伟.创建层级进阶的语文课堂:以《乌鸦喝水》解读与教学为例[J].语文建设,2023(04):55.

[2]黄伟.阅读教学新样态:从层级解读到进阶教学[J].江苏教育,2023(18):6.

第六章 文言文的解读与教学

一、《赤壁赋》:建构基于情境的语言实践活动

【设计说明】

《赤壁赋》作为经典名篇,基于新课标"文学阅读与写作"学习任务群的学习要求,要聚焦"通过教学设计,使更多学生真正理解他们所要学习的内容"这一目标进行教学设计。学习中,制作"赤壁游学"海报,是为了"使课程内容情境化",使学习内容"具有解决生活问题的指向性"。"与东坡相遇"的情境任务,"创设运用语言文字的真实情境,形成有意义的互动学习环境",借助阅读、朗诵、口语交际等形式完成读写实践任务。"选择下一站"的情境任务,主要呈现学生"基于社会情境的阅读、表达与交流的能力",在典型情境中设计典型任务,推动学生结合文本自主展现语言文字运用能力。

【教学目标】

(1)学生能结合文本写景、抒情、说理的特点,设计"赤壁游学"海报图文内容。

(2)学生通过阅读、朗诵、口语交际等形式,感受作者的情感、思想等。

(3)借助具体的情境任务活动,锻炼表达与交流能力、思辨能力。

【课前准备】

(1)完成第一课时学习:结合注释,熟练诵读《赤壁赋》,理解文言字词,梳理文本内容。

（2）了解"乌台诗案"，回顾苏轼《记承天寺夜游》《念奴娇·赤壁怀古》《卜算子·黄州定惠院寓居作》等黄州时期作品；观看纪录片《苏东坡》第三集。

【教学过程】

（一）情境任务一：设计"赤壁游学"海报

幻灯片展示：

学校"跟着课本去旅行"项目组决定在暑假组织游学活动，第一站到黄州赤壁。初步计划实地走访赤鼻矶，像苏轼一样月夜泛舟，现场体会苏轼当时的感受。各学习小组需要依据《赤壁赋》制作第一幅宣传海报，要求图文并茂——文字要精练，可以引用原文，可以结合原文创作，也可以使用苏轼或者《赤壁赋》有关的文字；图画要典型，能够呈现苏轼所描绘的黄州赤壁特点，图案、色调契合作者情感，用于提前在全校招募游学项目成员。

设计意图：这一任务是引导学生借助教学文本内容，立足于文中典型景物（意象），或者典型人物（人物形象）及活动的场景（场景），把它们转化为由图文构成的项目招募海报，用于实际的生活问题（招募成员）的解决。这一任务，驱动学生主动进行有明确限制（依据课程内容）的文本内容理解、设计等。

1.初步引导。

我发现有两组同学的海报设计较为单调，他们不知道从哪些方面下手，也没有追求宣传效果的强烈意愿。这就带来一个问题：是让学生完全自由发挥，还是适当地引导他们"戴着镣铐跳舞"？显然，学生初步认识的浅显粗陋，为深度学习提供了契机。如何利用这个契机，促使学生更乐意于提升海报质量呢？我提前设计了一个海报制作的模仿学习活动，选取金代武元直所作的《赤壁图》（见下页图）为示例。这幅画作描绘了苏轼与友人同游赤壁之下的场景，东坡头戴高巾，与二客及一船夫正"纵一苇之所如，凌万顷之茫然"；对岸赤壁巍然矗立，岸上松枝微弯，细笔描绘的水波微微盘桓荡漾，似乎表现当晚"清风徐来，水波不兴"之意，格外传神。我的目的是以此为引子，激发头脑风暴，让学生思维灵活起来，能够触类旁通，有目的地模仿；能够充分考虑到海报的各种要素，比如色彩关系、图文搭配的结构比例、视觉聚焦点设置,甚至包括文字的大小、粗细、字体、颜色等细节设计。这样一个穿插环节,为接下来推敲海报的图和文的具体内容也做了及时铺垫。

武元直《赤壁图》

2. 主动思考。

我们到底选取什么内容构图,又使用什么文字进行搭配?这需要各个学习小组深入研究苏轼的这篇散文,仔细讨论。

(1)构图:先确定场景,再逐步构设。

点拨一:可以选取文中典型景物(意象),选取景物构图,各个学习小组可以单独用某一处文字构图,也可以综合设计构图——这"图"应该能呈现赤壁或夜游赤壁的魅力,具有吸引人心的作用。

明确:可选取"清风徐来,水波不兴""月出于东山之上,徘徊于斗牛之间""白露横江,水光接天""纵一苇之所如,凌万顷之茫然"……

点拨二:可以选取课文中典型人物(人物形象)及活动的场景;人物主要是"苏子与客",活动场景选择性较多,考虑到构图首先要确定宣传主题和内容主体,人物与场景的组合应该更具有表现力。

明确:可选取"苏子与客泛舟游于赤壁之下""举酒属客,诵明月之诗,歌窈窕之章""饮酒乐甚,扣舷而歌之""客有吹洞箫者,倚歌而和之""杯盘狼籍""相与枕藉乎舟中"……

(2)配文:原文、改编、自创……

设计意图:构图配文,能引导学生聚焦文本关键内容。比如一个学习小组用"白露横江,水光接天"构图,用上白下蓝线条的发散,营造出视觉延伸的效果,突出"水光接天"之处的邈远、深邃,再用"奇幻赤壁,再遇苏子"八个字搭配,呈现了一种让人神往的奇幻图景。设置这一情境任务的目的,就是紧贴着文本,激发丰富的言语实践情境,实现学生对教学内容的情境化阅读鉴赏和表达交流;学生对构图和配文的斟酌,其实就是基于情境,对文本的反复体悟。

(二)情境任务二:设想"与东坡相遇"

幻灯片展示:

无论在宋代还是今天,苏轼都有很多"粉丝"。林语堂作为苏东坡的超级粉丝,说撰写《苏东坡传》是他人生最快乐的时光。莫砺锋教授说,如果能穿越,最想穿越到苏轼被贬黄州时期,帮助苏轼种稻子。作家方方曾专门写过一篇文章《喜欢苏东坡》表达仰慕之情。1101 年,66 岁的苏东坡获释回归,乘船北上,成千上万人在运河两岸迎接他。假如我们也穿越到那个时段,"与东坡相遇",会有怎样的交流呢?

1. 以诵读为铺垫,创设学习情境。

学生先选取自己最喜欢或者理解最深刻的片段,大声朗诵,摹想苏轼当年是怎样在"泛游赤壁"之时吟诵这些语句的。

设计意图:这个环节,让学生发声,课堂也随之活跃起来。学生自由地借助声音,模仿古人是怎样字正腔圆、仪态适当地传达所体悟到的文意的;进而受到激发,以适当的声情技巧,把文本所含的思想情感,逐渐变成自己情感的萌动,为接下来"我是苏东坡"的代入充分铺垫,创设有意义的互动学习情境。教师可适当示范。

2. 沉浸学习情境,深入理解文本内涵。

"我是苏东坡"环节,以"生生问答"的方式,理解文本的深层内涵。期待学生能够结合文本内容、苏轼生平等,主动提问,然后由其他学生模拟苏东坡的口吻,给予解答、回应。以下是预设的部分问答示例:

(1)结合关键语句理解的问答。

问:"挟飞仙以遨游,抱明月而长终。知不可乎骤得,托遗响于悲风",这句话似乎表达了想和飞仙一样与世长存的想法,但是东坡先生被贬谪,历经磨难,为什么非要期待活得更长久呢?

答:"寄蜉蝣于天地,渺沧海之一粟。"相对于宇宙而言,人是如此渺小。我自幼苦读儒家经典,22 岁离家求仕,希望能兼济天下百姓苍生,而如今,却只能困守黄州,任岁月蹉跎。面对如此辽阔自由的景象,深感自身渺小,颇有无力、无奈之感。

问:从"且夫天地之间,物各有主"到段尾,一边说"物各有主",一边说清风明月"取之无禁,用之不竭",那么到底"取"什么,"不取"什么?

答:"取"的是自然美景,大自然带给我的快乐。我伤痕累累地来到黄州,也需要自然山水抚慰心灵。"不取",则是指对于人世中的功名利禄等,不再苛求;"乌台诗案"后,我的确萌生了消遁隐退的想法。

(2)结合苏轼生平以及写作背景的问答。

问:既然纵情于山水,"饮酒乐甚",为何唱"渺渺兮予怀,望美人兮天一方"这样悲情的歌?

答:"知我者谓我心忧"。屈子"恐美人之迟暮",于我心有戚戚焉。我曾以为"有笔头千字,胸中万卷;致君尧舜,此事何难"。如今君王于我,远在天边,"望美人兮天一方",求而不得,无法得到君主的重用,怎能让我不悲伤?

问:您在《念奴娇·赤壁怀古》中写到周瑜,而这里重点提到了曹操——赤壁之战能够联想的古人很多,为什么偏偏想到这二人呢?

答:伤心人别有怀抱。风华正茂的周瑜,正是对比自己"早生华发"啊。这里"横槊赋诗"的曹操,正如我之前志得意满的人生;而赤壁之败,对比我"乌台诗案"以来的狼狈,又是多么贴切。当然,像曹操这样的风流人物也难免赤壁之战这样的大挫折,对我而言是另一种宽慰吧。

(3)预设:推动问答的历史文化情境。

幻灯片展示:

①苏轼曾给好友李端叔写了一封信《答李端叔书》:"得罪以来,深自闭塞。扁舟草屦,放浪山水间,与樵渔杂处,往往为醉人所推骂。轼自喜渐不为人识,平生亲友无一字见及,有书与之亦不答,自幸庶几免矣。"

②美国诗人约翰·阿什贝利说:好的隐喻,能够消融最深处的惶恐不安,这种

紧张在形成之时就逐渐消失,就像是朝圣者脚下的万里征程。"泛舟游于赤壁之下"的苏轼,隐藏了内心的忧惧不安,在物质上艰苦,在身体上磨炼,在精神上寻求自我肯定之道,终于保持志气不衰,信仰坚定,传递出豁达洒脱的情怀——这正是《赤壁赋》的关键意义。

设计意图:这一环节的"生生问答"是本节课的关键部分。学生立足文本而又不限于文本的思维碰撞,他们是课堂主角。教师以引导者、组织者的身份相机点拨,适时组织并平等参与讨论,参与设计具有挑战性的任务,引导"生生问答"始终围绕文本内容和情感进行,激活学生参与语言实践的内驱力。新课标指出,语文核心素养正是在真实的语言运用情境中表现出来的语言能力及品质,教师做好有效的学习支持,积极推进了学生的语言实践活动。

(三)情境任务三:选择下一站

1.进一步引导。

"跟着课本去旅行"项目组在离开黄州赤壁之前,要确定与苏轼有关的下一站。大家设想一下,选择哪里? 理由又是什么?

内容设计:

(1)黄州定慧院:同在黄州,有《卜算子·黄州定慧院寓居作》。

(2)惠州:苏轼曾在这里写下"日啖荔枝三百颗,不辞长作岭南人",自此也就有了"一自坡公谪南海,天下不敢小惠州"这样的感念。

(3)儋州:苏轼在"桄榔林"带头挖井,在"载酒堂"开坛讲学,曾写下"九死南荒吾不恨,兹游奇绝冠平生",还撰写了《东坡志林》。

(4)杭州西湖:苏轼不仅写下关于西湖的名句"欲把西湖比西子""望湖楼下水如天",还主持修筑了苏堤。

(5)眉山:溯源,三苏祠,"一门父子三词客"。

(6)常州:东坡公园,苏轼晚年几次想定居常州,最终病逝于此。

2.课后延伸。

那么,我们下一张海报怎么设计? 请大家依据自己选定的下一站,课后进行设计。

　　设计意图:拓展迁移,更是引导学生继续开展情境学习,并在兴味盎然中提升文学欣赏能力,巩固学习效果。

教学延展

谈《赤壁赋》文本阐释的两个层面

　　1082 年,这一年,“乌台诗案”余罪未了,苏轼流放黄州,侥幸保命。《赤壁赋》就写于此后不久。在这篇千古流传的散文中,我们能够读出苏轼的乐观、豁达、洒脱,但若仅有这单一层面的情怀,该文也无法流传久远。《赤壁赋》借助“客”所抒发出来的渺小、悲观,尤其是忧惧,从未疏离一刻。此时豁达,必蕴忧惧——这是人之常情。一个人的忧惧,并不会因心态好就消失。那么,我们如何在文本阅读中,感受到苏子表面豁达之下的忧惧呢? 这需要更为深入、全面的文本阐释。

(一)文本阐释,要能够“入乎其内”,理解其整体结构叠加而成的真实意义

　　《赤壁赋》所要表达的主题和情怀,需要通过作品的意象、意境和文本结构,整体上呈现。结构主义认为:“事物的真正本质不在于事物本身,而在于我们在各种事物之间构造,然后又在它们之间感觉到的那种关系。”[1]如果“只见树木,不见森林”,容易造成曲解误读。

　　作者是通过意象、意境来表达情怀的,比如“清风徐来”几句,就写出了面对自然美景之时“人同此心”的心旷神怡;“于是饮酒乐甚”一节,情感由“乐”转“悲”,也是借助意象“天一方”的美人、“呜呜然”的余音、潜蛟舞、嫠妇泣等逐渐实现;“逝者如斯”几句,借助“水”“月”揭示哲思,蕴含隐意;“惟江上之清风”几句,则再一次抒发美景下作者的豁达心境。然而,“乐—悲—喜”的情感脉络,并非《赤壁赋》所要最终呈现的主题。“主客一体”的体认,让我们感受了苏子的自然、真实和可亲。苏轼因“乌台诗案”贬谪黄州,内心难免消沉失落。一般认为“客”亦苏子:面对赤壁胜景,“客”吊古伤怀,慨叹人生无常,“托遗响于悲风”,这样的情怀正是苏轼内心的真实流露。苏轼借"客"的身份吐露自己的失望、感伤与落寞,又以江水明月设喻自我劝慰,最后借"客喜而笑",完成人生情怀与生命认识的转身,这种理解亦无不可。

然而,文本的整体情感,并非由这一个个部分直接构成,而是在整体结构的叠加中获得了更为清晰的崭新意义:文本还是原来的文本,关注点不同,整体意义不同。

苏子"游于赤壁之下",见美景而欣悦,是"自然语",却并非"真心话"。他最想表达的是"纵一苇之所如,凌万顷之茫然"的"茫然"。天地"万顷"之大,他却只能"一苇"幽囚,恍若"冯虚御风""遗世独立",不知所来所终,这是怎样的一种荒凉——苏轼只能用佛道的隐逸情怀,观照自己的人生际遇:如果没有特殊的时代背景,我们就无法体会苏轼内心巨大的人生苍凉感。

接下来,苏子"扣舷而歌","乐甚"其实是因为"饮酒",并非由于"美景"。"渺渺兮予怀,望美人兮天一方"的虚写,才是内心的真实寄寓。这与"客"的洞箫声所表达出来的"怨慕泣诉"是一致的:无论是怨恨、倾慕的情感还是哭泣、倾诉的意愿,"伤心人别有怀抱",都不可直接宣之于口——正是这种想说却不能说的矛盾,深刻展现了苏轼内心深处的悲痛与纠连。

之后的"主客问答",更见苏轼内隐的复杂情怀。以"客"的身份表达的哀叹,引人深思。从曹孟德之诗引发联想,到"固一世之雄也"可见伟绩;但"而今安在哉"五个字并非消解了之前的回望,而是强化——尽管人生苦短,但苏轼不能容忍人生虚度;尽管曹操人生起起落落,但自有一种风度流淌,更有一番不世功业,这正是苏轼内心期盼而不得的。赤壁,不仅仅是曹操的赤壁,更是苏子的人生理想——面对赤壁,苏子只能"知不可乎骤得,托遗响于悲风",徒呼奈何,这是怎样的渺小者和哀痛者!

怎样解脱呢?苏子以"水月物我"开解,看似豁达,但句句惊心,"逝者如斯夫,不舍昼夜"的千年警语呼啸而来,与永恒的水月相较,人的生命如此短暂,如何让心怀天下的苏轼不忧心?又怎么可能不艳羡?清风无禁明月不竭,然而又有什么造化,是属于苏轼所创呢?进一步讲,无论"水""月"变与不变,都不能改变苏轼所面临的险恶局面,豁达只是忧惧的掩饰,是心态而非现实。这几句,很明显是自我宽慰,是内蕴忧惧的。这样的"主客问答",无论是"苏子"还是"客",言辞之中,意象之内,都是有着复杂的情怀的:表面的豁达难掩实质的愁苦。"知我者谓我心忧,不知我者谓我何求",试想,苏轼若是真能寄情山水而适意自得,又岂会发出之前的感慨? 最后,"客喜而笑""相与枕藉乎舟中,不知东方之既白",且享受这暂时的宁静快意,是一种割舍理想的洒脱、无可奈何的放浪,读来有甚于壮士断腕的悲痛之感。

(二) 文本阐释,要能够"出乎其外",理解其写作背景构建而成的情感场域

对《赤壁赋》这样经过历史淘洗而历久弥新的经典,如果能够多次重复地进行细致研读,充分发掘其原生价值,这自然是需要的。然而,文本阐释还需要知人论世,需要对文本的写作背景进行"情境还原",从而对其思想做出更全面的阐释。

这就需要"出乎其外",进一步发掘《赤壁赋》的价值。首先要关注的是该文写作的特定历史、时代背景。"乌台诗案",舒亶、李定等人欲置苏轼于死地,终不得。当时新旧党争激烈,再加上苏轼才名太高遭妒,他不死,很多人心意难平,历史也证明了苏轼的那些身居高位的政敌始终没有放过他。这种情形,苏轼本人也是非常清楚的,所以他不可能真正超脱。政治上难有作为而且人生凶险万分,也正是在这样的时代背景之下,苏东坡的豁达、洒脱,以及他"儒释道集于一身"的崇高人格特征,才借助《赤壁赋》等一系列文章焕发出了耀眼的光彩,这是对于文本规定性的尊重。不过,这些"身后名"并不能掩盖苏轼当时的遭际。大约在写《赤壁赋》的同时,苏轼还写了一篇小品文《记承天寺夜游》:"元丰六年十月十二日夜,解衣欲睡,月色入户,欣然起行。念无与为乐者,遂至承天寺寻张怀民。怀民亦未寝,相与步于中庭。庭下如积水空明,水中藻荇交横,盖竹柏影也。何夜无月? 何处无竹柏?但少闲人如吾两人者耳。"文章极短,描述的是快乐动人的瞬间,但这种欣悦之下,又有非常清晰的"无与为乐"的慨叹:才名天下知、举世仰慕的苏轼,在怎样的政治高压下才会沦落至孤苦无友的境地呢? 可想而知。

从文化背景上再做思考。作为"宋四家"之一,苏轼的书法一向以洒脱自由著称。在 1082 年初,寒食日前,苏轼怀着绝望的心情,愤然不顾,作诗《寒食雨二首》,

并在其后的四月,用著名的苏体行书,笔走龙蛇、酣畅淋漓地书写了这两首诗,流传至今,成为极其珍贵的墨宝《黄州寒食诗帖》,被称为"天下第三行书"。之后在黄州遭遇各种困境,苏轼由愤然到忧虑,表现在应挚友傅钦之所求书写的《赤壁赋》书法作品上,他用的也是行书;但是这篇写给挚友收藏的《赤壁赋》,却一反常态,拘谨生涩。在赋后的跋中,苏轼说:"轼去岁作此赋,未尝轻出以示人,见者盖一二人而已……多难畏事,钦之爱我,必深藏之不出也。"这种直言"未尝轻出以示人",并告诫挚友"深藏之不出"的审慎,完全不符合苏轼一贯的性格。两相对比,可见在作《赤壁赋》时,其生存环境的极度恶劣,以及苏轼个人内心的极大怖惧。

对于苏轼个人这一年的思考,我们还有其他可做参考的诗篇和逸事。在这一年,刚刚历经文字狱折磨的苏轼还满腔悲愤地写下了后来流传极广的《临江仙》《定风波》两首,更可与《赤壁赋》内蕴的情感互为印证:

临 江 仙

夜饮东坡醒复醉,归来仿佛三更。家童鼻息已雷鸣。敲门都不应,倚杖听江声。

长恨此身非我有,何时忘却营营。夜阑风静縠纹平。小舟从此逝,江海寄余生。

定 风 波

莫听穿林打叶声,何妨吟啸且徐行。竹杖芒鞋轻胜马,谁怕? 一蓑烟雨任平生。

料峭春风吹酒醒,微冷,山头斜照却相迎。回首向来萧瑟处,归去,也无风雨也无晴。

两首词,退避、旷达、满蕴伤痛,具有震撼人心的力量。苏轼所赋予自身的形象,在渗透佛道思想的豁达、洒脱、通透之下,处处浸润着苏轼"儒家入世"而不得的深刻痛苦。苏轼不怕死,但有用之身无处施展让他痛苦得不堪忍受——苏轼作为儒家代表的"积极入世"形象,隐晦托出。当然,苏轼没有办法改变命运,更没有办法彻底排解远谪、敌视等多个方面的痛苦。这样,"忧惧"成为促使苏轼不断把他的达观磊落的精神世界呈现给我们的核心动力。1083 年,侍妾王朝云为他生下一子"遁儿"，苏轼借此写下了《洗儿诗》自嘲，谐趣的口吻表达对儿子的期待，也嘲讽"公卿"："人皆养子望聪明，我被聪明误一生。惟愿孩儿愚且鲁，无灾无难到公卿。"嘲讽中，更有个人命运的深忧以及关心国事的热肠，让人动容，也与《赤壁赋》渗透的思想一脉相承。

可见，经过"入乎其内，出乎其外"的文本深度阐释，《赤壁赋》完整的主题和内隐的思想意义，其实也就在字里行间、文内文外。

《赤壁赋》"深度痛苦" 主题剖析

传统文化意识中，人们对苏轼或《赤壁赋》的典型评价是"达观"或"豁达洒脱"等。苏轼《赤壁赋》写于他因"乌台诗案"贬谪黄州的困难阶段：苏轼历经骇惧消磨后，过着囚徒般的生活，内心消遁如惊弓之鸟。当此之时，《赤壁赋》的主旨，真的会是"达观"或"豁达洒脱"吗？

《苏东坡传》的作者林语堂曾在文章中说："一个人彻悟的程度，恰等于他所受痛苦的深度。"林语堂懂得苏轼的"彻悟"，也即苏轼的"深度痛苦"，这是苏轼对人生大苦难的"达观"承受。钱穆也评价说："苏东坡诗之伟大，因他一辈子没有在政治上得意过。"一个有着高远政治理想之人在政治上的失意，也正是苏轼的"深度痛苦"。

《赤壁赋》通过月夜泛舟、饮酒赋诗，引出"主客问答"，又借"客"的身份吐露自己的失望、落寞和感伤，再以江水、明月设喻，从"苏子曰"中完成了自我情怀与身份认知的转换，表达了精神上的达观。然而，读到此处并非完整解读了《赤壁赋》的精神内质。本文立足"深度痛苦"的剖析，从"景""境""情"三个方面加以论述。

(一) 所谓"美景"，或看风景的角度

读《赤壁赋》，首先要关注景与物。只有真正理解了文本意象，我们才能逐步实现对"深度痛苦"的透彻理解。

明月美酒，佳客好诗，此为人生乐事。苏轼对美景，本就有一种真诚的热

爱——没有热爱，就不可能有精准的描写。"纵一苇之所如，凌万顷之茫然"，这种苍茫，以及"一苇"与"万顷"的对比，美不美？沈从文先生说："美丽总是愁人的。"如果我说这"茫然万顷"是一种自感渺小、迷惘的"恶之花"，可以吗？"客有吹洞箫者"，乐声引发具体想象："舞幽壑之潜蛟，泣孤舟之嫠妇。"闻弦歌而有画面，这很正常；只是何来"幽壑""嫠妇"的特殊意象？"蛟"，《说文解字》中释为"龙之属也，池鱼满三千六百，蛟来为之长，能率鱼飞，置筒水中，即蛟去"。有"率鱼"才能而不能过于约束之意。"嫠"，《说文解字》中释为"妇无夫也"，被抛弃状。隐喻之下，是否正是诗人的深重痛苦？人的情感波动，往往要基于生命的经历和体验，"潜蛟""嫠妇"正是作者内心的投射。之后的"吾与子渔樵于江渚之上，侣鱼虾而友麋鹿""惟江上之清风，与山间之明月"等景象的呈现，大致可作此论。

"桂棹兮兰桨，击空明兮溯流光。渺渺兮予怀，望美人兮天一方"，为什么在遭遇"乌台诗案"的政治迫害之后，扣舷而歌的画面，是"香草美人"这个忠君爱国、志洁才卓的意象？"山川相缪，郁乎苍苍，此非孟德之困于周郎者乎"，本是描摹山川盛景，却强调是曹操一生最惨痛之战所在地——苏轼为什么一定要用"困于周郎"这一场景呢？才高志远的苏轼，差点儿被政敌害死，此时"困于黄州"，这种冤屈不得申诉、才干不得施展的"深度痛苦"，类比古人，是不是一种合宜的寄托？苏轼从没认为自身如"蜉蝣"，那不过是愤激语、隐逸语罢了。

黄州期间的苏轼有此"深度痛苦"，是人之常情——无论是在黄州，还是在苏州、徐州、惠州、儋州，或任何地方，他都必须要寻到一个处所，一吐胸中块垒。想当初，宰相韩琦对英宗曰："轼之才，远大器也，他日自当为天下用。"谁又曾想，会有后来的"乌台诗案"，然后千里流徙，一生坎坷。

然而，苏轼毕竟是那个"东方不亮西方亮"的天才。迈克尔·J·A·豪在《解读天才》中说："天才成功之处即在于，他们借由与芸芸众生相同的基础条件，创造出无与伦比的才能。"此刻的赤壁美景，对于苏轼来说，正是一次合宜的心理缓释：他谨慎地掌握文字的魅力，写景抒怀，深刻、冷静地完成了这篇意象精美、让人读之齿颊留香的文赋。

(二)现实表达,即"矜饰"传统上的达观

古往今来之人读这篇《赤壁赋》,因文化层次、理解能力的不同,各有别解——而所有人大都能读出的"豁达洒脱",不过是此文结构之"表",是文人撰述的老练——林语堂曾评议说:"是以此爽利的体裁之真实的练达,实即选用字面之极端老练。由此兴起一种用字矜饰的文学传统,它后来变成社会的传统观念而最后成为中国人的心智之习惯。"看到没,我们擅长"报喜不报忧"。

苏轼的达观,自然也是在特定情势下的结构性表达。"少焉,月出于东山之上",开篇写月,意境阔大、苍茫,这正是苏轼的文学风度,气魄极大。之后引用"月明星稀,乌鹊南飞",也非消极慨叹,而是为了借助人事历史的变迁,引发之后"挟飞仙以遨游,抱明月而长终"的终南期望。这层层推进,正是一种"无理而妙"——与"月"同行,个体无论"渺小"(如沧海一粟)还是伟大(如曹操),每个人都还是期待长存于世,无论肉身还是思想。最后,苏轼借"客亦知夫水与月乎"的追问,用"盈虚者如彼,而卒莫消长也"作答,借月怀古伤今——是的,尽管有着那么明显的道家"隐遁"之思,但苏轼终是以"豁达洒脱"示人。"月"作为全文的结构表征,蕴藏着一种复杂的悲怆与欢喜,而大圆满的(事实或者情怀)结局是我们一贯的文学传统。

"且夫天地为炉兮,造化为工;阴阳为炭兮,万物为铜",造化弄人,不这样,又能怎么样呢?苏轼借景寄情于"取之无禁,用之不竭"的风月,"惟江上之清风,与山间之明月……而吾与子之所共适",这可见其博大淡泊、随遇而安。一篇文学作品的审美价值,正在于它所表达的不是一般的感情,而是特殊的情境。这种特殊,一定是超越惯常认识的,就像范仲淹的"不以物喜,不以己悲"或者徐志摩的"得之我幸,不得我命"一样,正是因为异于常人的认识,所以被流传。能读到这一层次,它已是一篇净化人心、美化人生的杰作。此为"矜饰",基于"深度痛苦"的结构。

然而换一个角度来看,这种"矜饰"的达观,又何尝不是怀着无可奈何的卑微与"深度痛苦"的?清代李渔《意中缘》有言:"已观山上画,更看画中山。"苏轼借助"水"与"月"来探讨一种圆融的生存方式——即像宇宙那样壁立千仞、海纳百川地

完整活着,并且努力地实现内心与外在世界的调和,其外在表现("山上画")最好是"达观"或"豁达洒脱"的——这种"矜饰",恰恰也正是一种"深度痛苦"("画中山")。

(三)互为表里,藏于"达观"后的力量

有人认为,创作《赤壁赋》的苏轼超越了人生的痛苦,而我认为黄州阶段的苏轼,第一次陷入了人生的"深度痛苦"。不知道大家有没有想过,这篇文章如果仅仅有"达观",可能无法流传如此之久、之广、之深远?如果没有足够深邃的价值内核,再美的形式都不会让人长久地共鸣。在"达观"背后,"客"慨叹人生无常,"托遗响于悲风",这样的情怀是不是苏轼内心情感的更为真实的流露?文中借助"客"所说出来的渺小、悲观,甚至忧惧,是否更贴近事实的苏轼呢?是否更具有动人心魄的魅力呢?

叶嘉莹说:"苏轼是在苦难之中完成了自己的一个人物。"很显然,苏轼没有浪费这次危难——他的思想挣扎,让我们在《赤壁赋》中得到了更多、更有情、更具有深远意义的力量——"深度痛苦"。苏轼所欣赏的天上流云星月,地上水波舟楫,都是人生之一瞬一瞥,是他劫难之后的暂时平静。然而,正是这种暂时的平静,让他能够冷静地反思整个事件,从而借助这种独特情境,解构自己的表层心理,瓦解他的惯性"矜饰",最终还是呈现了他隐藏的精神内核。

一切有价值的文学作品,都是心灵的真实发声。联系当时处境,绝顶聪明的苏轼何尝不知道自身所经历的,是关系到人生理想、政治风向的一个大事件,是人类高尚心灵与卑劣灵魂的一次可怕碰撞?他并不认同当时的历史进程,于是挺身反抗,却险些身死道消,只是侥幸逃生——此文之"里",在文末自然托出的,实是抗争之后凄苦无奈的"深度痛苦"。但是,这种内心的隐秘,又必须和表面的"达观"互为表里,以免再次带来危险。

这篇赋文,对苏轼有着重要意义。文章最后,杯盘狼藉的,不是小舟,而是"深度痛苦"的难以排遣——作者的情感投射到外物上,仿佛外物也具有了同样的情感。"相与枕藉乎舟中,不知东方之既白"之时,似是新开始,然而这不过是苏轼收

束全文的结构用意,或者说是不失赤子之心的冷峻面对罢了——我们总要继续面对一切。这也是这篇杰作的最大张力,引发后世无数人的慨叹和深思。

编选《唐宋八大家文钞》的茅坤曾言:"予尝谓东坡文章仙也,读此二赋,令人有遗世之想。"若主旨是达观、洒脱,《赤壁赋》会让人"有遗世之想"吗?苏轼三个月后又创作的《后赤壁赋》有言:这时候的赤壁与上次相比,几乎认不得了,"草木震动,山鸣谷应,风起水涌",让作者"亦悄然而悲,肃然而恐,凛乎其不可留也"。还梦见一道士化鹤,问他:"赤壁之游乐乎?"唯余"惊寤"罢了。此处苏轼摹画联结的"孤鹤""道士",是明显不过的"逃遁隐退"之意了——不是因为痛苦,苏轼又岂会总想着隐逸?苏轼的书法一向洒脱自由,唯有这篇写给傅钦之收藏的《赤壁赋》作品,却拘谨生涩——这也正是这一阶段他内心的真实投射:他的"深度痛苦"没有避讳挚友,展现在了字里行间。

《赤壁赋》教学实录

(一)导入,了解学生眼中的苏轼

师:在同学们的眼里,苏轼是个什么样的人?请填表。

幻灯片展示:

印象	依据
洒脱、达观	1.老夫聊发少年狂,左牵黄,右擎苍。 2.欲把西湖比西子,淡妆浓抹总相宜。
消极、悲伤	人生如梦,一尊还酹江月。

师:借这张表,可以看到你们对苏轼的了解。今天,我们学习《赤壁赋》,再来看看中学语文课堂上这个无法回避的文人。

(二)初读文本,整体感知

师:请大家自由朗读课文。

朗读时思考以下两个问题:《赤壁赋》哪一部分给你留下了深刻印象？留下了什么样的印象？

(生自由朗读)

生:我对第1自然段"少焉,月出于东山之上,徘徊于斗牛之间"这部分的写景印象深刻。水面宽阔,给人自由之感。

师:"纵一苇之所如,凌万顷之茫然",辽阔,自由。

生:从"且夫天地之间,物各有主"到"而吾与子之所共适",让我看到了一个洒脱、旷达的苏轼。

师:噢,我们看到一个洒脱、有所舍弃的苏轼。

生:"况吾与子渔樵于江渚之上,侣鱼虾而友麋鹿……"这几句让我想到"一世之雄"的曹操,到现在也已经成为过眼云烟;曾经的战场,也已经成为我们"渔樵"的天地。这给人强烈的时过境迁之感。

生:"寄蜉蝣于天地,渺沧海之一粟"蕴含着作者内心的多重悲伤—— 一悲人生苦短,二悲个体渺小,三悲英雄永逝,四悲自己壮志未酬。

生:最后一个自然段,让我感觉苏轼很是拿得起放得下。

师:放得下——如果用最后一个自然段的某个字概括,你觉得哪个字合适?

生(略思索):"喜"最好,或者"笑"。

师:都可以,"喜"能直接表达感情。

生:我对第2自然段的情感转折印象很深。由"饮酒乐甚"转到箫声"呜呜然",很悲伤。

师:好,大家的着眼点并不一样,但通过这样的交流,我们基本完成了文本初读。整篇《赤壁赋》讲了一件什么事情?请用文章中的一句话回答。

生(齐读):"壬戌之秋,七月既望,苏子与客泛舟游于赤壁之下"。

师:我把这件事的过程用线条画一下,这样文章的脉络可以看得很清楚。下面我们就着这个图再来理一理。

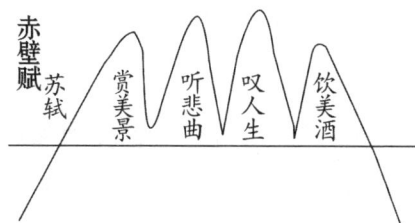

师:第 1 自然段,除了泛舟,他们还做了什么事情?

生(齐声):饮酒诵诗。

师:这时候的心境,如果用文章中的一个字来概括,用哪个?

生(齐声):"乐"。

师:紧接着,箫声起,情感也由乐转悲。再下来,刚才同学已经说了,是"客"在解释悲的内容、悲的原因。那再接下来呢?

生:苏轼开解他,给他讲道理,最后"客喜而笑"。

师:到这里,我们对照文章的脉络,将人的情绪再理一下。赏美景时,人是乐的;听悲曲时,人是悲的;叹人生,是主客问答,妙解人生苦悲;再饮美酒,人复喜。

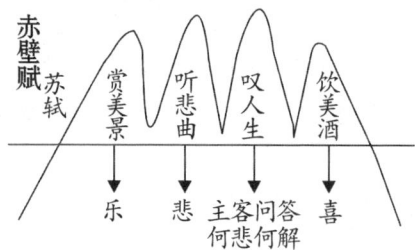

师:至此,我们大致将文章脉络、文中情感的变化理了一遍。老师的问题是,我们是不是已经透彻把握了苏轼在《赤壁赋》中的思想感情了呢?

生(小声答):是。/不是。

(三)深度阅读,理解其"痛"

(幻灯片展示海明威的冰山理论)

师:苏轼的这篇《赤壁赋》,是不是也像海明威说的,只有八分之一的情感直接表现在笔端?这个需要我们再逐层仔细去推敲。

接下来我们做个情境问答:1101 年,就在常州,在苏轼去世前两个月,你遇到了这位 66 岁的老人。关于《赤壁赋》,如果你可以向他提一个你最想问的问题,你会问他什么?

注意,各位不仅要做读者,更要做苏轼。当一个问题出来之后,我们就要化身为苏轼,来回答同学提出的问题。现在,我们再把文章读一读,想想提个什么问题。

(学生阅读,讨论)

生:我的问题是"挟飞仙以遨游,抱明月而长终。知不可乎骤得,托遗响于悲风",这两句话似乎表达了想和神仙一样与世长存的想法,您为什么期待活那么久呢?

师:哪位"苏轼"来解答?

生:这不是期待活得更长久,这是我要有所抱负而现实却不得的悲慨。

生:文中您说"取之无禁,用之不竭",您到底"取"什么,"不取"的又是什么?

生:要"取"的是江上清风与山间明月;"虽一毫而莫取"的,自然是人世间的各种俗务、功名。

生:我想问的是,"水月"之喻中,"物与我皆无尽也",这种"无尽"是什么?

生:这种"无尽"是自然,当然你也可以认为是一个人的精神追求。

生:您一边"渔樵于江渚之上",一边想到英雄曹操,您写曹操的目的是想表达自己内心的悲伤吗?

生:你可以这么理解。(生笑)

生:就像《念奴娇·赤壁怀古》用风华正茂的周瑜对比自己的"早生华发"一样,苏轼这里写曹操,也是匠心独运的选择,是用曹操的气派与自己的落魄处境形成对比。

师:请以苏轼的身份回答。

生:老夫(同学笑)是从曹操身上看到了自己,我也曾志得意满,意气风发,就像"横槊赋诗"的曹操;而"乌台诗案"让我遭遇了人生的大困顿、大转折,人生由此陡转而下。赋中感慨曹操,其实悲自己也。

生:你们说得太精彩了! 不过,我感觉文中"客"的思想和苏子有很大的相似性,我想问问这个"客"是否真的存在,存在的话,"客"又是谁?

师:主客问答是赋体文常用的表达方式,那么到底有没有人陪着苏轼一起泛舟呢?哪个"苏轼"来解答一下?

生:你要理解真有"客"就错了,是我借"客"之口在表达另一个自己。

生:"客"是苏轼头脑中的另一种思想。"客"有一些悲伤、消极的东西,但苏轼又是豁达、开朗的。这是自己与自己对话。

师:大家好像更赞同"客"是虚构的。其实,"客"是虚构的还是真实存在的,对理解文章都没有实质的影响。从大家的一问一答中,我们能够体会到苏轼借《赤壁赋》所表达的那种"痛"很深沉,我们要靠反复阅读、揣摩、想象与推理才能深味。这一点,还是要回到文章中,看看从每一自然段的文字中,我们是否能够发现苏轼的痛苦?

生:"纵一苇之所如,凌万顷之茫然",小船如"一苇"般渺小,而江面却万顷,这本身就有对自身渺小的悲慨。

生:第2自然段"渺渺兮予怀,望美人兮天一方","美人"即君主。苏轼真正悲伤的原因是无法得到君主的理解。这是他的一大心病,所以后面就借曹操的例子来表达自己的遗憾。正是这一点,让苏轼更悲苦,这才有第3自然段的客问,才有苏轼自己"沧海一粟"的悲慨。

师:非常不错。"美人"在中国古典文学中,一般有三种指代:一是美好品质,二是政治理想,三是君主。这里"望美人兮天一方","美人"在天边,求而不得,自然会产生悲伤。洞箫之悲恰恰是因歌而起,并不是没来由的。你将第3自然段也纳入进来,讲苏轼的痛苦,很好。

如果去找,我们在每一段文字中都能看到苏轼的悲伤。那么,苏轼有没有被彻底治愈呢?

生:他无法彻底治愈。最后一个自然段,"客喜而笑,洗盏更酌",我觉得这不是开心,还是借酒消愁。

生:任何人的内心都是隐秘的,也许在杯盘狼藉的一瞬间,苏轼已经物我两忘了。

师:哦,即便苏轼"痛苦",即便我们看到了苏轼的"痛苦",实际上我们还是无法完全看清苏轼,无法完全了解他有多"痛苦"。但我们可以得出苏轼的痛苦是深刻或者深度的,这一点看来是能成立的(边说边板书)。

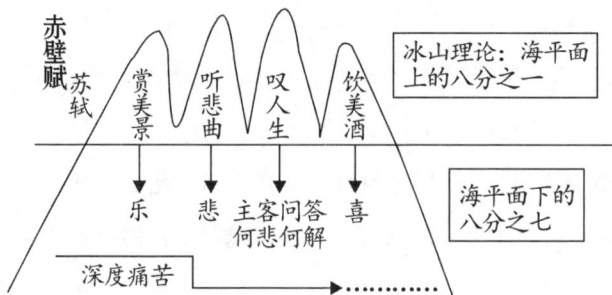

(四)追问《赤壁赋》书写的意义

师:所以,苏轼值得我们不断去理解和追问。再看看苏轼自己是怎么说的:

幻灯片展示:

友人傅钦之遣人云向苏轼求取新稿,苏轼抄录《赤壁赋》给对方的同时,附上一篇跋,他在跋中这样说道:"轼去岁作此赋,未尝轻出以示人,见者盖一二人而已……多难畏事,钦之爱我,必深藏之不出也。"

生:对比阅读,我能看出忧惧与不快乐对一个人的影响。苏轼也是人,概莫能外。再回头看《赤壁赋》全文,感觉苏轼的痛就更深了。

师:我们可以以将此作为苏轼书写《赤壁赋》一文的意义吗?

生:当然可以。苏轼有强烈的感情、深刻的痛苦需要表达,于是我们如今就看到了千古名篇《赤壁赋》,这也是意义之所在。

师:照此去理解,苏轼的这篇赋,能带给我们什么?

生:我从苏轼身上,感受到了一种真正的大智慧——对人生困厄的豁达。

生:我想苏轼会让我今后在人生的一些关键阶段,有勇气面对困难和挫折。

生:也许没有这种表达,苏轼就不是我们今天看到的苏轼了,书写让苏轼在人生困顿中获得了呼吸的空间。

师:你们的阅读收获真让我感动。我们这堂课梳理了《赤壁赋》的结构与情感线索,探讨了苏轼的痛苦,明白了苏轼书写的意义,如果用一句话总结,即如林语堂所言,无论我们在快乐的时候还是在痛苦的时候,都可以读读苏东坡。

二、《离骚》(节选)教学策略

《离骚》是我国"逸响伟辞,卓绝一世"的浪漫主义抒情长诗。统编版高中语文教科书选择性必修下册第一单元节选了《离骚》中的两个章节,作为古典诗歌、浪漫主义文学传统的典范之作,要求学生围绕"诗意"的探寻展开研习,认识古典诗歌的各方面价值。

基于此,我所设计的《离骚》(节选)的教学,一方面旨在促进学生理解《离骚》独特的语言艺术,把握其节奏韵律、表现手法、艺术风格等;另一方面旨在借助品味诗歌之美,与诗人对话,理解《离骚》的当代价值和屈原的人格魅力。然而,在教学中,因为大部分学生与屈原处于"一开始时不相等的理解程度",缺少共情,又因节选部分的手法生僻、时空远隔等,学生与这部杰作之间存在较大隔膜。那么,如何通过课堂实践,将读者与作者之间这种"不相等的理解力克服到一定程度之内",实现阅读的融通,透彻理解作者的情感情怀呢?知名学者徐复观认为,"读者对作品要一步一步地追到作者创作时的心灵活动状态,才算真正说得上是欣赏",才能真正打通作者和读者的隔阂。此言得之。

考虑到这首诗特定的艺术表达形式,我确定了以"还原诗歌情感"为切入口,以"深度理解情感"为主体的"项目化学习"教学思路,围绕文本解读的核心问题,设置情境,引导学生逐步介入文本,开展真实的探究活动,缩短与诗人的情感距离,与诗歌、诗人进行深入对话,力求深度理解诗歌内涵和社会价值。主要分三阶段,有策略地开展课堂教学:一是诗歌的整体把握与片段(包括字、词、句、段)剖析相结合,梳理诗歌情感脉络,找出学生解读与选段情感的差异;二是立足学生理解上的差异,深度剖析诗歌意象,还原诗歌深层内涵;三是结合《离骚》创作的民族文化心理,激发学生内心的民族自豪感,激励学生主动探讨《离骚》的深层价值意义。

(一)文本脉络"项目化学习":还原作者情感

项目化学习要求我们围绕一个具体的综合性问题,在解决问题的过程中习得知识、技能,提升学科素养等。

　　在阅读《离骚》(节选)时,学生会较为明显地受其原有审美经验、历史认知和思想情感的影响。品读《离骚》(节选),学生的情感认知与诗人所表达情感之间的偏差,大多是出于社会时代环境的巨大变迁、精神价值的时空差异等。为了精准地理解诗歌内容,在字词串讲和整体性翻译疏通之后,我设计了"仔细品读《离骚》第二章,画出诗人情感变化曲线图"这一活动,要求学生结合诗歌第二章,标画情感变化曲线图(见下图)。这一环节的设置,目的是有效引导学生梳理诗歌情感,以图像直观呈现学生对诗歌理解的透彻程度。

　　①扈江离与辟芷兮,纫秋兰以为佩。
　　②汩余若将不及兮,恐年岁之不吾与。
　　③朝搴阰之木兰兮,夕揽洲之宿莽。
　　④日月忽其不淹兮,春与秋其代序。
　　⑤惟草木之零落兮,恐美人之迟暮。
　　⑥不抚壮而弃秽兮,何不改此度?
　　⑦乘骐骥以驰骋兮,来吾道夫先路!

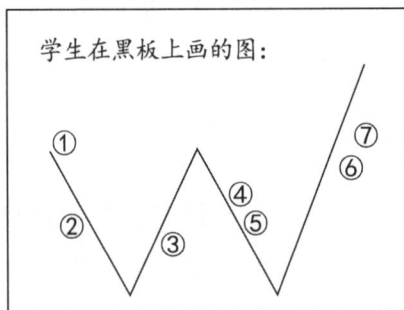

学生在黑板上画的图:

　　在这一教学阶段,我同时设计了"为曲线图做注解"这一研习活动,旨在引导学生准确、有逻辑地表达所把握的诗歌情感,锻炼语言组织能力;也促使学生将直觉感知转化为理性表达,锻炼逻辑思维能力。经过个人初画、小组研习两个阶段,学生很快达成了较为一致的认知。结合上图,学生整体上认为,诗人的情感经历了从低沉到高昂的两次起伏:一开始,屈原在介绍自己的出身时情感是高昂的,到他借"香草"比喻自己的情操时也还比较骄傲;到了"汩余若将不及兮"时,感慨时光易逝,情感变得低沉。又到"朝搴阰之木兰兮,夕揽洲之宿莽"感觉和前面一样也是比喻自己品行高洁,所以情感又有些上扬。后面"日月忽其不淹兮,春与秋其代序。惟草木之零落兮,恐美人之迟暮",也是在悲叹时光流逝,年华易逝,情绪悲抑。"不抚壮而弃秽兮""乘骐骥以驰骋兮"两句从反问和感叹中,看得出屈原劝诫君王时,拳拳爱国之心达到了最高峰。通过这一教学环节的活动,学生借助分析交流活动,基本上能够准确理解《离骚》(节选)中,屈原独自芬芳的高洁情操、时不我待的哀时悲慨和功业未就的遗憾。

但就学生所画的曲线图细节而言,与教师的预设有一定出入,主要表现在情感转折点的标画上。在学生的图表中,诗人的情感是高低起伏的,只在最后两句才有情感的激烈迸发。而实际上,屈原的情感是在回环往复的过程中渐趋深沉的,其情感强度是逐渐加剧的,因此两次情感转折的位置应有差异。由此可见,学生对诗人情感的理解还停留在表层,只能通过文意大致辨析出诗人情感,却无法深入文本,进而深度分析诗人情感在变化过程中展现出的结构性差异。如第②句的哀时之悲主要是诗人自我悲慨,而第④⑤句的哀时悲慨则延伸到世间万物,其悲慨更深一层,但学生却认为这两句的情感一致。同时,在"为曲线图做注解"的过程中,学生也暴露出了文本情感分析与诗人真实情感的距离,在做注解时,学生对屈原采摘香草的两句诗歌,理解不透彻:大部分学生能看出"托物言志"这一手法,但深入追问却发现学生并没有与诗人产生共情,对"江离""辟芷""木兰""宿莽"以及后面出现的"蕙""茝"等多种香草的理解,仅限于课本页下注释所给出的"答案"。

(二)意象蕴涵"项目化学习":深度理解情感

学生理解与诗人情感的距离,显示了学生对于意象的准确理解方面存在偏差。诗歌意象,是诗人人生遭遇和情感寄托的凝聚;在阅读古诗时,读者所处的现实情境和原有认知,往往会对古诗词的意蕴造成遮蔽。这时候,我们就要发现"项目化学习"的第二个核心问题:怎样厘清文本的重要学习目标。就《离骚》(节选)的教学而言,"香草"作为其核心意象,熔铸着诗人的深刻情感,是理解诗歌的关键。而要想真正理解"香草"的内在意蕴,必须引导学生打破时空距离,还原诗歌创作时的真实情境,以屈原的眼光去体会诗中的"香草"意象,把握其深层内蕴及结构,进而追寻诗人创作的即时情感。我们需要基于这一目标,设置支架,从学生的原有认知出发,设置探究问题,创设理解情境,将翻译过程变成任务驱动式言语实践活动,在有层次、分目标的交流研讨中达成对意象的完整理解。

1.还原意象"初形象"——"香草"深层意蕴剖析。

教材选段一共涉及五种香草:江离、辟芷、秋兰、木兰、宿莽。尽管课本上有页下注释,但学生对这五类草木的认识仍然是模糊生疏的,理解的隔阂也由此产生。对意象的理解模糊不清,必然会对诗歌情感产生一些"成见"或者"偏见"。"项目化学习设计",就是鼓励学生依循作者所处时代和社会背景,搜集整理资料,缩小读者与作者的距离,在课堂上还原诗歌创作的那时情境。

课堂上,我结合学生自制的"香草"信息档案卡片,通过三个小问题组织研讨,引导学生揭开"香草"真面目,缩小学生与屈原的认知距离:

(1)请同学用多媒体展示课前预习作业:为《离骚》中的植物制作信息档案卡片。

(2)江离、辟芷、秋兰、木兰、宿莽,五种香草各有什么特质?又有什么共同特征?

(3)假设你是屈原,解释一下,在万千草木中,你为何独独选取这五种"香草"?

第一个问题促使学生通过课前查阅及课堂分享,了解香草的本来面目,减少了与诗人的认知差异。第二个问题由第一个问题衍生,从"香草"物象,复归到"香草"意象,在转换中促使学生开始追随诗人的心境,力求将意象融入诗歌内容,全面理解诗歌的意蕴。第二个问题提出后,不少学生能从屈原的生平遭际、理想志向、香草的特性、当时的楚国现实等多方面分析五种"香草"包含的多重意蕴。学习过程就是如此:既然往前的深度理解有困难,我们就要学会迂回——在此往回走的"项目化学习设计"过程中,学生通过对"香草"的本相和意象理解,使"成见"和"偏见"得到修正,使诗歌表层含义和诗人真实情感得以逐步显现。第三个问题,让学生从分析到表达,通过对"香草"意象的分析与理解,强化学生对屈原高洁情志的把握。

2. 深入理解"结构化"——意象的组成分析。

初步理解了意象,我们还要进一步理解,情感不仅源于意象本身,也源于诗人对意象的结构化组织。这是"项目化学习"的最大特点:避免碎片化学习,实现整体化理解。屈原通过对意象的不同安排,使诗歌呈现出一种回环往复又渐趋深入的情感模式。根据学生所画图可见,他们对诗人情感的理解还停留在浅层,不能对诗人的情感进行深度还原和体验、理解。因此,在引导学生对诗歌情感"项目化学习"时应将学生的浅层理解推向深层理解,缩短学生与诗人所建构的情感世界的距离。

在教学中,为了化繁为简,帮助学生找到深度理解诗歌的切入口,我依旧借助学生的图提问:"请大家再次来看图中情感变化趋势中对应的诗句,思考能否把表达相近情感的诗句进行调换?"这个主问题的提出,推动了全体同学对诗歌情感的再次剖析。课堂上,师生主要探讨了两处诗句的调换问题:

(1)能否将"扈江离与辟芷兮,纫秋兰以为佩"和"朝搴阰之木兰兮,夕揽洲之宿莽"调换顺序?

(2)能否把"汩余若将不及兮,恐年岁之不吾与"和"日月忽其不淹兮,春与秋其代序。惟草木之零落兮,恐美人之迟暮"调换顺序?

探讨中,学生开始由浅层感受过渡到深层理解,有少数同学分析到了诗句与诗人情感的逐层深入和积聚迸发的特点。有两三个同学结合之前的"香草"信息档案卡片,运用"还原香草意象"的方法,指出木兰、宿莽具有"生命力更顽强"的特性,认为"朝搴阰之木兰兮,夕揽洲之宿莽"中,蕴含着屈原坚贞不屈的终极意志。探究第二个问题时,有不少学生从表示时间的字词入手,指出从"年岁"到"日月""春秋"的变化,展现了诗人日渐不安的哀时情绪和时不我待、功业未就的深重愁思。根据学生的见解,我进行了追问:"第②句与第④⑤句分别是通过什么意象来传达时光易逝的悲慨?有何差异?"学生很快发现"汩余若将不及兮,恐年岁之不吾与"主体为"余""吾",表达的是诗人的个人愁思;而"日月忽其不淹兮,春与秋其代序。惟草木之零落兮,恐美人之迟暮"的主体为日月、春秋、草木、美人等客观事物,哀时之思由个体延伸至世间万物,由世间万物定位到君王国运,更显诗人悲慨之深,更明显地表达了一种宏阔的时代感喟。

　　经此过程,学生已然对诗歌有了更深的理解,我又提出了新问题:"结合刚刚的分析探讨,将图进行优化。"于是,学生再次感受到屈原渐趋深沉的炽烈爱国情感,体会到屈原在深沉的哀时悲慨中仍然保持芬芳悱恻的高洁忠贞之情,以及"来吾道夫先路"的积极政治理想。这样,我借助螺旋上升、有梯度的项目化活动,让学生在活动中实现了知识、技能的融合,获得了深刻的学习、理解的体验。

(三) 文化心理"项目化学习":融会古今共情

　　《离骚》熔铸了屈原独特的人生遭遇、砥砺不懈的求索精神、独立自醒的高洁情操和忧国忧民的爱国情怀——这种普遍性的遭遇与情感,在后世不断得到回响,激励着中国士人永远保持着对理想的执着追求,对家国民众的深沉关怀,并由此形成了我国一种重要的文化心理机制。在《离骚》(节选)的教学中,教师不仅要重视对文本的解读,更要引导学生把握此文穿透时空的文化传统,理解《离骚》的文化价值,并联系自身体验阐述其精神意义。

　　由于屈原身上所体现的精神内涵过于厚重,与学生的思想实际相距较远,同时新课标也指出,语文教学应建立在学生"真实的语言运用情境中"。所以在教学中,我努力将这种文化心理与学生真实的情感体验联结,促使他们从优秀的作品中汲取力量,提高自己的品格素养和精神境界。课堂上,我结合学生对意象的研讨,以"屈原的选择"为切入点,引导学生探讨屈原追随理想的无悔精神,主要设计了两个主问题:

　　(1)屈原有治国之才却"信而见疑,忠而被谤",这种遭遇是古代文人的常有遭遇。我们知不知道与屈原遭遇类似的士人? 他们都是选择以哪种方式对待这种"士不遇"的遭遇的?

　　(2)屈原长留楚国,以身殉国。在当时,他有没有其他出路? 你是否认同屈原的这种选择?

　　第一个问题联结学生的已有学习经验,学生联想到了李广、陶渊明、李白、苏轼、岳飞、辛弃疾等人在人生失意时的抉择,思考他们的共同之处,感受中国士人对政治理想的执着,其源头正是屈原的抉择。第二个问题让学生介入历史情境中,再次思索屈原的选择,让学生进一步感受到屈原精神的崇高和难能可贵——尽管有一小部分学生希望屈原明哲保身或择良木而栖,但更多同学高度赞扬了屈原心系家国、为理想殉身无悔的精神。这种情感态度的冲突,正促进了学生自身情感体验与屈原的人格品质的融合,使学生也从屈原身上汲取精神力量。

黄厚江在《为谁而问——也谈阅读教学中的问题提出》一文中提出:"阅读教学中,提问的最直接的目的就是引导学生阅读文本、感受文本、思考文本。"教学《离骚》(节选)时,我始终立足文本,立足项目化活动的设计,将学生对诗歌的粗糙认知,整合为明确的语言表达,带领学生逐步剖析诗歌语言、意象、情境,引导学生追随诗人的情感发展过程和亘久精神价值,逐步理解诗歌的深层情感,理解诗歌的文化价值和精神力量。经过以上三个环节的教学组织,我和学生都认识到:《离骚》的价值,体现在各种意象的叠加和递进中,体现在屈原当时抉择的精神意义上,更体现在它对后世的长久激励,以及对当下精神传承的价值上。

教学延展

《离骚》(节选)教学实录

师:同学们,今天我们来学习一篇我国古代最长的抒情诗——《离骚》,其作者是众所周知的屈原。课前老师做了一个小调查,发现在大家心中的屈原形象各有不同,主要有三类观点,我们来看一下:

幻灯片展示:

在我的印象中,屈原是一位_____的诗人。

爱国

伟大

浪漫抒情

现在老师想就每类观点请一位同学来简要谈谈自己的理由。你先来说说。

生:我认为屈原是一位爱国的诗人,因为他对楚国很忠诚,最后投河自尽、以身殉国。

师:从屈原以身殉国的行为,我们能感受到屈原对楚国的深爱。那他生平呢?

还有哪些地方让你觉得屈原很爱国?

生:屈原不被君主重用时仍然留在楚国,他本来可以像廉颇一样离开本国去其他国家,但他不但没有那么做,反而一直很关心国家大事和楚国人民。

师:的确,在春秋战国时期,楚才晋用是非常常见的现象,但是屈原却至死不愿离开,这种爱国情怀非常难得。那位同学,你为什么认为屈原很伟大呢?

生:首先因为他很爱国,其次,他有一句诗说"举世皆浊我独清,众人皆醉我独醒",我认为在那乱世中还能这样高洁很难得。而且他的《离骚》流传千古,经过了千年,我们还要来学习,这不是每个诗人都能做到的。(生笑)

师:嗯,叙述很有条理。屈原作为我国诗歌源头的一位重要诗人,对后世产生了极大影响,的确非常伟大。

刚才三位同学主要从屈原自身的人格品行和人生经历中感受到了他的爱国与伟大。现在我们来看一下司马迁对于屈原的记述,认识一下屈原。

幻灯片展示:

屈原者,名平,楚之同姓也。为楚怀王左徒。博闻强志,明于治乱,娴于辞令。入则与王图议国事,以出号令;出则接遇宾客,应对诸侯。王甚任之。……

屈平疾王听之不聪也,谗谄之蔽明也,邪曲之害公也,方正之不容也,故忧愁幽思而作《离骚》。……屈平正道直行,竭忠尽智,以事其君,谗人间之,可谓穷矣。信而见疑,忠而被谤,能无怨乎? 屈平之作《离骚》,盖自怨生也。

我们可以看到屈原与楚国王族同姓,出身高贵,有良好的治国才能。但却因小人谗言而两遭放逐,最终投身汨罗。一位伟大的爱国诗人由此陨落,但他的诗篇却千古传诵。有不少同学还关注到了屈原的诗人身份。哪位同学能说说为什么屈原被认为是浪漫主义诗人吗?

生:他在诗歌里面写了很多花草,这些草都很美丽。还有最后他说"乘骐骥以驰骋兮,来吾道夫先路",他此时已经被放逐,还说要为君王带路。我感觉他很浪漫天真。

师:那你是从哪里觉得他是一位抒情诗人呢?

生:因为在读课文的时候感觉诗句里情感很浓厚,尤其是读"惟草木之零落兮,恐美人之迟暮"的时候,感觉屈原的悲哀非常深沉。

师:很好,你抓住了诗歌非常重要的一个特质——情感。那么你能为大家有感情地读一读这首诗吗?(读得很有感情,众鼓掌)

师:从掌声中就能感受到大家被他的朗读打动了,现在老师给大家两分钟时间,大家自行默读课文,待会儿我们全班一起来朗诵这篇《离骚》。(两分钟后全班集体朗诵)

师:既然《离骚》是一篇抒情诗歌,那么通过刚才的朗读,大家读到了哪些情感呢?从哪里感受到的?

生:我感受到了屈原对时光易逝的悲叹,他在诗歌中好几次都发出了这种感叹,比如"汩余若将不及兮,恐年岁之不吾与"还有"日月忽其不淹兮,春与秋其代序"。

师:对时间流逝的感叹悲慨的确是此诗中一大情感,还有其他情感吗?

生:还有一种对君王的劝诫和希望的情感。最后两句就是屈原在劝君王要远离小人、任用贤能,希望国家能富强。

师:很好,而且从其反问和感叹语气中,我们也能感受到屈原这种强烈情感。

生:我认为屈原既有对自己家族的自豪之情同时还有点自恋。

师:从哪里看出?

生:在文章的开头屈原就说自己出身高贵、生辰吉利、名字美好,这里就可以看出屈原对自己的身世很自豪,同时也有点自恋。后面还说他采很多花草,感觉他非常爱惜自己,有点自恋。(众生笑,有生举手)

生:我不同意刚才那位同学的说法。屈原采花草并不是自恋,我查了资料,古人本来就有佩戴芳草的习惯,而且页下注释也说这比喻自己操行高洁,我认为这里说明屈原洁身自好。

师:功课做得很充足,古代的确有一种佩戴草木的习俗,比如香囊其实就是这种习俗演化而来的产物。不过刚才你提到"页下注释"说香草比喻屈原品行高洁,那你自己认为呢?为什么佩戴香草就比喻屈原的品行高洁?

生:我也不太清楚,可能是因为这些草都很芬芳,就像诗人的品行一样。

师:有一定道理,不过还不够全。我们知道在使用比喻时一般有两点要求,要么本体与喻体之间有一定的相似性,要么二者之间有什么联系。要弄清屈原为何选择香草,那我们首先应该先看一看这些香草本身有什么特质。课前老师布置大家查阅香草的资料,有哪位同学愿意来分享一下吗?

生:首先这些香草都有香味,还能作为中药治病,还有就是它们的形态都很美。

师:很好,找到了三个共同点,芬芳润泽、有医药价值、清新淡雅的形态美。还有同学要补充吗?

生:它们都长在僻静的水边或者山里。

师:哦,这些香草的生长环境大部分都很幽僻。那么这些香草的特点和屈原之间有什么相似性或联系吗? 同学们思考一下。

生:这些香草都有医药价值,可以治病救人,而屈原也有治国救民的才能。

师:也就是说这些香草比喻屈原经世济民的美好才能,所以上文才说"又重之以修能"对吧?

生:是的,还有这些香草形态清洁淡雅和屈原的"出淤泥而不染"的品质一样。

师:非常好,其他同学呢? 有什么发现吗?

生:这些草都很芬芳,可以去除污秽,跟下文的"不抚壮而弃秽兮"对应,说明屈原希望像这些香草一样为国家驱除污秽。

师:嗯,香草不仅可以增加自己的美好品质还可以驱除污秽,所以屈原不仅要独善其身,更想要兼济天下,使整个国家都变得芬芳。还有其他观点吗?

生:这些香草生长在幽僻之地跟屈原被放逐的情形很相似,可能是屈原自喻现在的遭遇。

师:哦,所以这里可能也有一种自叹身世的意味在里面。而从另一方面来说,香草虽然生于幽僻之地,却仍自己散发着芬芳,这与屈原遭遇流放却仍保持着高洁情操也是相似的。

所以当我们将香草与屈原联系起来的时候,就会发现这里的香草已经不再是毫无生机的植物,而是寄寓着屈原美政理想和高洁情操的意象。从情感基调上来说,总体还是比较高昂向上的。但是之前也有同学读出了《离骚》的悲慨。那么大家能不能找一找屈原在诗歌中的情感变化呢? 请大家画一个屈原的情感变化图。

生:

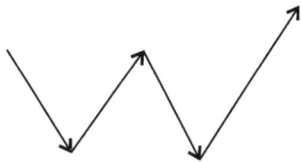

师:你能为大家解释一下这幅图吗?

生:一开始屈原在介绍自己的出身时情感是比较高昂的,到他借香草比喻自己的美好情操时也是比较昂扬的。但是到了"汩余若将不及兮"的时候感慨时光易逝,情感就变得低沉向下了。而在"朝搴阰之木兰兮,夕揽洲之宿莽"感觉和前面的一样也是比喻自己品行高洁,所以情感向上。后面"日月忽其不淹兮,春与秋其代序。惟草木之零落兮,恐美人之迟暮"也是在悲叹时光流逝,年华易逝,情感向下。最后两句从反问和感叹中看得出屈原劝诚君王时的感情非常强烈,达到最高峰。

师:分析非常细致,情感趋势把握得很准确,但是也有一些小瑕疵。有哪位同学发现了吗? 提示一下,可以关注情感转折点之间的位置,屈原的高昂和悲慨情感是循环的吗?

生:"朝搴阰之木兰兮,夕揽洲之宿莽",不应该与之前的"扈江离与辟芷兮"一句一样,应该再向上画一点。因为我感觉木兰和宿莽比前面的香草要珍贵,所代表的情感也比之前的程度更深。

师:为什么这样说?

生:木兰去皮不死和宿莽经冬不枯,两者共同点是生命力都很顽强,但前面的辟芷之类没有这种特质。

师:那么这里木兰和宿莽生命力顽强的特质,和屈原有什么联系呢?

生:应该是屈原那种坚贞不屈的品格,像木兰和宿莽一样不畏谗邪。

师:分析得非常透彻,这一处的香草还代表着诗人坚贞的品质。正因为在前文"汩余若将不及兮,恐年岁之不吾与"中屈原感到时光流逝、岁不我与的悲慨,所以在这里屈原不仅追求香草般的高洁品行,还要像木兰与宿莽一样坚贞不屈。所以情感更加坚定。

师：在这里我们可以看到，屈原在他的诗歌中打造了一个多么美好的香草意象体系，而这些意象与其美好高洁的品质，以及对美好理想的追求是息息相关的。

幻灯片展示：

朝饮木兰之坠露兮，夕餐秋菊之落英。

制芰荷以为衣兮，集芙蓉以为裳。

杂申椒与菌桂兮，岂惟纫夫蕙茝！

王逸在《楚辞章句》中这样说："《离骚》之文，依《诗》取兴，引类譬喻。故善鸟香草，以配忠贞；恶禽臭物，以比谗佞……"

师：这些香草意象对我们后世的传统文化产生了重要影响，比如我们上学期学的《涉江采芙蓉》中"涉江采芙蓉，兰泽多芳草"不就是用"芙蓉"和"芳草"来比喻诗人情感的坚贞美好吗？《红楼梦》中为何林黛玉的前世是绛珠仙草，为何贾府女子们的悲剧是"千红一哭"这些都与屈原创造的香草传统有关。那么除此之外，还有需要修改的地方吗？（生沉默）

师：既然没有，那老师是不是可以对这首诗做一个修改？我把"汩余若将不及兮，恐年岁之不吾与"和"日月忽其不淹兮，春与秋其代序。惟草木之零落兮，恐美人之迟暮"调换顺序，反正两句都是感慨时光易逝，句意和情感也没有多大改变。同学们觉得这两处可不可以换顺序？

生：不可以。

师：为什么不可以？（生沉默）大家思考一下这两句中所悲的对象是一致的吗？情感的深度是一样的吗？

生："汩余若将不及兮"一句主体是屈原，他自己感受到时光流逝，而后面"日月忽其不淹兮，春与秋其代序"讲的是自然界的客观现象，"惟草木之零落兮，恐美人之迟暮"中屈原不仅为自己悲伤还为其他事物的年华易逝悲伤。

师：你从哪些字词可以看出？

生："汩余若将不及兮，恐年岁之不吾与"中"余"和"吾"都是指诗人自己；"日月忽其不淹兮，春与秋其代序。惟草木之零落兮，恐美人之迟暮"里面的日月、春秋、草木、美人都是客观的事物。

师:观察力非常敏锐! 抓住了非常重要的几个意象。我们一起来看一看。"日月忽其不淹兮,春与秋其代序",暮去朝来,春去秋往,短短十几个字浓缩了这么长的时间,不禁让人产生一种时光飘忽、生命短促的感受。在这里,屈原不仅为自己而悲,还为草木、美人而悲。这里的草木和之前我们提到的辟芷、木兰之类的草木有何区别?

生:这里的草木包含了前面的辟芷、木兰之类的。

师:所以在这里不是一种草木凋零,而是万木凋零,所有的事物都会向草木一样凋零,像美人一样迟暮。而这种对时光易逝的悲慨在后世文学中也很常见。哪位同学能举一个例子?

生:《短歌行》里的"对酒当歌,人生几何? 譬如朝露,去日苦多",还有《长歌行》里的"常恐秋节至,焜黄华叶衰"。

生:《赤壁赋》中的"哀吾生之须臾,羡长江之无穷"。

师:所以我们可以看到从屈原这里延伸的另一个诗歌传统——哀时伤秋。那么屈原、曹操、苏轼他们为何会这样恐惧时间流逝呢? 为何会产生这样深刻的悲哀呢? 大家讨论一下。

生:因为他们都功业未成,没有完成自己的理想。

师:陶渊明有一句诗"日月掷人去,有志不获骋"。为什么我们常感觉时光易逝,正是因为没有在合适的时间完成自己的志向理想,所以才会感到岁月抛弃你往前奔流,你的生命在不断落空。这是一种古往今来的共同悲慨。那么屈原就沉沦在这种悲哀之中无法自拔吗? 他后面怎么说的? 大家一起读一下,"不抚壮而弃秽兮——"

(生读)

师:读得气势充足,比第一遍读得还要昂扬。为什么最后这两句的语调要这么昂扬呢?

生:因为我感觉在这里屈原是在说尽了自己的所有的感慨之后再来劝君王了,有一种破釜沉舟的感觉。

师:也就是说前面屈原的情感变化为这里的情感造势,使得这两句情感更加坚定,对吗?屈原为何伟大,老师认为正在于此。屈原在尽了自己最大的努力之后,仍然体会到一种"万木零落,有志不获骋"的近乎绝望的悲哀。但是最终选择的仍然是要"来吾道夫先路",仍然在寻求着一条治国救民的道路。就像我们今天画的这个图一样,尽管他在一次次的求索中得到的都是失望的悲哀,但是他却一直孜孜不倦地追求。"路曼曼其修远兮,吾将上下而求索。"而人类正是因为有这份追求,这种求索精神,才有希望。

三、《渔父》深度教学分析

语文教学,尤其是涉及思想交锋的文言文学习,需要精心设计"学的活动",让学生的行动、思维、情感真正参与文本内容的体会、研讨和融通,力求通过深度对话实现言文并重,实现文本价值和教学价值的统一。研习《渔父》一文时,我和学生借助课堂活动,有层次地呈现了由内容到情感、价值观的研习,达成了较为理想的教学效果。

(一)围绕"对话"设计核心问题,深入文本以实现内涵解读

经典文言文的学习,是"定篇"学习,需要在弄懂字句含义、内容要点的基础上,了解作者立意构思、篇章结构和主题思想。对于一篇浅显易懂的文言散文,这节课的教学重点,我放在情感、观念的研讨层面。课前,布置学生借助课文注释和工具书积累重点文言现象,理解课文大意。课上,以师生、生生对话为主要方式,辅以诵读、拓展迁移等有效策略,深度解读文本内涵。

请看对屈原和渔父的三次对话所做的活动设计。

1. 分析第一次对话。

(1)屈原出场。找出原文。"屈原既放,游于江潭,行吟泽畔,颜色憔悴,形容枯槁"。预设分析:活画了屈原英雄末路、心力交瘁、心事重重、形销骨立的外在形象。

（2）学生找出渔父的第一次问话,和屈原的回答,师生诵读、讨论。

2.分析第二次对话,重点研读,培养学生紧密结合文本,细致筛选信息的能力。

（1）找出渔父的第二次问话,和屈原的回答。试做分析:面对屈原的窘境,渔父是如何说的? 实质是什么? 屈原有没有接受渔父的建议?

（2）再次诵读屈原的回答,力求读出情感。预设分析:屈原不愿"以身之察察,受物之汶汶",更不愿"以皓皓之白,而蒙世俗之尘埃",他不随波逐流,不苟合,不妥协,"宁赴湘流,葬于江鱼之腹中",矢志不渝坚持理想、保持人格操守,表现了"宁为玉碎,不为瓦全"的伟大人格。

3.分析第三次对话。

找出最能表明渔父观点的句子:"沧浪之水清兮,可以濯吾缨;沧浪之水浊兮,可以濯吾足。"追问:面对屈原的回答,渔父也表明了自己的观点,如何理解这句话?

《渔父》作为一篇文质兼美的短文,三次对话中蕴含着多元意蕴,历经两千多年更显丰赡,为课堂打开了一个多姿多彩的思辨世界。学生通过研读活动,独立思考、感悟文本、深度对话,能够不断扩展自我世界并发现世界的意义,进而促发个体思想的生成和丰满。

(二)以拓展内容激发热情,引缀联结以促成价值观的明晰

课上,我将拓展延伸教学活动贯彻在每一次对话研讨的过程中。高中语文课不能仅仅局限于字词句篇和文本理解,还应该扩大涉及范围,纵横捭阖,多元萃聚,达成文本的发散性理解和学习视野的有效扩张。

导入阶段使用了鲁迅、贝多芬两位名人的话语:"面对人生的困厄,甚至面对生死抉择,怎么办呢? 鲁迅的回答是,直面惨淡的人生;贝多芬高呼,我要扼住命运的咽喉!"课堂总结的时候,我又结合鲍鹏山《庄子:在我们无路可走的时候》以及钱理群"精致的利己主义者"两个内容,激励学生既要脚踏实地、因事而为,又要仰望星空,"有思想的光芒和清洁的精神";课堂首尾的呼应,又与"屈原和渔父的三次对话"存在着紧密的思想关联,实现了整节课教学思想的一致和贯通。

　　在对屈原和渔父的三次对话的研读、分析过程中,我适时穿插了拓展内容。我在分析第一次对话内容之后,补充了《史记·屈原列传》一段:"屈原者,名平,楚之同姓也。为楚怀王左徒。博闻强志,明于治乱,娴于辞令。入则与王图议国事,以出号令;出则接遇宾客,应对诸侯。王甚任之。"学生把屈原当下的"形容枯槁""行吟泽畔",与担任左徒时期的风流儒雅、地位超然再做对比,从巨大的落差中更为透彻地认清屈原的处境、心境等。

　　第二次对话中,我补充了古代儒家文献中有所记录的"与世推移"的圣人、名人(观点和事迹),第一个是儒家经典《周易》的一句名言"穷则变,变则通,通则久";第二个是孔子特别赞赏的大禹的一件事(大禹治水,经过一个有奇风异俗的原始部落,"禹入裸国,裸而入,衣而出");第三个是孔子赞赏卫国的宁武子"邦有道则知,邦无道则愚"的事。通过这些事例,学生感受到,渔父的建议在当时是符合现实的,也是为儒家思想所接纳甚至赞赏的。由此激发了学生的深度思考:为什么屈原最终没有做出"与世推移"的选择呢? 在屈原决绝地回答渔父之后,我又呈现两句话:司马迁《报任安书》"人固有一死,或重于泰山,或轻于鸿毛,用之所趋异也"一句,以及乔布斯"记住,我们终究会死去"的发言,和学生一起从多个角度感受生死抉择的缘由。最后围绕"屈原既是诗人又是政治家,那么,他是以怎样的身份自沉汨罗江的呢"这一问题展开多元思考,学生的观点包括以文人身份、政治家身份和兼有两种身份三个角度,从不同侧面高度肯定了屈原的崇高人格和爱国精神。

　　研习第三次对话(渔父"歌曰"),引导学生对文本主旨进行探讨,提出了两个问题引发学生的思辨:一是如何看待屈原和渔父二人的不同抉择。二是当我们面对人生绝境时,会做出怎样的抉择? 第三次对话的分析,与整节课的拓展、收束无缝对接,通过"清洁的精神"及"精致的功利主义者"观点,让学生的认识和选择更加通透、高尚。

　　有教师提出,教学容量是否太大? 尤其是拓展内容偏多,是否会导致学生的理解不够透彻? 我认为,教学中,文本要深研,但不同篇目需要具体分析:这篇浅易文言文在学生理解能力范畴之内——通过他们的诵读可知;我也提前征求了学生意见,最后决定就文本结构和思想主旨的教学实现,以课堂拓展的学习方式实现思想认识层面的引缀联结、互相验证。课上,拓展教学阶段,恰恰是学生最感兴趣的部分,学生从"不知"到"知",从"知之甚少"到"知之甚多",从"浅层的知"到"深层的知",既符合认知规律,又激活了兴奋点,让学生因为自身知识储备和新知识之间的有意义衔接而兴味盎然,真正开动了思维,拾级而上,深入发掘了文本的价值,也为课堂增色。

(三) 以诵读涵泳拓展思维宽度,搭建从内容到观念的桥梁

这节课的重要教学目标之一,是分析、探讨屈原和渔父不同的人生观、价值观,进而对自己的人生有进一步的认识和思考。在引导学生分析屈原和渔父的三次对话、理解屈原的高洁品格及渔父儒道交织的观念时,如何选择一种恰当的方式切入,让学生能够进入情境、拓展思维,深入领受不同的价值观呢? 我选择的方式是诵读涵泳,采取多种朗读交叠的活动设计,深化理解和感悟。

教学之初,检查预习,学生用快语速齐读课文,通过快读做到了熟悉和流畅。对三次对话的分析,我就句读停顿、语调语气和情感抒发做了朗读指导,包括:

(1)(注意停顿)举世/皆浊/我/独清,众人/皆醉/我/独醒,是以/见放。

(2)(语调抑扬顿挫,两处反问语调要高,表现出一种激昂愤慨之情)吾闻之,新沐者/必弹冠,新浴者/必振衣。安能/以/身之察察,受/物之汶汶者乎? 宁/赴湘流,葬于/江鱼之腹中。安能/以/皓皓之白,而/蒙世俗之尘埃乎?

三次对话研习后,我通过分角色朗读进行示范——女生齐读渔父的话,男生齐读叙述文字,我读屈原所说的话——通过或缓慢低沉或高昂决绝的语调,让学生慢慢地走入文本情境,感受到屈原的沉痛和赴死的决心,引导学生涵泳文句,在声音中受到熏陶。课堂最后阶段,通过师生有感情地朗读,让学生和文中人物得以跨越时空而沟通交流。下课前,还以即时背诵的方式展现了学生的记忆力。

一节课下来,学生在三次齐读、多次涵泳之后,欣喜地发现了自身能够在文本的章法结构、艺术技巧和立意构思等方面有所领会,并且对于文本的感悟能力也有提升,这是文言文学习的一个好现象。有学生课后坦言,通过诵读和背诵,自己在写文章的立意、谋篇和遣词造句等方面,也有启发。

这节课基于朗诵训练的不断提升、拓展内容的有效穿插,学生兴味盎然,学习效率较高,达成了原定教学目标,提高了文言文研习的综合素养。更重要的是,大多数学生掌握了文本内容,还理解了拓展内容,并初步形成了更为开阔的生死观、价值观,在思辨中照亮了自己的灵魂。

南宋大儒陆九渊强调:"读书切戒在慌忙,涵泳工夫兴味长。"这节课,不是一个主体对客体的单纯介入的过程,而是在逐步深入、延展的"深度对话"过程中,学生的自我觉醒行为和价值生成行为交会融合,能够促使学生不断接近语文更加丰富的底蕴和灵性,这也是新课标下"大语文观"的一种展现。

教学延展

《渔父》"同题异构"的价值分析

《渔父》这篇短文,具备诗的特质:节奏感、抒情性、形式感和爆发力。当最后一句的句号画好之后,短文就像艺术品一样,浑然天成。主张与世推移的渔父长歌而去,留下形容枯槁的屈原徘徊江边……不可再增减一分而意味无尽。

这篇对话体短文,最适合学生来讲评,通过探究,发现问题,深入思考。其目的有二:一是可以锻炼学生能力,活跃课堂气氛,二是可以让学生通过自己的教与学来明确课堂教学的内容需要如何呈现。见过一些课堂,老师深谈思想、大说鉴赏,但是学生到黑板上翻译却错字连篇。这让我思考一个问题:课堂教学内容的呈现是否有固定的层次? 在两位同学 A 和 B 的课堂上,也许我们能够看出些许门径。

(一) 规矩的课堂需要突破口

课堂首先要遵循教学的一般规律。A 同学上课按部就班,字词,朗读,逐步分析,然后疏通文意,归纳总结,很有老师的样子。这节课注重诵读,以读解意,这是很有见地的。在此基础上,A 同学带领同学们探究文章思想、意义,分析鉴赏其内容、手法,倒也顺利通畅。《渔父》采用屈原与渔父的问答,与之前学过的《屈原列传》中的记述大同小异,刻画了屈原"举世皆浊我独清,众人皆醉我独醒"的高风亮节、"宁可葬身鱼腹,也不蒙受世俗的尘埃"的高贵品质,这一点容易理解。但 A 同学并没有局限于这篇短文,她说,"学而时习之",也是课堂的一般规律。讲到"是以见放"时,就和同学们回顾之前学过的《廉颇蔺相如列传》中的"徒见欺",引起了很多同学的惊叹,更促发了学生主动联系的热情。然后 A 同学还和同学们一起总结了这篇短文中出现的三种类型的被动句。联系以前所学并且清楚地背诵出来,这也是她上课的创意。所谓创意,并不一定要是别人想不到的,也可以是上课者特意强调的——未必面面俱到,必须找到突破口。

一篇文言文,学习的过程需要疏通、归纳、总结等。比如,文中一些重点字词、疑难句子的疏通,多次出现的几个虚词"而""于""之"的用法归纳,还有在对大意有所了解的基础上,结合文本细节,探究总结文章的思想内涵,等等。这叫作微观学习。A 同学的教学自始至终贯穿着字词的疏通,只不过,她尤其注意每次疏通的方式和趣味性,所以让很多同学觉得很有意思,值得参与。的确,我们老师教学的时候,在引导上也是如此:同样的字词,有的老师一经讲评,就给学生留下深刻的印象;而有的老师,说出来却让人觉得面目可憎、枯涩难懂。

如何将短文潜移默化的观点、思想等让学生自己体会出来,这是需要一点思考的;A 同学以朗读实现这一目标,还是体现了自己的语文功底的。这篇短文的意义,源于屈原政治理想的浓缩;在短文的学习中,文本并不拒绝意义的呈现——尽管文本叙述的方向是一种故意的不明确,而屈原想表达的内容是清晰的。但是,A 同学一般都急于将个人知道的尤其是只有个人知道的说出来,而不会步步引导,让很多学生都以为是自己说出来的。因而,最后对思想内容的分析,略显枯燥生硬。这一层面的把握,正是老师作为主导,可能比学生高明的地方。

(二)课堂应该是思想的生发

B 同学没有分析短文全篇,而是在简单理清思路后,重点分析第 1、4 自然段。懂得课文内容的取舍,这无疑是聪明的;尽管这里面有老师潜移默化的作用,但更是学生活学活用的精彩!尤其是对第 4 自然段的分析,其深度彰显思想的生发。B同学说,渔父这种"圣人不凝滞于物,而能与世推移"的人生态度,在我国有着广泛的影响。"沧浪之水清兮,可以濯吾缨;沧浪之水浊兮,可以濯吾足",就是说我们可以选择随环境而变化,这并不错:我濯缨也罢、濯足也罢,反正我还是濯了;所以它既有自己的某一种原则和立场,或者行为方式,但是又有一种灵动。B同学还举了一些例子,柳宗元"孤舟蓑笠翁,独钓寒江雪",电视剧《三国演义》的主题曲"白发渔樵江渚上,惯看秋月春风"等,证明渔父这个意象是文学史上的一个经典。屈原没有说服渔父,渔父也没有说服屈原,最后渔父自己扬长而去。但是我们知道,屈原在这篇作品里,表现的是一种矛盾的心态,文中没有一个结论。但是他最后用自己的行动给出了结论——自沉于汨罗。堂堂三闾大夫为什么会想不开呢?这样的例子在近现代史上不也有吗?"各国变法,无不从流血而成,今中国未闻有因变法而流血者,此国之所以不昌也;有之,请自嗣同始!"谭嗣同从容赴死。其实二人是一样的绝望和热情,只不过,细细想来,屈原没有料到会产生这样的影响,而谭嗣同则是决心以死唤醒麻木的人们。这节课,同学们思维灵动,妙语横飞。学生之间,容易激发对话情境。可见,老师不适合强化自己在班上的知识权威,而应该培养学生更加积极的思考、质疑、贯穿课堂的能力。这节课最后阶段,同学们讨论认为:屈原写《渔父》的时候,不能理解渔父吗?渔父是看开的,屈原自然了解看开的人生态度。甚至这篇短文还成了后世无数"看开主义者"引用的经典。他看开了还投江,这说明什么?B同学强调,屈原的这种气节明显更为可贵。

在课堂上,B同学也将语文课和历史课联系了起来。庄子"清洁的精神"被拓展提出,用来解释渔父的思想;又用儒家的"出世"来理解屈原投江。B同学说:"的确,古代保持清洁的精神的庄子又何尝不是如此。"大雨天,庄子好久没饭吃了,饿着肚子,在破房子里歌哭长号:"我今天潦倒到这个地步,都是因为命啊!"可也就是这个庄子,却拒绝了楚王的相位之邀,他未曾料到他有这一天吗?可是他却一直固执着,坚持着什么呢?作者的选择给作品中的争论留下了最后的答案。古人的品质就有这种"清洁的精神",未必要求别人,自己却坚守着。老子也曾吟唱过"挫其锐,解其纷,和其光,同其尘",想压抑自己的个性,让自己能安然隐没于众人之中;然而他最终不免忿忿地吟唱着"圣人披褐怀玉",骑青牛西出函谷关远遁……B同学将学生思维的碰撞带到了一个非常的高度,规矩而随意,热烈而含蓄,给课堂带来了惊喜和生动的深入。这就是学生的理解,有时候会超出教师的预设。这样的课堂,值得我们探究。

语文课堂教学内容应该怎样呈现,答案自然是丰富多彩的。遵循学习的一般规律,充分考虑学生的理解,找到突破口,注重过程的趣味和方式,实现思想的交融,却是必须遵从的常识。

四、《阿房宫赋》:基于创作背景和文本结构的文本解读

读文章犹如以力破局,如果一眼望尽则索然无味;而在层蕴结构的不断理解中,我们旁征博引,层层解意,则能尽情感受文本的无限风光。

解读《阿房宫赋》这篇词句华美幽深、思想深刻见骨的传世名篇,就需要这样一个过程。我从创作背景和文本结构两个角度试做解读。

(一)文本解读要"旁征博引,多元汇聚":《阿房宫赋》的背景诠释

想要理解《阿房宫赋》,必然要先了解"晚唐气象"这一宏大的历史背景。

《阿房宫赋》作于唐敬宗宝历元年(825年),杜牧在《上知己文章启》中说:"宝历大起宫室,广声色,故作《阿房宫赋》。"写作缘由足够清楚。

具体缘由呈现如下:唐敬宗李湛16岁即位,善于击球,喜手搏,往往深夜捕狐,与宦官嬉戏终日;贪好声色,大兴土木;游宴无度,不视朝政,求访异人,希望获得不死之灵药。作者预感唐王朝的危险局势与黑暗现实,就写了这篇赋,表面上写秦朝因修建阿房宫,挥霍无度,贪色奢侈,劳民伤财,终至亡国,实则是借秦之故事讽唐之今事,讽谏唐朝的当政者,要以古为鉴,不能哀而不鉴,最终只能落得"后人而复哀后人也"的悲惨结局。

风雨飘摇,大厦将倾,欲挽无力,就是晚唐这个阶段最为显著的时代意义。这阶段的文人,在特定的文化心理、时代特点、创作环境和创作机缘之下,其文章内容和主题,常常是因时、因地、因人而异的。如此,"得作者之用心"的解读,才是更为真实、准确、丰满的。

　　作为一位长于讽谏的现实主义诗人、作家,杜牧的诗文,很多是对时代的讽喻劝谏,对社会现象的揭露批判——这正是杜牧个体人性的光辉、伟大之处。譬如,杜牧曾经写过一系列讽谏、批判皇室的七绝诗,如《过华清宫绝句》(其一):"长安回望绣成堆,山顶千门次第开。一骑红尘妃子笑,无人知是荔枝来。"再如《泊秦淮》:"烟笼寒水月笼沙,夜泊秦淮近酒家。商女不知亡国恨,隔江犹唱后庭花。"即便用语温和如《江南春》:"千里莺啼绿映红,水村山郭酒旗风。南朝四百八十寺,多少楼台烟雨中。"那种历史更迭感也是如此清晰。

　　为什么这一次,一定要用赋的形式来写呢?西汉扬雄在《法言·吾子》中提出了"诗人之赋丽以则"的著名论断,把注重社会内容、有讽谏意义的赋称为"诗人之赋"。《阿房宫赋》是典型的"诗人之赋"。诗言志,赋以则——以赋讽谏,更为庄重,凸显了一个封建时代正直文人的忧国忧民、匡世济俗的沉痛情怀。同时,王国维先生厘定中国文学"一代有一代之文学""诗至唐而极盛",赋至唐也极盛;马积高先生在《赋史》明确:到了"以诗赋取士"的晚唐时期,赋(包括考试文体的律赋)达到了"发展的高峰",作为一种严谨庄重的公文文体广为使用。洪迈在《容斋四笔·卷七》中也指出:"晚唐士人作律赋,多以古事为题,寓悲伤之旨。"可见,以"赋"讽谏也不独杜牧为之,而是时代的普遍忧虑。

　　文本解读,需要在写作背景上"旁征博引,多元汇聚",唯有如此,才能宏观地理解、把握。

(二)文本解读要"纵横捭阖,统摄全局":《阿房宫赋》的层蕴结构

　　在具体解读《阿房宫赋》时,我发现其结构有一个突出特点,那就是整体结构"头重脚轻"的"文字不能承受之重"。

　　具体分析,前三自然段"铺采摘文",先是由外及内,由楼阁亭台复道到人物活动,铺叙阿房宫建筑的宏伟壮丽,极写宫中生活的荒淫奢靡。"六王毕,四海一,蜀山兀,阿房出",四个三字短句先声夺人。"覆压三百余里,隔离天日"极写其广;"骊山北构而西折"四句极写其势;"二川溶溶,流入宫墙"极写其大;楼阁、廊檐,长桥、复道,虚实结合,想象瑰丽。然后,写人的被欺辱。"春光融融""风雨凄凄"的侧面夸张,写出了宫女之多;连用"明星荧荧,开妆镜也"等六组排比,细描宫女日常生活,衬托出其"缦立远视,而望幸焉"的悲惨命运,揭示了秦始皇生活的骄奢淫逸。然后,写奇珍异宝之丰。从"燕赵之收藏"而下,写物的被践踏。在这里,六国珍藏的宝鼎珠玉金银财宝,像铁锅、石头、土块、砂砾一样随意丢弃,"秦人视之,亦不甚惜"。

前三自然段,写建筑,写宫女,写珍宝,用笔极繁,浑涵汪茫,充分展现了赋的文体特征——这一繁,让秦王朝当时的骄奢淫逸、挥霍无度及造成的灾难深重如在眼前;最后,"戍卒叫,函谷举,楚人一炬,可怜焦土",秦王朝的结局只用了极为简洁的 14 个字,但见结局,不见言语——这一简,让历史的教训和奢淫亡国的文本主题兀然凸显。这一繁一简之间,举重若轻,从容不迫,淋漓沉痛,真恳至切,波澜顿挫,便形成了《阿房宫赋》"叙事繁切、寄怀深远、讽谏直接"的层蕴结构,起到了由温和到直接的讽谏效果:这篇文章的独特之处在于表面上是呼吁吸取秦亡的历史教训,实际上是以作者为代表的晚唐人对"大厦将倾"的时代控诉和无奈悲愤。唯其如此,我们才更为清晰地读到了作者面对危局依然洋溢着爱国热忱的苍凉和沉痛。

文本解读,也需要在结构分析上"纵横捭阖,统摄全局",唯有如此,才能全面、深入地领悟。

五、《报任安书》(节选)深层意蕴解读

《报任安书》是司马迁酝酿两年才回复的一封信。经学界考证,《报任安书》的写作时间有两种说法,其中一种是"太始四年说"。太始四年(前 93 年)初,任安给时任中书令的司马迁写信,期待其借助"为中书令,尊宠任职"(班固《汉书·司马迁传》)的机遇,"慎于接物,推贤进士"。之后,征和二年(前 91 年)发生巫蛊案,任安受牵连,论罪腰斩,又托人传语司马迁,提到之前"推贤进士"之寄托,冀望司马迁搭救自己。司马迁到任安被腰斩前不久,写了这封著名的回信。

《报任安书》受到的赞誉极多,有"绝代大文章""百代伟作""天下奇文"等评价。《古文观止》的编者吴楚材、吴调侯整体评价它"感慨啸歌,大有燕赵烈士之

风;忧愁幽思,则又直与《离骚》对垒。文情至此极矣"。赞誉源于其情、其志:司马迁藉这封信完成了其生死观和价值观的阐述,完成了他接受宫刑、著述《史记》的完整心路表达。这封信,表面上拒绝了任安的请求,实则对自己的一生以及著述《史记》的壮志进行了深度阐释,生成了亘久、深刻的影响。我试从以下三个层面进行探析:

(一)行莫丑于辱先,诟莫大于宫刑——"肠一日而九回"的如焚内心

天汉三年(前98年),司马迁以"诬罔"之罪,遭宫刑。宫刑,亦称腐刑,是古代五刑之一,不仅残酷,对受刑的人更是一种奇耻大辱。从受宫刑后,到征和二年(前91年,一说为"征和三年,即前90年")写这封信,历经七年的漫长岁月,司马迁表面上"从俗浮沉,与时俯仰,以通其狂惑",但内心一直是"肠一日而九回"。

信中,司马迁说,"祸莫憯于欲利,悲莫痛于伤心,行莫丑于辱先,诟莫大于宫刑"。因"家贫,财赂不足以自赎",加之"交游莫救,左右亲近不为一言",司马迁惨遭一生中最大的耻辱——受宫刑。为了"究天人之际,通古今之变,成一家之言"的人生唯一大事,他硬是隐忍,活了下来,但他内心的痛苦,又如何消弭!

为了完成《史记》,司马迁所遭受的屈辱和耻笑,绝非常人所能想象。在"刑不上大夫"的时代,士大夫格外重视礼节和尊严,而刑辱则将这一切剥夺殆尽。司马迁也不厌其烦地罗列:"太上不辱先,其次不辱身,其次不辱理色,其次不辱辞令,其次诎体受辱,其次易服受辱,其次关木索、被箠楚受辱,其次剔毛发、婴金铁受辱,其次毁肌肤、断肢体受辱,最下腐刑,极矣!"这里有"四不辱"和"六受辱",其受辱程度关系依次是"四不辱"中,"辱先"最重,"六受辱"中,腐刑最重。司马迁所遭受的宫刑,即腐刑,是最下等的刑罚,是极致的刑罚——这一刑罚,不仅处罚最重、羞辱最甚,更是羞辱先人,是最深程度的羞辱。时隔多年,司马迁仍然使用了"太上""最下""极矣"这些词,更显现了作者内心漫长的极度痛苦。钱锺书在《管锥编》中说:"'太上不辱'云云,每下愈况,循次九而至底……"

司马迁在《报任安书》的最后直陈心声:"仆以口语遇遭此祸,重为乡党所笑,以污辱先人,亦何面目复上父母之丘墓乎?虽累百世,垢弥甚耳!是以肠一日而九

回,居则忽忽若有所亡,出则不知所如往。每念斯耻,汗未尝不发背沾衣也。"这是怎样的哀痛者和苍凉者! 两千年来,此一段,一字一泪,令人不忍卒读!

(二)倡优所畜,流俗之所轻——"少卿视仆于妻子何如哉"的悲剧人生

这篇至情至性的散文,文笔细腻而又生动、隐讳却更确切:司马迁呈现了自己腐刑之后的生活。司马迁叙述自身蒙受的冤屈和耻辱,诉说自己"隐忍苟活"的原因,表达了完成《史记》的决心,同时也透彻阐释了自己的文学观、生死观和价值观。

古人云"寿则多辱",更何况是惨遭腐刑、"流俗之所轻"的司马迁! 信中有这样一句话:"夫人不能早自裁绳墨之外,以稍陵迟。"认真推敲"稍陵迟"三个字,"逐渐志气衰微"——这是一个怎样漫长的"稍"(逐渐)啊! 据记载,司马迁投入大牢之后,不幸遇到了酷吏杜周,遭受了肉体和精神上的各种残酷折磨——仅文中提到的刑罚,就包括拘、受械、衣赭衣、关三木、罪至罔加、系狱抵罪、佴之蚕室、具于五刑、与法吏为伍、幽囹圄之中、至于鞭箠之间、沉溺缧绁之辱等。但司马迁终不屈服,绝不认罪,体现了文人的骨气。然而,这次炼狱,给司马迁造成了终生难愈的身体伤痛和意志打击。

行文中,有一个明显的特点,那就是司马迁使用了很多的古代圣贤受辱苟活的例子,似是要证明自己抉择之正确。然而,越是事例众多,越是论证密集,越是显现司马迁在实际生活中无法逃脱的漫长苦痛。与黯淡地死去相比,隐忍苟活,才是更为艰难的过程,才是更为曲折辛酸的人生路。

最感人至深的,莫过于"少卿视仆于妻子何如哉"一句:反问语气,看似不经意,实则情感深淳。司马迁"早失父母,无兄弟之亲,独身孤立",在这个世上只有"妻子"这极少的亲人了;但是,因为著述史书和遭遇牢狱之灾,司马迁始终未能给予身边至亲该有的照顾! 此时,面对任安,轻声道来:"你看,即便对待我最亲近的人,我也是什么也做不到啊! 我对这个世界上的一切,还有何留恋呢?"用最亲的人,来证明自己的无力和无情,这是有着怎样深重的遗憾? 有着怎样深邃的关切? 更有着怎样深刻的痛苦?!

倡优所畜、志气衰微、不顾至亲。那么,能够支撑司马迁隐忍苟活的,也就唯完

成《史记》而已。清代林云铭评价《报任安书》说:"通篇淋漓悲壮,如泣如诉,自始至终,似一气呵成……读者逐段细绎,如见其慷慨激烈,须眉欲动。"生活惨怛如斯,能不悲愤如此吗?

(三)藏之名山,传之其人,通邑大都——"用之所趋异也"的幽深志向

"人固有一死,或重于泰山,或轻于鸿毛,用之所趋异也",此句大家熟悉的是前三个短句,其实最关键的,偏偏是"用之所趋异也"。这六个字,字字重逾千斤,字字血泪纷飞,婉曲表达了司马迁对荣辱、生死的深思,把自己忍辱负重、隐忍偷生的痛苦选择,讲得无比沉痛而又充满了清透的哲理。

信中,从"夫人情莫不贪生恶死"至"而文采不表于后也",再至"思垂空文以自见",司马迁解释了自己受辱不死的抉择,并非顾念家庭,亦非缺乏"去就之分"的义气和"臧获婢妾,犹能引决"的勇气;但因为个人名节而死,却断送了自己乃至几辈人为之献身效命的文字事业——这,又绝非司马迁所能接受的。面对一世之荣辱和一生的大事业,他最终选择"就极刑而无愠色""隐忍苟活,幽于粪土之中而不辞"。个人的奇耻大辱,强化了他修著《史记》的奇崛志愿,促使司马迁以"虽万被戮,岂有悔哉"的决心,加快著述。到太初四年(前101年),《史记》初成。《史记》的完成,使司马迁超越了人生的大苦痛和大寂寞,成就了意志和大义。

"藏之名山,传之其人,通邑大都",这不仅是司马迁个体生命的延续,是将个人价值置于历史长河中的衡量,更是从历史文化的高度来展现个体生命的巨大价值。李长之先生认为:"汉武帝征服天下的雄心,司马迁表现在学术上。'天人之际''古今之变''一家之言',这同样是囊括一切的,征服一切的力量。武帝是亚历山大,司马迁就是亚里士多德。"这种高蹈的理想,贯穿于《报任安书》的始终。开篇"太史公牛马走司马迁再拜言"一句,颇有深味。"牛马走",确切讲应是"先马走"。《淮南子·道应训》中记载:"越王勾践亲执戈,为吴王先马走。"高诱为之注曰:"先马走,先马前而走也。"司马迁称自己"牛马走",不仅是一种自谦,更可见其虽隐忍苟活,却心怀勾践"卧薪尝胆"的幽深志向。

千古奇冤,再加上幽深奇志,酝酿成天下奇文。《报任安书》积郁喷薄,纵横起

伏,一波三折更一泻千里。率性、详尽的表达,饱含着矛盾与痛苦,司马迁时而慷慨激越,时而泣诉怨慕,时而旁征博引,时而戛然而止,最终成就了这篇媲美《离骚》的文学奇观,留给我们反复吟咏、感喟、深思、践志。

参考文献:

[1]特伦斯・霍克斯.结构主义和符号学[M].瞿铁鹏,译.上海:上海译文出版社,1987:8.

第七章　古诗词的解读与教学

一、《李凭箜篌引》:指向"深度学习"的情境学习活动设计

新课标要求高中语文教学以学习任务群为内容,开展语文学习活动。在统编高中语文教材选择性必修中册"古诗词诵读"专题《李凭箜篌引》一诗的教学中,我开展了依托情境化学习活动实现古诗词深度学习的尝试。

(一)"情境化学习活动"与"深度学习"

1.情境化学习活动。

新课标在课程结构设计依据中首次提出"学习任务群"的概念,并概括为"'语文学习任务群'以任务为导向,以学习项目为载体,整合学习情境、学习内容、学习方法和学习资源,引导学生在运用语言的过程中提升语文素养"。任务群的教学实施,要整合活动,引导学生积极参与语文实践活动。"新课标所说的'活动',指的是语文学习活动,也就是'阅读与鉴赏''表达与交流''梳理与探究'这三件事。"这三类语文学习活动,全面体现了语文学科的特点和丰富内容,在教学中可以通过整合语文学习情境,设置合宜的情境化学习活动,才能更加有效融合知识、能力,真正发展学生的核心素养。

"所谓'情境',指的是课堂教学内容涉及的语境。"教育部基础教育课程教材专家工作委员会王宁教授特别指出,要纠正两个认知误解:"一个是,认为真实情境

就是要布置一个与主题或课文相关的外部环境……另一个是,认为真实情境是老师想出来给学生被动接受的。[1]"情境化学习活动,指"在问题情境中通过完成具体任务来获得知识与技能,情境能够使学生有机会发现问题、提出假设,并在复杂性、劣构性的情境过程中寻找解决问题的路径,以'任务驱动'的方式带动学生经历问题解决的全过程"[2]。新课改背景下,情境化学习活动经常被用于课堂主要教学内容的学习设计方面,以提升教学的有效性。

基于此,我设计了《李凭箜篌引》的情境化学习活动,其基本架构如下图:

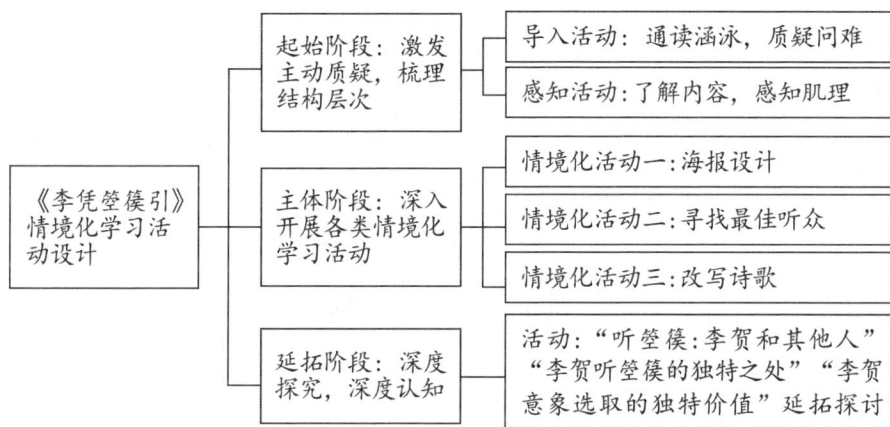

```
                    ┌ 起始阶段:激发        ┌ 导入活动:通读涵泳,质疑问难
                    │ 主动质疑,梳理  ──────┤
                    │ 结构层次             └ 感知活动:了解内容,感知肌理
                    │
《李凭箜篌引》        │ 主体阶段:深入        ┌ 情境化活动一:海报设计
情境化学习活    ──────┤ 开展各类情境化  ──────┤ 情境化活动二:寻找最佳听众
动设计              │ 学习活动             └ 情境化活动三:改写诗歌
                    │
                    │ 延拓阶段:深度        ┌ 活动:"听箜篌:李贺和其他人"
                    └ 探究,深度认知  ──────┤ "李贺听箜篌的独特之处""李贺
                                          └ 意象选取的独特价值"延拓探讨
```

《李凭箜篌引》情境化学习活动设计架构图

作为经典名篇,《李凭箜篌引》列入新课标"文学阅读与写作"学习任务群。在教学中,起始阶段,我引导学生诵读涵泳,开展"质疑问难"的表层分析;然后设置"海报设计""寻找最佳听众""改写诗歌"等情境化学习活动,探寻文本思路,深入剖析其情感脉络;最后通过对李贺"其人其情"的深入探求,进一步深入理解李贺诗歌独特的表达方式背后的身世之感和时代情怀。

《追求理解的教学设计》一书中提出"如何通过教学设计,使更多学生真正理解他们所要学习的知识",而整个情境化学习活动也聚焦于这一点上。在起始学习阶段之后,"海报设计"是为了使课程内容情境化,使学习内容"具有解决生活问题的指向性"。"寻找最佳听众"是为了创设运用语言文字的真实情境,形成有意义的互动学习环境,借助阅读朗诵、场景再现等形式完成读写实践任务。"改写诗歌"主要是在典型情境中设计典型任务,推动学生结合诗歌文本,自主展现语言文

字运用的个性化能力。

2. 深度学习。

"深度学习"这一概念,最初于2006年由加拿大多伦多大学计算机系的辛顿教授在《Science》发表的《利用神经网络刻画数据维度》一文中提出。[3]这一概念,目前已经成为新课改的重要理念和实践方式。深度学习是基于理解的学习,"是一种主动的有意义学习,学习目标是较高的,学习行为是主动的,学习结果是认知重建或重组,学习最终目的是提升思维品质[4]。"

要实现深度学习,需要教师的引导,以核心学习任务为中心,进行专业化的设计和规划;需要学生的充分参与,在"做"及"经历"的过程中,完成连续的、多维的挑战性任务;需要效能的达成,包括学生真正理解知识,形成学习方法和学习策略,增强学习动力值,并且有情感的共鸣和价值观的领悟等。与深度学习相对应的是表层学习。学习一首诗词,"表层学习"侧重于记住其事实和细节,以及应对考查;而"深度学习"侧重于理解其思想和学术内涵,强调通过批判性思考,用现有的知识不断拓展迁移、深化认知。

如何开展《李凭箜篌引》的深度学习呢?首先考虑营造从"问题思考"到"任务解决"的真实学习情境。课堂起始阶段,引导学生配乐诵读《李凭箜篌引》,让学生初步谈谈李贺所描绘的音乐传递出的独特感受。之后,学生反复诵读,因声求气,涵泳诗韵,借助于互相点评和示范,初步理解了诗歌内容。接着,我以激励性评价促使学生踊跃地"质疑问难"——学生在对文本的多角度分析过程中,提出了一些很有探究价值的问题:"作者全篇都是通过音乐来抒发他的情感,但是我不知道他'愁'从何而来,'笑'从何而来。""诗歌使用了很多意象和典故,吴丝蜀桐、江娥素女、女娲补天等,比如江娥啼竹这个典故为什么要和李凭弹奏箜篌联系在一起?""我们之前学过描写音乐的诗歌《琵琶行》,这首诗和《琵琶行》有何异同高下?"……课堂的关键价值之一,在于学生的主动质疑。借助于对质疑的初步梳理,师生顺势分析了诗歌内容及手法,梳理了结构层次:诗歌前四句为第一层,先声夺人地交代弹奏者;五、六两句为第二层,正面描写箜篌乐声的优美动听、形神兼备;从第七句起到篇终共八句,为第三层,分别从现实、天庭、神山、月宫四处,摹写了箜篌音响的奇妙效果,辞采瑰丽,想象奇特。解读到了这一层面,粗解大意,初知肌理,仍让人意犹未尽——师生都认识到,还需要在此基础上,继续深入解读这首诗的独特情感和深邃主旨,这才是更关键的学习过程。由此,我以"质疑问难"活动设计,奠定了深度学习的基础,开启了《李凭箜篌引》的深度学习历程。

(二)基于情境化学习活动的《李凭箜篌引》"深度学习"策略

基于课前的充分预设,也基于课堂初始阶段的铺垫推进,我设置了三个具体的情境化学习活动,力求让学生在活动中深研文本,多角度品味诗词内容和情感,不断深化对其人其诗的多元认知,进而发掘《李凭箜篌引》的独特价值、多元价值,实现深度学习。

1.设计海报,细化内容分析,建构诗歌新图式。

课上,我首先以一个问题营造情境:同学们,让我们追随李贺,重回千年前宫廷音乐大家李凭的演奏会现场。如果让我们结合这首诗,事先替李凭设计一张演奏会海报,那么海报怎么设计? 应该有哪些内容?

面对这一情境化活动,学生主动进行了现场设计。经过个性化创作和小组探讨,学生确定海报上可以有演奏者李凭、乐器箜篌、凤凰、老鱼瘦蛟、月宫桂树寒兔等图像;可以有演奏会名称(李凭箜篌演奏)、时间(高秋,具体时日)、地点(长安皇宫内)等文字介绍;可以有艳丽的暖色和凄寒的冷色,比如"紫皇"、女娲补天的五彩石、艳丽的芙蓉花等,或者是"冷光""寒兔"以及冰冷的昆山之玉等;可以用某句诗(如"吴丝蜀桐张高秋""李凭中国弹箜篌""石破天惊""老鱼跳波瘦蛟舞")作为主题宣传语;等等。

"海报设计"这一情境化学习活动策略,有效达成了预设目标,实现了内容的深度推敲。在设计海报的过程中,学生由整体到细节,实现了对诗歌意象、意境的细致把握,充分考虑到了图像、文字、主题、配色、整体构图等因素,把文字转变成了生动的图案,使师生能够更精准地抓住诗歌的关键点和动人处,也更有助于学生深化对诗歌的深度理解和拓展迁移。

2. 寻找听众，发掘诗歌特质，境界绚烂蕴深情。

"演奏会来了，海报也设计好了。这场演奏会，不仅吸引了诗人李贺，还吸引了很多其他听众。那么，这场演奏会到底有多精彩呢？我们能不能找出你印象深刻的最佳听众，并且分享一下他们在这场演奏会上的反应呢？""寻找最佳听众"这一情境化学习活动的设置，其学习探究过程，是从感性的听曲感受进入理性的赏曲探句，从表层学习进入深度学习。学生结合对诗歌内容的理解，很快找出了各路听众：空山凝云、江娥素女、芙蓉香兰、紫皇、女娲、神妪、老鱼瘦蛟、吴质玉兔。

"那么，谁是最佳听众呢？"学生各有说法。"空山凝云颓不流"，这得是多美妙的乐音，才能让流云都停了下来——大有《列子·汤问》"声振林木，响遏行云"的感觉。"江娥啼竹素女愁"，能让神女悲戚的，人间能得几回闻？想象奇特的"女娲炼石"，渲染了一场"石破天惊"的"秋雨"；广袤深海中行动不便的"老鱼""瘦蛟"，活化了乐声带来的灵魂悸动；"吴质不眠倚桂树，露脚斜飞湿寒兔"，吴质整日伐桂极为疲累，玉兔生性活泼跳跃不止，但他们也都陷入乐声中，不能自拔，这音乐的感染力太强了……每一个听众，都是最佳听众？有学生说，最佳听众是李贺——这跳脱的思维，让人赞叹：李贺以生花妙笔，将李凭演奏箜篌的过程，借助诸多神话传说形象生动地描摹了出来。急促驳杂的跳跃，既有人间、天界的场景转换，也有欢笑、悲愁的情绪变化，彰显了音乐繁花似锦、万物动容的"天花乱坠"之感。这一活动实现了对学生思维能力的深度激发：学生立足诗句，发掘内涵，感受意象与意境，充分还原了李贺创作之时的境界与深情。

3. 改写诗歌，深味文本内涵，形式意涵巧择取。

学生在理解分析、深度还原之后，如何学以致用，更深切地感受李贺的创作特色呢？在唐代的诸多诗人中，李贺可谓奇才，其作品语言奇特，意象稠密，有强烈的感染力，不仅值得学习，更可以供学生进行改写——课堂改写的本质，是深度解构诗词，透彻领悟意象使用，提高即时创作能力。我要求学生以绝句、律诗、词、曲、对联，甚至现代诗等多种格式，当堂改写这首名作。学生兴致颇高，积极创作，改出了一些较有特点的作品。例如，有学生把它改成了七绝："老鱼跳波瘦蛟舞，紫皇女娲神妪愁。空山凝云颓不流，李凭中国弹箜篌。"

有学生改成《丑奴儿·李凭弹箜篌》："李凭中国弹箜篌,云凝不流。芙蓉泣笑,却对神山素女愁。紫皇心动昆玉碎,女娲思久。更有吴质,忘却月桂有没有。"

这时,学生面对自己或者同学的创作,充溢着愉悦感;他们也沉浸于诗词创作的高峰体验,理解了这首诗,并且有深切的情感共鸣——而这些,正是深度学习效能达成的显著特征。

(三)"深度学习"的情境化延拓

一节课上到上述阶段,其实已经可以结束了。不过,对于这首诗的主旨,学生的感受其实颇不一致。经过上述研讨之后,有学生就提出了质疑:教材中说,《李凭箜篌引》以"众多神话意象,来表现李凭弹箜篌的超凡技艺与神奇魅力""诗人以惊人的想象贯串神仙世界和人间世界,并把视觉、听觉、触觉等多种感官体验熔铸于一炉,营造出一种神出鬼没、石破天惊的独特意境"——这首诗是否还有更多蕴意呢?

为了解决学生的疑问,我布置学生课后搜集资料,继续质疑问难,继续建构这首诗的理解层级图。学生结合所搜集的资料,又提出了"听箜篌:李贺和其他人""李贺听箜篌的独特之处""李贺意象选取的独特价值"三个问题,力求更全面地理解这首诗。第二天,师生就这三个问题进行研讨,又达成了如下共识:

一票难求的演奏会,除了李贺,其他一些达官贵人也参加了。同样听李凭弹箜篌的,还有杨巨源,他写了《听李凭弹箜篌》:"听奏繁弦玉殿清,风传曲度禁林明。君王听乐梨园暖,翻到云门第几声。"听的是《云门》,感受是欢快的、温暖的。那么李贺此诗,借助众多神话意象和惊人的想象,想要表达的,还有哪些复杂的情感呢?

先看更为具体的创作背景:此诗大约写于元和六年(811年)至元和八年(813年)间,当时李贺在京城长安任奉礼郎(负责祭祀的九品官员)。李贺本身音乐天赋极高,所任奉礼郎也需要经常处于太庙庄严肃穆的音乐环境中,但他并不喜欢这样的环境。李贺是"唐诸王孙",尽管家道中落,却依旧凭借自己的出众才干,名动京城;担任奉礼郎之前,在唐朝士子皆以科考入仕的环境中,他却独独因其父名为晋肃,与"进士"的"进"同音,而不得进举,导致他极为失落痛苦。后来尽管被推荐为奉礼郎,却一直都郁郁寡欢,在长安待了三年便辞官回乡了。

经过上述分析,我们认为怀才被扼、满心愁绪的李贺,听箜篌也许不过适逢其会罢了。听曲是李贺的工作职责之一,在他人生最大的困厄时段,无论他听什么乐曲,不过是借以寄托本人孤独、悲恻心境的外物罢了。李贺留下来的200多首诗歌中,与音乐相关的有几十首,大多是这一阶段所作,大都抒发他对自己身世和中唐时代的深沉感喟。清代的方扶南曾这样评价:"李足以泣鬼。"真正"足以泣鬼"的,并非音乐,而是诗作呈现的个人心情之跌宕之悲抑。其实,"箜篌引"这个曲调,本身就是用于抒发极度悲痛之情的。

一个极为痛苦的人,诗中为什么有着丰富的色彩和跳跃的神话意境呢? 读其诗,想见其为人——李贺毕竟是年轻人,他对生活、命运失望,却依然力图在现实中以艳丽的色彩、华美的辞藻,装饰他不愿看到的个人遭遇和悲苦现实,尤其是,他求诸神鬼的思路,正是化悲愤为才情的积极情怀,这也造就了李贺空灵诡异、语言瑰丽、意境悲苦的"诗鬼"风格。从创作背景,串联到诗歌意境,很多学生认为,蘅塘退士孙洙编纂《唐诗三百首》,以李贺诗不符合"温柔敦厚"的"诗教"传统,或以内容上不具备"可接受性"为由,致使李贺200多首诗全部落选,也是稍显苛刻了。

至此,师生真正完成了《李凭箜篌引》的"深度学习",带来了深刻的阅读体验。我也激励有这方面兴趣或追求的学生,继续整理提炼这次深度学习的成果,借鉴专业学术论文的形式,创作学术性小论文,互相交流。其实,古诗词的教学,因为时世隔膜,大都需要借助合宜的情境化学习活动,深化对诗词内涵、外延的想象还原,进而知人论世、多方验证,实现对诗词内涵的深度认知,进一步落实对学生"思维发展与提升"素养的培养任务。

教学延展

《李凭箜篌引》研读

李贺的《李凭箜篌引》,选入统编版高中语文教科书选择性必修中册"古诗词诵读"专题。教材编者指出这首诗以"众多神话意象,来表现李凭弹箜篌的超凡技艺与神奇魅力""诗人以惊人的想象贯串神仙世界和人间世界,并把视觉、听觉、触觉等多种感官体验熔铸于一炉,营造出一种神出鬼没、石破天惊的独特意境"。但鉴赏仅停留在这一层面,总有意犹未尽之感,即便从学生的阅读感受而言,也并不能很深入地感受该诗意蕴。我试着依托诗作的内容和创作背景,推敲于文本内外,从诗歌的听曲之"意"、听曲之"情"、听曲之"史"三个角度,剖析、提炼李贺诗歌独特的表达方式及思想情感特征,以期深入理解这首诗。

(一)听曲之"意"——我有迷魂招不得,携盘独出月荒凉

听李凭弹奏箜篌后,李贺创作这首诗,仅仅是为了表现李凭弹奏技巧之高超,弹奏效果之惊天地泣鬼神吗?遍览全诗,无论是前四句先声夺人地交代弹奏者,还是五、六两句正面描写乐声,抑或是从第七句起到篇终,分别从现实、天庭、神山、月宫四处摹写箜篌音响的奇妙效果,李贺似乎都堪称乐师李凭的知音。只是,深度解读这首诗,言为心声,李贺似乎没有那么用心听曲,也谈不上"知音"之许。

从写作背景来看,此诗大约写于元和六年(811年)至元和八年(813年)间,当时李贺在京城长安任奉礼郎(负责祭祀的九品官员)。李贺本身音乐天赋极高,所任奉礼郎也需要经常处于太庙庄严肃穆的音乐环境中。担任奉礼郎之前,在唐朝士子多以科考入仕的大环境下,他却独因其父名为晋肃,与"进士"的"进"同音而不得进举,这让他极为失落痛苦。后来尽管被推荐为奉礼郎,他却一直郁郁寡欢,"长安有男儿,二十心已朽"(《赠陈商》)。在一些诗歌中,李贺再三强调"唐诸王孙"[《金铜仙人辞汉歌(并序)》]这一身份,尽管家道中落,他却依旧凭借出众才学,名动京城,常以骏马自喻,"此马非凡马,房星本是星"[《马诗二十三首》(其四)],曾有过"男儿何不带吴钩,收取关山五十州"[《南园十三首》(其五)]的凌云壮志,也曾有过"天眼何时开,古剑庸一吼"(《赠陈商》)的无限豪情。李贺在长安待了三年便辞官回乡了。客观而言,听李凭弹奏是职责所在。作为其代表作的《李凭箜篌引》,难免会有其心态和情感的投射。

从标题的拟定来看,李贺的这首诗,没有记录任何曲目名,这一点也可见他对李凭弹奏了什么曲目并不关注。热爱听曲的,真正去听曲的,大多会记录下曲目

名;仅仅是想要借曲抒情的,大多不在意曲名。同样听李凭弹箜篌,杨巨源《听李凭弹箜篌》"听奏繁弦玉殿清,风传曲度禁林明。君王听乐梨园暖,翻到云门第几声",听的是《云门》。《琵琶行》"说尽心中无限事",但还是有曲名的,"初为霓裳后六幺"。南宋蒋捷听曲,写《瑞鹤仙》"怕人间换谱伊凉,素娥未识",借听《伊州》《凉州》两曲诉说亡国破家的愁苦;后来,南宋亡国后,他又写《贺新郎·约友三月旦饮》,"小婵娟双调弹筝,半霄莺鹤",此时心情更为沉痛,词中就无曲目名,大概听什么曲都一样悲怆了。又如,唐代钱起的试帖诗,"曲终人不见,江上数峰青",这时正紧张于科考,写音乐不过造境所需,哪会想到具体的曲目名?这就像苏轼的《赤壁赋》描写洞箫音乐的那一段,"其声呜呜然,如怨如慕,如泣如诉,余音袅袅,不绝如缕",只是借乐抒情,并不需要记录吹奏了什么乐曲。由此可见,李贺此诗,想借曲抒怀之意,显然是多过听曲记取之意的。

从诗句内容来看,诗歌没有介绍演奏的时空情境,没有写到现场观众,而是更注重听曲的感受。这首诗中,诗人驰骋想象,所描摹景象上天入地,恰是为了表达听曲时的百感攒集:曲子触动李贺的心绪,"使人的神经一直处在高度紧张的状态,不稍松弛,终其篇如奇峰林立,怪石嶙峋,无一平坦舒适处"。正如杜牧在《李贺集序》中所言,李贺诗"鲸呿鳌掷,牛鬼蛇神,不足为其虚荒诞幻也"。怀才被扼、满心愁绪的李贺,听李凭弹箜篌,不过适逢其会罢了。"我有迷魂招不得(《致酒行》),携盘独出月荒凉[《金铜仙人辞汉歌(并序)》]。"谁能理解此时的李贺呢?无论他听到的是什么乐曲,也不过是借以寄托本人无限愁苦的外物罢了。清代方扶南评价:"白香山'江上琵琶',韩愈《听颖师弹琴》,李长吉《李凭箜篌引》,皆摹写声音之至文。韩足以惊天,李足以泣鬼,白足以移人。"真正"足以泣鬼"的,并非音乐,而是通过诗作呈现个人心情之跌宕、悲抑。

(二)听曲之"情"——少年心事当拿云,谁念幽寒坐呜呃

"诗言志",诗歌是"自我性灵"的歌唱。闻一多先生在《歌与诗》一文中写道:"志有三个意义:一记忆,二记录,三怀抱,这三个意义正代表着诗的发展途径上三个主要阶段。"以此来解读这首诗,李贺作为音乐天赋极高的诗人,当高超的演奏激

发其心绪之共鸣时,当然不可能仅仅是"记忆""记录",诗人一定会在诗歌中表达其"怀抱",是为其情感、道德、思想和意志等的整个心灵的呈现。那么,李贺在这首诗歌中表达了怎样的"怀抱"呢?

从音乐的节奏来梳理其情感脉络。诗歌句句用韵,四次换韵,由开口韵(秋、流、愁、筷)变为闭口韵(处、雨、姬、舞、树、兔)。诗歌的前四句一韵为第一层次,"张高秋"可以理解为点明李凭的演奏时间是深秋时节,也可以理解为听者感受到了秋天的高远、深沉,无论作哪种理解都暗含情感;"空山凝云颓不流"显现了音乐的独特魅力;第三句"江娥""素女"的典故含幽怨婉转之情,也借此效果引出弹奏者。第二韵为第二层次,直接描写乐声,呈现了悲怆欢快交替的情绪。前一句"昆山玉碎",高昂悲怆,"凤凰叫"如泣如诉;下一句"芙蓉泣露"忧郁婉转,"香兰笑"则有欢快感。这是箜篌弹奏过程中,乐师李凭演绎出来的多变情感,也是诗人随着音乐转换产生的多种情感。第三韵为第三层次,从借指长安的"十二门"到天界的"紫皇",夸张强化了清冷氛围:整个长安,即所有城门之内的地域皆"融"于李凭的箜篌乐声中,甚至让紫皇为之感动,从而承接第四韵。第四层即从想象中的"女娲炼石"处写到一场从天而降的"秋雨",又从广袤深海中的"老鱼""瘦蛟"直上月宫,描写"吴质""寒兔",在诸多神话传说典故的急促驳杂的跳跃中,形成了一种清寒翠冷的表达效果。不断转换的场景,诗歌所描绘的景象也是上天入地,这正是诗人凄迷情感的绝佳体现。诗人采用歌行体,借助韵脚的变化,隐晦地表达他孤愤、悲恻的难于诉说的心灵。

从选取的意象来感受其情感特征。诗歌选取了诸多神话传说中的人物形象来凸显诗歌的表现力。"江娥啼竹素女愁",以舜帝二妃娥皇、女英挥泪于竹的场景,以及传说中善于弹瑟歌唱的神女之愁容来衬托乐曲的悲凉愁绪;女娲、凤凰、芙蓉、香兰、紫皇、五色石、神姬、鱼龙、吴质、玉兔——这些闪烁出现的仙境意象,在李贺笔下,借助音乐引发想象,营造出幽丽奇诡的意境,激发狰狞的欢乐或者是凄冷的哀伤,让人感受到拼图般的凄美冷艳的美感。如同李白在"赐金放还"之后所作《梦游天姥吟留别》,仙境幻境之描写刻画,恰恰是诗人现实境遇和心境的绝佳投射。诗人又通过"啼""愁""碎""泣""冷""破""湿""寒"等表示冷色调的语汇,反复渲染个人悲伤清冷的情调。因此,诗中的境界虽绚烂,却充满寒意。正如罗根泽对李贺的评价:"冷如秋霜,艳如桃李。"钱锺书评价李贺诗说:"长吉穿幽入仄,惨淡经营,都在修辞设色。"这一点,突出显现在《李凭箜篌引》的意象和用词中。

钱锺书还评价李贺说:"其于光阴之速,年命之短,世变无涯,人生有尽,每感怆低徊,长言永叹。"那么,李贺的这首诗,是否只是表达他对个人孤独悲苦的生活、命运的失望呢? 司空图《二十四诗品》将李贺诗歌风格列入"悲慨品","大风卷水,林木为摧",说李贺的命运,就像遭遇狂风摧毁一样,十分悲苦。但李贺作为士子,尽管才高气傲、命途多舛,却也始终有积极用世的政治怀抱。这首《李凭箜篌引》,在艳丽的表达之中,"江娥""紫皇"的家国意识,"女娲补天"的孜孜以求,"石破天惊"的宏伟想象,始终包含着他不甘沉沦的政治期待,抒发了音乐引发的"己志之悲"。可见,李贺的悲苦,并非仅仅嗟叹自身的失意,还有心怀家国的"大道日丧,若为雄材"。李贺这一阶段的佳作如《致酒行》《金铜仙人辞汉歌(并序)》《赠陈商》《送沈亚之歌》《野歌》《开愁歌》《老夫采玉歌》等也都对中唐政局和社会生活发出了悲凉慨叹,可视为互相呼应。这很容易让我们想起范仲淹在庆历新政失败之后,谪居邓州的他并没有去过岳阳楼,只是对着好友滕子京送来的《洞庭晚秋图》,就写下了千古名作《岳阳楼记》——作品的核心价值,并非岳阳楼、洞庭湖之景,而是借图画抒发的"先天下之忧而忧,后天下之乐而乐"的己悲。

"少年心事当拿云,谁念幽寒坐呜呃。"李贺的忧愁苦痛,既有个人怀才不遇的悲愤,又有他对于国家的雄心壮志——情感如江海汹涌,却因个人遭际难以言说,只能激荡在诗作之中。这也让他的诗作表现出异彩纷呈的独特个性:人间实现不了的理想和志向,那就到仙境中来完成——这种求诸神鬼的思路,也造成了李贺的"诗鬼"风格。这让他长期情郁于中,也是他英年早逝的原因之一。蘅塘退士孙洙编纂《唐诗三百首》,说李贺不符合传统"温柔敦厚"的"诗教"原则,致使李贺200多首诗竟然全部落选,也是没能透彻理解其诗作中的热忱啊。

(三)听曲之"史"——衰兰送客咸阳道,天若有情天亦老

音乐入诗,在中国古典诗词中有着久远的历史,与"诗教"一样堪称文学传统。

为了更好地理解李贺这首"摹写声音至文",还需将其放入中国诗歌漫长的"音乐描写史"中。

《诗经》之前,就有了原始歌谣,这些歌谣是配合音乐和舞蹈的。中国诗歌的源头《诗经》,首先是音乐文学,"风""雅""颂"的区别,一般认为是音乐的类别不同:"雅"是周王朝直接统治区域的音乐,"风"是其他各地区的土风歌谣,"颂"则是用于祭祀的歌舞曲。具体到诗篇,学生熟知的"死生契阔,与子成说。执子之手,与子偕老"就出自《邶风·击鼓》。因各地风俗不同,情境氛围也各不相同,《诗经》篇目中的音乐,有的庄严肃穆,有的热情洋溢,有的气势雄浑;不过大多只是对乐器的简单提及,并没有对音乐曲目进行细致形象的描写。

秦汉时期,诗歌对于音乐的描写更多,作为《诗经》《楚辞》之后的诗歌源头,"汉乐府"本身还是汉代所设的一个音乐机构的名称。最有名的《孔雀东南飞》"十五弹箜篌,十六诵诗书"中提到箜篌,《今日良宴会》"弹筝奋逸响,新声妙入神"中提到了筝;不仅如此,《西北有高楼》"上有弦歌声,音响一何悲"已经借助音乐表达在寂寞中期待知音之情,更有对音乐曲调的描写"清商随风发,中曲正徘徊。一弹再三叹,慷慨有余哀",开始借助乐音渲染诗歌意境。三国两晋南北朝时期的一些作品,比如曹操《短歌行》"我有嘉宾,鼓瑟吹笙"所描写的乐器和弹奏场景,也为唐诗提供了范式。唐代诗人大都在诗歌中描写过音乐,王维《竹里馆》"独坐幽篁里,弹琴复长啸",高适《燕歌行》"摐金伐鼓下榆关,旌旆逶迤碣石间"是对音乐场景的描写;王之涣《凉州词》"羌笛何须怨杨柳,春风不度玉门关"借拟人手法表达戍卒不得还乡之怨情,李白《春夜洛城闻笛》"谁家玉笛暗飞声,散入春风满洛城"以夸张手法抒发羁旅之愁;而李白的"蜀僧抱绿绮,西下峨眉峰。为我一挥手,如听万壑松"将弹奏者的姿态、音乐的浪漫飘逸以及乐曲的感染力整体刻画了出来,展现了美妙的境界;中唐诗人白居易《琵琶行》对音乐场景、音乐效果的渲染,情怀与声色的统一,更是表现了巨大的音乐魅力,成为诗歌艺术之极致。

但是,就没有人像李贺那样把音乐写得奇特瑰丽。他发挥光怪陆离的想象,以虚荒诞幻的意象,营造奇崛冷艳的意境,任凭思绪上天入地,借助音乐飘荡无界的震撼力,别树一帜。将《李凭箜篌引》放入漫长的中国古典诗词的音乐传统中,我们更容易发现,李贺描写的音乐场景,呈现的复杂形态,采取的情境叠加方式,都开拓了诗词中音乐艺术的新境界。该诗将音乐世界,与现实世界和想象世界完美结合;更以超幻的音乐感受,营构了艳丽的世界缩像,来纾解他诡谲的真实人生带来的悲苦。李贺没有像韩愈《听颖师弹琴》那样,着重突出听乐者的主观情绪之激烈冲撞和起伏变化,也没有像白居易《琵琶行》那样着重描写弹奏过程和场面氛围,李贺甚至省略了弹奏者的情态、技巧,只是刻画一个与现实世界完全不同的神幻世界,从而表现出音乐的巨大感染力和穿透各个世界的文学力量。

《乐记》有言:"凡音之起,由人心生也。人心之动,物使之然也。"无论李凭的音乐多么感人,对于李贺而言,都只是外物,一种外在的感动。《李凭箜篌引》这样的独特诗歌,呈现了李贺在现实世界中所不能达成的心愿。而这首诗歌最深刻的意义,恰恰在于它是一个个活生生的人物内在灵魂的外显,是"诗教"传统的独特表达。

立足音乐意象,品味独特风格——《李凭箜篌引》教学实录

(一)吟咏诗韵,初步感知

师:同学们,音乐最容易引发共鸣。今天,我给同学们放一小段音乐,用现代技术手段复原唐代李贺的《李凭箜篌引》(以下简称"《李》")的选段。请大家听音乐——(音乐起)

师:听完音乐,请同学们结合预习,谈谈诗中的音乐给大家带来怎样的感受。

生:《李》所描绘的音乐,美妙,动人,可从"昆山玉碎凤凰叫,芙蓉泣露香兰笑"两句中感受到。

生:一种很高贵、很典雅的音乐,我觉得可能因为李凭是宫廷乐师,格调高雅。

师:说得都很确切,我们齐读《李》,加深对诗作的独特感受。(生大声诵读)

师:刚刚,大家的齐读符合我们心中美妙动听的感受吗?

生:符合。

师：这是很高的评价。这位同学，你来说一下，符合你心中高贵、典雅的感受吗？

生：不是太符合，读得有点快，节奏和停顿还可以更好一些。比如"张"字，它前后都是有停顿的，刚刚读得比较平淡，感觉一下子过去了，缺乏情感的蕴藉。

师：感受很准啊，这个地方要有顿挫感。

生：齐读导致语速快，像"空山凝云颓不流"读得就有些快，其实"空山""凝云"中间要稍做停顿，后面"颓不流"要更舒缓一些，一字一顿最好。

师：大家觉得呢？我们一起捧起书本，再读这首诗，读出节奏。

（生再次大声读，情感充沛，停顿准确）

师：读完之后，大家有没有要提出来一起解决的问题？

生：有。作者通篇通过音乐宣泄情感，但是我并不知道他的"愁"从何而来，他的"笑"从何而来。

师：不知道"愁"和"笑"的缘由，为何一会儿"愁"，一会儿又"笑"了，是吧？这位同学提问很犀利，一下子抓住了诗歌的情感。这个问题，有同学回答吗？（没有同学回应）看来，我们现在解决这个问题可能有点难度，可以把它留到后面来解决。

生：我想问，他为什么要用那么多意象和典故，比如吴丝蜀桐、江娥素女、女娲炼石等？

师：你对这些意象有所了解吗？

生：有的不是很了解，比如江娥。

师：好的，我们看页下注，江娥是指娥皇、女英，也就是湘妃。传说舜南巡过程中死于苍梧山，二妃娥皇、女英得到消息，挥泪于竹，竹尽生斑。

生：为什么把江娥啼竹和李凭弹箜篌联系在一起呢？

师：江娥啼竹，是因为舜亡。"为什么要把它和李凭弹箜篌联系在一起"，这个问题，有没有同学思考过？大家提出的问题都很有质量。

生：我们之前学过白居易的《琵琶行》，《李凭箜篌引》和《琵琶行》都是描写音乐的，我想知道二者的异同。

师：这位同学更加厉害了，能够联系我们的所学提问。对啊，我也有这个问题，这首诗和《琵琶行》有何异同？这几个问题，也是我们这节课最值得探讨的要点。还有同学问李凭是谁。我回答一下，李凭是唐代著名的箜篌演奏家，时人称赞他"天子一日一回见，王侯将相立马迎"，用今天的话说，身价、地位很高。

(二)设计任务，深度品鉴

1.设计海报，理解内容。

师：下面，我们就具体来鉴赏分析诗歌内容。

师：这节课，我们将重回千年前的音乐现场，和李贺一起走进李凭演奏会，不过，说到演奏会，我发现有点美中不足，少了点东西。

生：观众，还少了海报。

师：对。缺少观众，因为缺少了宣传海报。首先，少了一张海报。如果我们要替李凭设计一张演奏会海报，大家想一想，海报上应该有哪些内容啊？

生：应该有箜篌，李凭弹奏的乐器，还有一些意象在上面，有江娥、老鱼之类的。

师：这么多意象，都要画在上面吗？

生：选取一两个。

师：这位同学说要有箜篌，箜篌是李凭的乐器。诗中有直接提到箜篌吗？

生：吴丝蜀桐。

师：这是用了什么手法？

生：借代。

师：吴地之丝，蜀地之桐，都是制作箜篌的上好原料，"工欲善其事，必先利其器"，写乐器精美，本质上是在写——

生：李凭技艺高超。

师：是的，写李凭技艺高超，引起我们对李凭这个演奏者的期待。还要有什么？

生：人物。

师：当红演奏家，李凭也得出现在海报上。

生：时间，高秋。

师：九月曰高秋，亦曰暮秋，秋高气爽。有了时间，还要有？

生:地点。梨园,宫廷。

师:再宏观一点。

生:长安。

师:怎么知道的?

生:"李凭中国弹箜篌"。中国,古今异义词,指国都长安。

师:大家都很有创意,确定了海报上要有的时间、地点、人物,最好再附上独特的意象来吸引观众。课后请大家作为随堂作业,把海报画出来啊。

2.写宣传语,品味诗境。

师:同学们,为了吸引观众眼球,在海报上最好再写一句宣传语,是不是?

生:诗。

师:再写一句诗,作为我们的宣传语,对这场演奏会进行广而告之。你能不能从诗中找一句诗句,作为这场演奏会的宣传语,并说说你的理由?

生:"女娲炼石补天处,石破天惊逗秋雨",这句写到天上神仙都因为李凭弹奏的音乐动容。观众看到了就会想,真有这么厉害吗? 就有好奇感,就会想去听。

师:这句诗中,谁在听演奏?

生:神仙。

师:试着翻译一下这句。

生:女娲炼石补天的地方,因为音乐,上天为之震惊,就被打破了,逗落了连绵秋雨。这个音乐能把上天都打动,说明音乐的感染力很强。

师:很好,这位同学提到一个词,音乐能把上天都打动,说明音乐的感染力真的很强,达到一种怎样的效果?

生:惊天地,泣鬼神。

师:大家回答得很精准,看来你们与诗人李贺产生了共鸣。这一句作为宣传语确实很不错,能够吸引其他听众。

生:我觉得可以在海报上写"梦入神山教神姬,老鱼跳波瘦蛟舞"。这个音乐,不光可以打动人,还可以打动动物,连老鱼都兴奋地跳起来。

师:你想强调这一句中哪个词?

生:舞。这是一个拟人化的词,老鱼在跳舞。

师:其他同学有意见,是谁在舞?

生:瘦蛟。

生:瘦蛟在跳舞,老鱼在水波中跳动。这一句,让人眼前有画面感,所以值得选择这句。

生:我选"昆山玉碎凤凰叫,芙蓉泣露香兰笑"。"昆山玉碎凤凰叫"形容李凭的音乐声清脆动听,后半句又使芙蓉泣露,又使香兰笑,表现出李凭技艺的极端高超。

师:"昆山玉碎",写出李凭音乐音色的清脆,那"凤凰叫"呢?

生:空灵。

师:凤凰叫,同学们听过吗?

生:没有听过。

师:这句诗用了以声写声的手法。咱们通常用一种声音来写另外一种声音,另外一种声音咱们不熟悉,所以为了把它写得清楚,写出形象感,咱们一般要找什么样的声音?

生:自己熟悉的声音。

师:那这里为什么要找一个自己不熟悉的凤凰声音呢?

生:玉在中国古代是高贵的象征之一,而且也是能见到的,玉碎的声音也是能够听到的。凤凰是中国古代的神鸟,吉祥的神鸟,能突出李凭箜篌声音独特、婉转。

师:玉,是高贵的,凤凰,是神圣的,还是为了突出同学们最开始提到的,这首诗歌给我们的高贵感觉。凤凰的声音咱们没听过,但有一种声音我们听过。凤凰的声音,和箫声很相似。同学们有没有听过箫声,或者你们有没有在其他的诗句、辞赋中听到过箫的声音?

生:"客有吹洞箫者"的"箫",还有"其声呜呜然,如怨如慕,如泣如诉,余音袅袅,不绝如缕"。

师:这是苏轼的《赤壁赋》中对箫声的描绘。咱们虽然没听过凤凰叫,但咱们听过洞箫的声音,所以"凤凰叫"的声音就是一种和缓、哀怨的声音。所以"昆山玉碎凤凰叫"，乐声一会儿清脆，一会儿又哀怨。后半句"芙蓉泣露香兰笑"，大家怎么理解？

生：箜篌声时而使芙蓉饮泣，时而使香兰开怀欢笑，写出了箜篌声的魅力。

师：这里用了什么表现手法？

生：拟人，以形写声。

师：视觉角度，"芙蓉泣露香兰笑"，写箜篌声音的变化多姿，极富魅力。这位同学用"昆山玉碎凤凰叫，芙蓉泣露香兰笑"作为宣传语，大家同意吗？

生：同意。

师：这一句写了箜篌的音色，时而清脆，时而哀怨，时而使人欢笑，时而使人哭泣，变化多姿，这属于哪一种描写方式？

生：直接描写，正面描写。

师：是对乐声的正面描写。这几位同学找到的这几句宣传语，都非常贴切。

3. 分析"听众"，感悟情境。

师：刚刚有同学提到还有侧面描写，诗中的侧面描写有哪几处？

生：有"十二门前融冷光，二十三丝动紫皇"。

师：好的，这场演奏会不单单吸引来了诗人李贺，而且吸引了各种各样的听众，同学们能不能找出你最喜欢的一两个听众，分析一下他们听这场演奏会时的反应呢？

生：最后一句，吴质因为听到了这个乐曲，他都不想睡觉了，一直在听，很入神。玉兔听到了这个乐曲，都没有留意到露珠滴到它的身上，非常入迷。这两句都说明这个箜篌声太动听了。

师：吴质和玉兔，听乐曲都入迷了。你来读一读这两句，感受一下这时候乐曲演奏到什么阶段了。

生："吴质不眠倚桂树，露脚斜飞湿寒兔"，乐曲已到尾声。

师：到了尾声，吴质和玉兔依然沉浸在乐声中，久久不能自拔。这位同学找到了吴刚和玉兔两个意象，对这一句，还有其他理解吗？

生：我来描绘一下画面，玉兔倚在桂树下，闭上眼睛，静静听李凭弹奏，桂树上的露珠掉落在它的耳朵和胡须上，它却没有感受到，而是张开嘴巴随着李凭弹奏的曲调轻轻哼唱，尾巴随着乐音轻轻摆动。

师：想象优美，这两句通过吴刚和玉兔的反应表现乐曲动人。还有其他听众吗？

生："老鱼跳波瘦蛟舞"，有两个听众，老鱼和瘦蛟，都随着音乐的起伏跳动，这时候，音乐在高潮部分。

师：为什么要用"老鱼"和"瘦蛟"呢？这两个修饰的词语是不是很奇怪啊？我们学过"舞幽壑之潜蛟"，这里变成了"瘦蛟"。

生："瘦"给人一种很虚弱的感觉。音乐能够打动人，连虚弱的、行动不便的老鱼、瘦蛟都随着音乐跳动起来了，音乐太有感染力了！

生："江娥啼竹素女愁"，李凭在刚开始弹奏箜篌的时候，让江娥为之啼哭，神女为之悲戚，说明刚开始演奏的时候，曲调是十分忧伤的。

生："梦入神山教神妪"，神妪在音乐方面技艺高超，还希望向李凭学习。说明李凭音乐造诣非常高，突破以前音乐的壁垒。

师：神妪的音乐造诣很高，还被李凭教导，突破了音乐的人神界限。你的理解很深刻。

生："二十三丝动紫皇"，仅凭二十三根弦就可以打动高高在上的神仙，可以看出李凭弹奏技术之高超，魅力之强。

师：同学们的分析和鉴赏都很到位，这么多的神仙、典故，从侧面淋漓尽致地表现了李凭箜篌的巨大魅力。一开始，有同学问为什么要写这么多意象，现在大家理解了吗？为什么要写这么多听众听演奏时的反应？

生：突出李凭的技艺高超，这场演奏会感染力很强，能够打动人心。

生：用意象和典故，通过听众的反应侧面烘托出李凭的技艺高超。

师：说到侧面描写，说到通过听众反应来表现乐曲生动，大家能想到《琵琶行》中的哪一句？

生：琵琶女的琵琶声也是能够拨动人心的，让听众——"座中泣下谁最多"？

生："江州司马青衫湿"。

师:刚开始,也有同学提问这首诗与白居易《琵琶曲》有何异同,这位同学已经能够结合所学举一反三了。清代的文学评论专家方扶南把《李凭箜篌引》与白居易的《琵琶行》和韩愈的《听颖师弹琴》三篇文章,并称为"摹写声音之至文",说"韩诗足以惊天,李诗足以泣鬼,而白诗足以移人"。可见,《李凭箜篌引》确实是一曲足以"惊天地,泣鬼神"的神曲。

(三)情感探究,知人论世

师:李凭的演奏会一票难求,除了李贺,还有一些其他达官贵人也参加了此次演奏会。大家跟我看一下还有谁。

幻灯片展示:

听李凭弹箜篌

杨巨源

听奏繁弦玉殿清,风传曲度禁林明。

君王听乐梨园暖,翻到云门第几声。

师:请同学们读一下杨巨源写的这首诗。(生齐读)

师:杨巨源听李凭演奏箜篌后的感受,和李贺有什么不同?

生:杨巨源的感受是欢快的,李贺听出了悲伤。

师:为什么同一首乐曲,给李凭和杨巨源带来的感受却不一样呢?

生:作者的心境不同。

师:心境不同,对同一首曲子的感受也不同。当我们高兴时,听什么都好听,"如听仙乐耳暂明";当我们悲伤时,"呕哑嘲哳难为听"。为什么李贺会有这种悲伤的心理呢? 这其实和他的经历有关。我们一起来看一下李贺的生平经历。

幻灯片展示:

李贺,字长吉,中唐独树一帜的诗人。

父亲李晋肃,"晋"与"进"谐音。

父名晋肃,子不得举进士。

若父名仁,子不得为人平?

一生郁郁不得志,20多岁去世。

诗风凄艳诡谲,常以妖神鬼怪入诗,被称为"诗鬼"。

师:李贺为了避父亲的名讳,一生不能参加科举考试,否则就是大不孝。当时就有人批判说,如果父亲叫"仁",儿子连人都做不成了吗? 无论如何,李贺确实一生都没能去考进士,郁郁不得志,成了科举制度门外的一条"孤魂野鬼"。而且,李贺外貌比较怪异,史料记载他"通眉,巨鼻,长指爪",大家可以想象,容貌也会给李贺带来困扰。这样的人生经历,造就了他怎样的诗风?

生:凄艳诡谲。

师:他常以妖神鬼怪入诗,被称为"诗鬼"。这样一个人,他的内心是怎样的呢?

生:很可能是愁苦哀伤的。

师:风格即人,诗歌中的种种意象都是诗人的人生经历、性格观念、思想情感等在诗中的镜像,郁郁不得志的人生经历,造就了李贺凄艳诡谲的独特诗风,也造就了这首极为出色的《李》。这节课,我们就分析到这里,让我们再次捧起书本,大声诵读,看看同学们是否又有新的体会。(师生齐读,下课)

二、《念奴娇·赤壁怀古》主体性教学述评

执教《念奴娇·赤壁怀古》时,我提出课堂主要问题,激励学生通过自主、合作等学习行为,探究并解决问题;在思维碰撞中,激励学生主动提出问题,师生互动达成目标,充分发挥了学生的主体性。

(一)说"豪放",师生诵读味豪情

师(导入):今天,我们学习苏轼的《念奴娇·赤壁怀古》(以下简称"《念》")。我想请大家通过诵读传达出你对这首词的主观感受。(生自由读)

师:我听出了豪迈。

师:我也很想给大家读一遍,而且我还事先练习过了,行吗?(示范朗读,学生沉浸此中)

评析:此处,教师坚持使用示范朗读,一方面展现了教师的朗诵水平;另一方面也让课堂具有真实情趣。一些教师哪怕朗诵水平不错,也会借助多媒体朗诵,让学生感觉冷冰冰的,不能真正进入教学情境。当然,有的时候,学生听朗诵进入了情境,教师一张口又让学生一下子从情境中抽身而出了——这是另一个值得思考的问题了。

(生鼓掌)

师:谢谢。我想,同学们经过理解和刻苦的训练,能比我朗诵得更好! 我们先一起来诵读一遍。(生齐读,激情慷慨)

评析:特级教师李镇西认为,比机智更重要的是对学生的尊重。机智只有注入教育情感才会富有生命。对学生,我更乐意想到这样一句话:"好孩子是夸出来的。"

师:再请个别同学读。哦,请××同学先来。(生声情并茂地朗诵)

评析:在课堂氛围的激励下,这位学生读出了慷慨豪迈的气势,甚至读出了下阕的郁愤苍凉。教师及时进行了表扬,却没有点出好在何处——为下一个环节造势。

师:非常不错! 请大家各自诵读一遍。

(生自由读,都很投入)

评析:学生学习行为的深入,在教师的主导下,不是难事,但其影响却是深远的。这里,学生因为教师态度、情境的熏陶而让课堂呈现令人欣喜的气象。

(二)析内容,再现情境品"豪放"

师:有疑则问啊!

生:这首词被公认为豪放派代表作,我想问,其豪放风格是怎样体现的?

生:"乱石穿空,惊涛拍岸,卷起千堆雪"等描写,还有"大江东去,浪淘尽,千古风流人物",让人联想到"火烧赤壁"的壮观战争场景。

师:因为景的壮观,所以豪放。有别的认识吗?

生:"谈笑间,樯橹灰飞烟灭",很有气魄。

师:还是写景。我们来把具体写景的句子齐读一遍? 要读得雄壮,读出气势。

生(齐读):"乱石穿空,惊涛拍岸,卷起千堆雪"。

评析:此处又来诵读,体现了诗歌教学的明显特征。

师:读得很有气势! 这句好在哪里?

生:动词"穿""拍""卷"。

师:具体说说。这种意味我能读出来,不代表你懂了;只有你自己也读出来这种感受,你才懂了。只要你心中有这种感受,你就能读出来!

评析:教师激励性的语言很有感染力,却并不煽情。很多学生开始读给自己听。在这类课堂上,教师评价就应该以激励或导向激励为主。

(生自由读)

生:速度很快的感觉。

生:乱石笋立,直插云天。

生:这是冷眼看"青山依旧在","自其不变者而观之",物是无尽的,而风流人物却"曾不能以一瞬"。

师:作者写景的角度,仰视? 俯视? 平视?

生:"乱石穿空"是仰视,"惊涛拍岸"是俯视。一个往高处写,一个往低处写。而"卷起千堆雪"是往深处写,写颜色。这样,由岸边到江面,由江面到大江深处。"赤壁"古战场的雄伟、壮丽、波澜壮阔的画面就形成了。

评析:这一部分,作为学生对诗词内容的习得过程,是可以有多种选择的。教师通过自己的引导,让学生学会了分析诗歌的一种角度。教师的任务在于引导学生更好地完成鉴赏的过程,而非替学生鉴赏。教师应该提供诗词的相关背景,对文本本身的主要注疏也要事先了解,此所谓"知人论世"。

师:对,你说得很有道理。大家都懂了吗?

生:懂了!

师:把上阕一起来诵读一遍。要读出豪情,读出气势。

生(齐诵,给人宏大壮阔之感):"大江东去……"

评析:这里,我要加以说明。仅有朗读还是不够的,古诗词既要读,又要能够通过想象再现诗歌的意象、意境。教师要注意使用引导性的语言,让学生静思默想,用心体会诗词的内容。比如,有的教师这样引导大家体会《念》的上阕:"请大家现在静下心来,去除杂念。好,闭上眼睛。请大家在心里想象滚滚长江水昼夜不息地东流,在江水的波光中,我们似乎看到了那一代代消逝了的千古风流人物……在辽阔的时空背景中,我们来到了三国赤壁,这是周郎大败曹操的赤壁。"教师可以告诉学生,想得越细致越好,甚至可以让学生回答自己在这样的情境下心头涌起的是什么样的感觉。但是,教师在学生静思的时候一定要保证学生已经沉浸在课堂情境中,否则,静思就成了乱想!

(三) 虚实皆入情,"假作真时真亦假"

师:我们一起来分析下阕。有什么疑问吗?

生:既是以弱敌强,词中为何将周瑜描绘成毫无惧色的样子,说"谈笑间,樯橹灰飞烟灭",这与史实相符吗?

生:周瑜有恃无恐,倚仗长江天险;曹操虽"号称八十万",却是乌合之众。

师:这是历史。提问的同学问得很巧妙,"谈笑间"又如何解读呢?

生:有苏轼个人的情感在里面,表达对周瑜的倾慕。

师:这与当时的史实不符。赤壁之战时,周瑜、曹仁交战,周瑜右肋中箭。《三国演义》不等于《三国志》。《三国志》中说"曲有误,周郎顾",可以相信的,周瑜精通音律,当是一名儒雅的将领,词中说"雄姿英发"也是妥当的。

评析:时时不忘联系旧知。鉴赏包括对诗文的感受、理解和评判,课堂教学应该以前两者为主。教师应该引导学生进入对诗词美感的感受中,注重探究、思考的过程。变革课堂不是一件非常复杂的事情,但是,即便小小的变化,也能够使学生的整个心理世界丰富起来。

生:这是文学与历史的不同,词中主要表现周瑜的意气风发、壮志豪情。

师:说得好!山东省2006年的高考题《文赤壁》,大家都读过了。文赤壁不是周瑜的赤壁,而是苏轼的赤壁。

评析:又一次联系旧知。解决了这个问题,教学很快就顺着"困难"而下,师生的互动最终有效地进入学生对自己的认知和情感结构的建构上。

(四)词皆"有我",对比赋沧桑

师:我有一个疑问。三国时期,人才济济,作者为什么只美慕周瑜?为什么不美慕刘备、曹操等人?关云长过五关斩六将,猛张飞一声断喝长坂坡上,俊吕布方天画戟无人能敌,诸葛亮运筹帷幄世所难当……

评析:教师只有把握学生的思路,站在学生的立场上观照自身的教学,以自己的风范影响学生,有效的教与学才能发生。

生:周瑜年轻有为,与"早生华发"的苏轼形成了对比。

生:还请大家注意,苏轼是在赤壁抒怀,周瑜在赤壁打败曹操!

评析:讨论深入了,朝着更有意味的方向。

生:对,"人道是,三国周郎赤壁",不可能写败将的。

师:仅仅是因为这个原因吗?

评析:展示李白《赤壁歌送别》——此处展示,既显示了教师充分的准备,又拓展了学生的思维角度,可谓"神来之笔"。

生:根据我们学习《赤壁赋》时的资料,苏轼40多岁时遭遇了"乌台诗案",而周瑜建功立业时才34岁。苏轼感慨自己老了。

评析:在教师的引导下,学生开始主动联系旧知、理解新知——这是一个好现象。

生:是的,都有雄心壮志,但周瑜和苏轼际遇大不一样!

生:还有"遥想公瑾当年,小乔初嫁了",英雄美女,喜结良缘,让苏轼美慕啊。(生笑)

师:是啊,词的下阕为什么要插入"小乔初嫁了"?

评析:严格地说,这也是一个"假作真时真亦假"的事例。但在这里讨论,显然更有利于分析词的主题。苏轼词中插入"小乔初嫁了"这一细节的深刻含义在于:一是借周瑜娶小乔的事实,说明周瑜在指挥赤壁之战时,年纪很轻,才华横溢,很有作为。二是以美人烘托英雄,更能衬托周瑜潇洒的风姿,英雄美人,相得益彰。三是小乔之姊大乔系孙策之妻,所以周瑜跟孙权外托君臣之义,内有葭莩之亲,能取得孙权的绝对信任,这是他能够建功立业的一个重要条件。这正是作者所没有的,又是他十分渴望的。"弃我去者",周瑜小乔不可追;"乱我心者,今日之日多烦忧"。长江滚滚东入海,这一对英雄美人也被"浪淘尽"了啊。但这江上的月,今日照着我,过去也曾照着他们。这也是作者之所以仰慕周瑜的原因。

生:首先是美女配英雄,周瑜配小乔,让周瑜更显英雄气概,就像很多电视电影中必然有男女主人公一样。(生笑)

生:我来补充。这样能充分表现周瑜的年少得志,意气风发;也可与苏轼的遭遇形成对比。

师:说得很妥帖。添上小乔这个人物,确是险笔。但它又使人叹绝,真能把周瑜的风流俊雅极有精神地描画出来。从艺术角度来说,真乃传神之笔。那风神摇动之处,非别的句子能够饱满地表现的。同时,这也隐写了这场战争的关系之大。大家都记得杜牧的《赤壁》吗?"东风不与周郎便,铜雀春深锁二乔"。如果战败,东吴就会国破家亡。作者这么写,更能在与自身的对比中体现落差!

评析:此处,学生兴趣转向探究小乔初嫁的用意,教师及时进行了纠偏。看似重复,实则是强调,更为了突出词中的对比,将讨论引回原来的问题上。小乔初嫁还有更深的用意,但与本篇无关。据史载,建安三年(198 年),东吴孙策亲自迎请二十四岁的周瑜,授予他"建威中郎将"的职衔,并同他一齐攻取皖城。周瑜娶小乔,正在皖城战役胜利之时,其后十年他才指挥了有名的赤壁之战。此处把十年间的事集中到一起,在写赤壁之战前,忽插入"小乔初嫁了"这一生活细节,以美人烘托英雄,更见出周瑜的丰姿潇洒、年轻有为,足以令人艳羡;同时也使人联想到,赢得这次抗曹战争的胜利,乃是使东吴据有江东、发展胜利形势的保证,否则难免出现如杜牧《赤壁》诗中所写的严重后果。这可使人意识到这次战争的重要意义。

师:下面还有衬托吗?

生:"谈笑间"与"樯橹灰飞烟灭"是对比。前面十分轻松,跟玩似的,后面就出现了那么强烈的效果。

评析:其实说是衬托的写法更为恰当。以"千古风流人物""一时多少豪杰"等陪衬周郎,以"早生华发"的词人自我反衬"雄姿英发"的周郎等。这一处,教师对学生的回答不置可否,我认为是不妥当的。对比和衬托作为两种不同的表现手法,也需要教师老老实实地给学生讲清它们的异同。

…………

(五) 江月浇块垒,"吹尽黄沙始见金"

师:我还有一个疑问。"多情应笑我,早生华发"是否与苏轼一贯的乐观情怀相抵触?"人生如梦,一尊还酹江月"是消极的,还是积极的?

评析:苏轼因为诗文讽刺新法,被贬至黄州任团练副使。苏轼此时深感年岁渐老,事业功名未有所成,郁郁于心。观景顿生种种联想。作者抒发个人感受,"多情应笑我",无怪乎"早生华发"。但转念一想,"人生如梦",且酾酒临江,来个自我宽慰。难以说是消极还是积极啊!但放在这里讨论,确是可以的。

师:"逝者如斯夫",人生美好却短暂,于是有人叹息不已,"人生苦短";有人及时行乐,"对酒当歌,人生几何";有人借酒消愁,"与尔同销万古愁";也有人玩世不恭,"一场游戏一场梦"。那么,苏轼又是如何对待的呢?

评析:这段话展现了教师的素养和个人风采,教师极具个性色调的教育睿智、教育情绪都体现出来了!

生:苏轼消极地面对挫折,但从全词来看,还是积极的。

评析:文本一旦选入课本,就被赋予了一种普遍的价值,比如《念》的一种价值就是要让我们了解苏轼豪放词的特征。

生:在这里,作者对自己无从建立功业,年纪大了却只能在赤壁矶头怀古高歌,生出许多消极的感慨。

生:词人一旦从"神游故国"跌入现实,就不免自笑多情、慨叹光阴虚度,以酒浇愁了。历史与现状的强烈对比,希望与实际的尖锐矛盾,使作者的感情由壮阔豪迈一变而为郁愤苍凉,却也可见洒脱。

生:我认为苏轼已经超越了乐观。(生笑)"笑我"是自我解嘲,是对痛苦的超越。

师:苏轼应当超脱吗?

生：我认为是积极与消极并存。苏轼是换了一种方式来诠释人生理想——既然是这样的黑暗现实，那么"未妨惆怅是清狂"，苏轼的心态上产生了变化！"人生如梦，一尊还酹江月"——只好旷达一番。

评析：这个学生说得不错。"人生如梦，一尊还酹江月"，反映了理想与现实的矛盾，是词人仕途坎坷、壮志难酬的悲叹和愤慨，在貌似自慰自解的言辞之中激荡着一腔追慕英雄、渴望建功立业的豪迈之情。这里寄寓着作者入世、出世的双重矛盾心理。最后几句，在悲凉中羼入旷达，又于旷达中透出悲凉，可以说表达了作者内心深处"悲"的情结，它不仅仅是对壮志未酬而感伤、痛苦，也不仅仅是一种消极的心态，这充满了强烈的精神意绪的几句，实际上传达了作者精神上无法调和的冲突。正如尼采所说的那样，个体化的魅力烟消云散了，通向万物核心的道路敞开了，于是悲剧诞生了。

师：那时的苏轼，为人耿直，新旧两党，全都得罪了，"一肚子的不合时宜"。综观整首词，说它很是昂扬积极，并不见得；可是它却告诉我们，词这个东西，绝不是只能在酒边花间做一名奴隶的。这就是一个重大的突破，也是划时代的进展。这首词，我们就一起学习到这里，请大家尝试自己诵读。建议有条件的同学读读林语堂的《苏东坡传》，可对苏轼有更为深入的了解。

评析：多媒体展示苏词《念》的内容。师生一起习得了诗词本身的文本价值，学生的情绪已经完全被调动出来，他们进行多角度、有创意的阅读。多媒体的使用使教学内容得到拓展，"思接千载，视通万里"，而一直紧紧围绕《念》则体现了教师对这堂课目标的明晰。教师最后推荐林语堂的《苏东坡传》也给学生的拓展学习指了一条路。

三、《八声甘州》教学实录及评析

【教学过程】

(一)联系导入，初释词义

师：同学们，我们才在一千多年前的汴河岸边，遇到了落魄的才子词人柳永。

当时,迫于生计、离京南下的他,演绎了一曲关于别离的千古绝唱《雨霖铃》;离京之后,久居异乡,他又会产生哪些感慨呢?今天,我们就一起来学习柳永的另一名篇《八声甘州》(幻灯片展示),进一步了解其人其情。

首先检查预习:看幻灯片,读准并解释下列字词。

幻灯片展示:

红衰翠减、苒苒物华休、归思、淹留、颙望、邈、争、恁

师生问答总结:红,花。翠,叶子。(借代手法,李清照有一句词,"知否知否,应是绿肥红瘦"。杜牧《江南春》,"千里莺啼绿映红,水村山郭酒旗风"。)苒苒,茂盛的样子。物华休,美好的景致不复存在。休,衰败。归思,思绪。淹留,长久地停留,同义复用。(《离骚》,"日月忽其不淹兮"。《红楼梦》林黛玉作诗《唐多令》,"嫁与东风春不管,凭尔去,忍淹留"。)颙(yóng)望,抬头凝视。邈,渺远的样子。争,怎么。恁(nèn),如此。

(二)初读诗词:诵读评价,整体把握

师:语文是强调诵读的学科,汉字本身具有音律美,词在古代又是配乐演唱的内容。接下来,我们就借助朗读,初步品味诗词的节奏、内容和情感。期待大家读准字音,读通词义,把握节奏。

(生齐读)

师:请我们班的一位朗诵爱好者评价一下,大家推荐一位,好不好?

生(推荐):我们班女生较多,把柳永词的凄切、婉转处理得很好,但是我觉得整体节奏表现得不够好,有的重音不重。

师:你说了两方面内容。一个是情感,凄切、婉转;另一个是节奏感,有的重音不是特别清晰。那么,能否请你给大家示范一下呢?(生点头)

这位同学给大家朗诵的时候,我还要再提一个要求:请大家专注地听,并且展开你的联想,尝试着描述你想象到的画面。(再读柳词:读懂内容,读出画面,读出感情)

(生朗诵,节奏分明,情感充沛。掌声)

师:真的非常出色,抑扬顿挫,深情演绎! 朗读,是我们进入诗词的一种自然方式。诵读之后,请同学们谈谈这首词写了什么内容。

生:上阕写了词人登高临远,看到了"关河冷落""红衰翠减"的深秋景色,下阕情景交融,抒发了羁旅之苦、思乡之切。

生:这首词写了柳永漂泊异乡的愁苦。上阕描绘日暮雨后的清秋,关河冷落、夕阳斜照的凄凉景色;下阕表达了词人身在他乡,思念佳人、期待还乡的愁绪。

(三)细读上阕:字斟句酌,由言而文

师:接下来,让我们从更高层面来欣赏这首词。苏轼评价王维的诗,说他"诗中有画"。其实大多数的古诗词,都有画面。那么,你从哪一句中,感受到了怎样的画面? 先看上阕。

生:我最喜欢的一句是"渐霜风凄紧,关河冷落,残照当楼"。这句通过"霜风""关河""残照"等意象,写出了一种凄凄惨惨、萧索悲凉的感受。

师:诗词鉴赏,首先能关注到意象,就是找到寄托词人情感的物象。我发现很多同学都喜欢这一句。(不少学生点头)大家特别厉害,几乎赶上大文豪苏轼了。苏东坡评价柳永,认为柳永的《八声甘州》中这三句最好,"不减唐人高处",可以媲美唐代大诗人最好的诗句。

生:"残照当楼","当",是"面对"的意思,把"楼"作为焦点,可以通过这一物象反映出"秋之为气也"的悲壮,显现了词人处在阔大天地间的孤独。

师:找得精准。注意到了动词"当"字,把"楼"变成了抒发感情的焦点。从写景到观照自身,人和景之间需要有一个情感的关联,就是"楼",人在楼上,楼在景中。这一地点的选择,有一种"悲壮"。我读到这里的时候,会想到王维的"大漠孤烟直,长河落日圆",大家说,什么样的感觉?

生:苍茫,壮观。

师:一种阔大的景象。那么这一句是不是也有相似的感受?

生:有。"关河冷落",关河,可以理解为"江山"。残阳映照出一个宏大的悲秋场面。

师：你的描述也如诗词一样精练！

生：这一句，我想象的画面是风雨交加的傍晚，长江和边关的高楼冷寂无声，只有一轮残日的余晖，映照着词人所在的高楼，整个色调都是黯淡凄凉的。

师：从色调入手赏析，很准确。如果把这三句绘成一幅画，大家可以确定一下它的主色调吗？

生：以青色为主。

生：我觉得暗红为主。

师：色调的选择都很妥帖。诗词赏析，要忠于词句本身，并在此基础上感受语言、揣摩语言、解读语言、赏析语言，然后形成画面，这是一种更高水平的鉴赏。请两位同学完成以下表格。

幻灯片展示：

主色调	场景：人物/景象（特征）	情感基调
青色	黯淡的高楼，遥远的冷日，一身青衣的词人，孤身面对一片肃杀的苍茫天地。	悲慨深沉
暗红	在落日残红的映照下，寒风劲吹，高楼沉凝，词人衣襟飘飘，孑然独立，异常落寞。	寂寞伤感

生："对潇潇、暮雨洒江天，一番洗清秋"，漫天飘洒着大雨；潇潇，雨声；暮，黄昏的雨；"洒江天"，天地阔大，雨意弥漫；一番，每一场秋雨之后，就增加一份凄凉的感觉。作者心情也如这天气一样，很是凄凉。

师：诠释得很好，从时间到雨的声音、形态，都注意到了。

生："一番洗清秋"，"洗"字带给人一种"骤雨初歇"之后，秋高气爽，天地间澄澈如洗的感觉。

生：洗，写出雨下得很急，"哗哗"一场大雨，雨后也非常清爽、干净。

师：这三句作为全词起句带给我们怎样的整体感受呢？

生：一个"对"字引出了词人柳永，写出了天地之大而个人渺小，为写登高远眺产生的悲凉奠定了基调。

师:总结得很好。同学们能从画面入手,更重要的是,能抓住关键的词句理解、分析,我们正是通过这样的方式,不断提高对文字的敏感度,透彻地理解诗词。

生:第一句描写秋天的雨,让我联想到李清照的"梧桐更兼细雨,到黄昏,点点滴滴",都是借助雨传递个人的情思。"对潇潇、暮雨洒江天",雨很大很急,下雨的时候天地都变了颜色;而李清照那句,则有丝丝缕缕点点滴滴的效果。也就像李清照的愁,是一点一滴地凝聚,延绵不绝,越来越深重;而柳永的愁,不仅浓重,更是宏大的痛苦,比如关乎人生、理想等。

师:这种灵光一闪,我太喜欢了。你能借助自己的积淀,迁移、理解,这是更高的学习能力。(掌声)柳永、李清照二人作为婉约词的最杰出代表,词风大有不同,同样是写雨、写愁,区别非常大。

生:我分析"是处红衰翠减,苒苒物华休"这一句,"红衰翠减",是一种凋零景象。"是处",到处,站在高楼之上,此时视角从眺望远方,变成俯视,作者站在高楼之上,俯察自然万物。此时万物是萧瑟的、衰败的,可见作者内心的愁苦也如这景色一样凄凉、杂乱!

生:"苒苒",可以是风景,更可以是飞逝的时光。

师:词人寓情于景,你们诠释得很到位,很有深度。

生:"惟有长江水,无语东流",作者的愁苦,和江水一样无穷无尽,又饱含壮阔中的凄凉;这一句还传达出了一种哲理意味,有的事物容易消逝,但还有一些事物永不消失,表现了短暂与永恒、飘零与永存的对比,又像李煜的"问君能有几多愁,恰似一江春水向东流"一样,有多重含义。

师:好的诗词,在情感之上还能寄托哲思,引发我们对自然、生命、人生的体悟和思考。这样的句子还有,比如"逝者如斯夫,不舍昼夜"。

生:还有《登高》,杜甫面对"无边落木萧萧下,不尽长江滚滚来"的景象,对个人命运产生了悲叹。

生:苏东坡直接慨叹,"哀吾生之须臾,羡长江之无穷"。

师:世间万物,有很多是永恒的,而我们人类的生命从来短暂。自然的永恒和壮美之中,往往映照出生命个体的感伤和孤独。

生：我也喜欢上阕最后一句。这一句还有两个特点，一个是以景作结，江水壮阔深远，与"红衰翠减"的柔美凄凉形成了对比。另一个是情景交融，以"无语"来写江水流逝，有丰富的词人情感投射。

师：新的角度，分析得很透彻。既能发现意象与之前不同，又能抓住"无语"这个情感词，感受作者在阔大的景象之中蕴含的苦闷、惆怅等。我们不妨从写景的视角，看看上阕画面之间，有什么逻辑关系。

生：先登高望远，从远处、高处落笔，再将视角转向低处、近处，很有层次感。

师：层层铺叙，高低角度切换。

生：开头两句，以"对"字总起，写暮秋傍晚的雨景。接下来三句以"渐"字开始，具体写雨后暮景，再写"是处红衰翠减"，视野从远处收回；到"惟有长江水"，又有视野放出去的感觉。

师：由远及近，其实也有对比。

(四)研读下阕：构建画面，串接拓展

师：柳永的确是写景高手，画面很有层次感，又有明确的聚焦点。这个聚焦点就是他自己(幻灯片展示：品读词人形象)。置身在阔大、苍茫、萧瑟、凄凉的景象中，接下来，词人又通过怎样的画面抒发感慨呢？请你向同学们描述这个画面，先自由朗读下阕。

(生自由朗读)

生：词人看到一只归舟从远处缓缓驶来。

生：不对。归舟不是词人看到的，而是他的想象，是佳人看到的。这船，也不是具体的某一只船。这一句，可见作者是站在江边，盼着有一天能够乘着船回到家乡。

生：还有误解。这一句是虚写，是词人想象心爱的女子在妆楼上翘首期盼自己归来。有一个词很关键，"想"，是作者的想象。(众生赞同)

师：看来大家都更赞同最后一种理解。词人本是自己登高远眺，思念佳人，却推己及人，写妆楼之上的佳人，想念身在异乡的词人。大家接触过这种写法吗？

生:韩少功《我心归去》中,"我知道我对她们来说是多么重要,我是她们的快乐和依靠",就是这种写法,让思念更迫切。

生:杜甫《月夜》中也有一句,"今夜鄜州月,闺中只独看"写他的妻子对着月亮思念身在长安的诗人,其实是诗人思念妻子。

师:举例是一种好方法。

生:借助想象,写故乡的佳人,盼望词人归来。这不仅是词人想念佳人,可见佳人也想念词人,由单向思念转变为双向思念,情感更加委婉、深沉。

师:大家对词句的赏析,真是渐入佳境!这一句,还有什么值得玩味之处吗?

生:我从动词使用和细节描写的角度赏析。"望""误""识",三个连贯的动词,勾画出佳人的动作,以及情感变化,盼归的焦急,误认归舟的惊喜,以及发现误识后的失落。"误几回"这个细节,表达了深情的期盼。

师:理解很有见地。下阕还有画面吗?除了写佳人的画面,词人呢?

生:"争知我、倚阑干处,正恁凝愁"。词人倚栏远望,愁绪满怀。

师:词人由虚写转实写,转进一层反照自身,哀怜佳人怎知我此刻也在倚栏凝望!整首词中,词人创造了很多画面。请同学们结合各个画面的动作(动词)进行分析。

生:第一个是"对",登临纵目,望尽天涯,面对着暮雨洒江天,面对着残照当楼,万千萧瑟之景色,都冲着"我"一个人而来了。

生:"渐",是时间推进,挟裹着凛冽的秋风,逐渐弥漫到整个天地之间;此时,更有一抹残阳如血,当楼惨照,写出了萧条凄凉的意味。

师:词人明明已经登高临远,却偏又说"不忍",该怎么理解?

生:"归思难收"。想家,害怕登高之后更无法抑制那种思念,但又忍不住登高望故乡。

生:"不忍"是正话反说,给人一唱三叹之感:不忍思乡,不忍佳人备受思念之苦,不忍去想自己的漂泊现状,其实作者深陷在这些情感之中。

师:想家就回去吧,词人又来了一句"叹年来踪迹,何事苦淹留",这一个"叹"字,让我不禁想到柳永的一生啊!(幻灯片展示:柳永生平)

生：柳永一生仕途不得志，辗转各地做小官，勉强维持生计，不能衣锦还乡。

生：他出身仕宦家庭，有仕途理想，当这些都破灭以后，也难免迷茫，追问生命的意义。

师：这就和上阕时间流逝、万物凋零的意境相通了。

生：还有一个动作"倚阑干"，我觉得与"对""当楼""登高临远""望""叹""想"，都有关联。

师：的确如此，词中登高远眺之景，皆为"倚阑干"时所见。柳永分明就是一个手段高明的导演，通过上、下阕的写景抒情，选取阔大苍茫、萧瑟凄凉之景，又通过佳人对比，写活了一个羁旅异乡、愁苦悲慨的词人形象。

(五) 总结延伸，主题学习

师："人各其志，人各其才，人各其时，人各其用，无大无小，贵贱无分……这就是为什么历史记住了秦皇汉武，也同样记住了柳永"，梁衡在散文《读柳永》中这样说。请大家课后阅读《读柳永》一文，并结合《鹤冲天》《望海潮》等，全面了解柳永其人其事。

读诗、读词最高的境界，莫过于穿越时空和作者相对而坐，听你弹上一曲《高山流水》。这节课即将结束，让我们尝试背诵全词，用声音演绎这首千古佳作："对潇潇、暮雨洒江天……"

（生齐诵）

【教学评析】

诗词教学：内容的开掘和活动的设计——评赵洁老师的《八声甘州》教学

对于很多老师，在诗词教学中多元解读诗词内容，鉴赏诗词表现手法，理解作品情感主旨等，似乎不难做到。但普遍不足的是，教学形式主要还是教师的讲或者是问问答答变相式的讲，缺乏教学活动的设计，并不能真正有效地引导学生在学习活动中读懂诗词，欣赏诗词，进而掌握诗词理解、赏读的基本路径和方法，培养诗词鉴赏的能力和素养。

这节课，呈现四个鲜明的特点：

1. 重视文本的基础理解。

古诗词鉴赏需要重视文本解读——这节课,给学生提供了字、词、句的训练契机,让学生逐步进入自己的知识建构过程,做得很好。目前,高考考查古诗词鉴赏,故而很多老师重鉴赏而轻解读。很多学生在欣赏诗词的时候,站起来不会说,就是因为他们在文本解读方面没做好,导致对诗词的欣赏缺少抓手——老师提问的时候,他们连诗句本身的意思都不懂,关键词也不能理解透彻,怎样来品味、领会诗词的内容和情感呢?

2. 带领学生细读文本。

这节课精心设计词句解读教学,做到了从过去的知识教学,转入语言表达、实践的过程——这也是情感的蕴藉过程,是思想的生发过程。课上,老师带领学生开展文本细读的能力较强;师生对话中,对诗词内容的处理细腻、周到,真正做到了把情感的理解、体会、体验,和词语、诗句的品读融合在一起。教师的教和学生的学,也联系得很紧凑;当学生的理解遇到了困难,教师主动发问,或者鼓励其他学生参与讨论,最后又及时表达意见,这也是一种负责任的教学态度。

3. 有机组合和拓展。

整节课的教学,课堂问题的串接,从导入、诵读,到上、下阕内容的研习以及情感分析,之间的过渡、时间分配比较合理,教学容量比较大,基本上有效地引领了课堂学习的确定性和深度。这节课的教学,突破了词内容本身的限制,拓展了学习范畴。这节课没有仅限于这首词的解读,与其他作品的关联也都打通了;最终学生受到感染和激励,也主动联系学过的诗词,进行了拓展。这样,一节课就显得比较厚实。

4. 有效的激励和引领。

教师能够抓住学生回答的闪光点进行具体、及时的评价,颇见功力;在起始阶段,教师敢于主动放弃示范朗读、展示自我的预设,给予学生朗诵的机会,也是有激励意义的。

作为日常教学,这节课总体是成功的。但还可从教学活动的设计组织和教学内容的开发两个方面,再做一些思考和改进。

首先,把"讲一首词"变成"上一堂课"——多元设计学习活动,引领深度理解和鉴赏。

"讲一首词",是教师分析作品,着眼点是让学生学习理解一首作品;"上一堂课",是带领学生欣赏一首词,让学生学会诗词的鉴赏。这节课,缺少把教学过程变成教学活动的设计意识。不同的课堂组织形式,会带来不同的教学效果。我们要主动创设与教学内容密切相关的各种形式的活动,提高学习的效率。

柳永画像

(1)抓住教学形式的激趣处,细化设计。比如利用教材上这幅人像插图(见右图):如果给这幅插图配上一句词,你配哪一句? 这个思考的过程,让学生说。第一句肯定是不行的,插图包含一个动作。又如"惟有长江水,无语东流",是否可以呢? 这个活动的设计,目的不是一定要对上哪一句,而是可以借助这幅插图,让学生自然地融入诗词理解的情境。这种直观、有趣的讨论交流活动,还能够有效带动性格内向或者学习基础较差的同学参与学习。

再如,书册左边还有一个"《词谱》柳词书影"图(见右图),仔细看一下,与课文的标点有所不同。"潇潇"后面,是顿号;"想佳人",顿号;"争知我",顿号。这几个标点能不能这么用? 这就把朗诵也融合进去了。现在就会产生一系列有意思的问题:为什么要加这几个标点,合理吗? 更重要的是,这几个标点加上去之后,和内容有什么关系? "潇潇"后面加顿号有没有道理? 当然有,诵读的时候要有一个比较细微的停顿,这就是句读、停顿啊。后面的"想佳人",按照词的意思,是可以断句

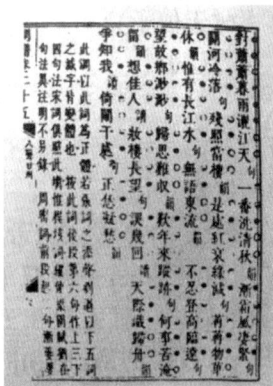

《词谱》柳词书影

的,但是"佳人"和"妆楼颙望"之间又联系紧凑,有一种可断可不断的味道;如果用逗号断句,就断得太长;如果不断,那就停顿不够,所以最好也是加个顿号。词的细微之处,拿出来让学生分析、理解,努力促使学生主动去发现、领悟——这就是教学

活动。

又如，课上可以让学生依据每一句内容，画一幅词人情感曲线图，锻炼学生获取信息并进行概括、构图的能力，培养、提升学生的认知策略，也为理解诗人情感、勾勒人物形象、解读诗歌主旨提供依据。

这些做法，能够降低理解的难度，化繁为简，借助细节及一些细小的问题等，引导学生有序地开展学习活动——当我们能够设计多样化的教学活动，进而把教学活动简单化之后，学生就会报以丰富的反馈，以及灵性的迸发。

(2)抓住教学内容的闪光点，细化理解。教学活动的设计，包括对文本内容的拓展。我们要能从词句的精妙处入手，把握词人的情感脉络，领悟其"所言志，所载道"；或者从诗词的炼字炼句处，抓住特点，深入理解文本。

柳永写长词慢调，善于在曲婉转折之处使用领字。这首词有几个领字，可让学生找一找。比如，在课堂研讨中，我们发现，柳永通过"对""渐""惟有""不忍""叹""想"等领字，对个体情感和心境进行敏锐表达，把他的个人经验转化为一种普遍的抽象的生命感喟，也因之获得了无数阅读者的共鸣——课堂需要更加明确地引导学生分析领字的作用和意义。其实这也告诉我们，对于文本的处理，在细节方面有很多变化，可以设计多样化的教学活动。

课上，学生对"想佳人、妆楼颙望，误几回、天际识归舟"有不同见解。妆楼上颙望的人是谁？显然是佳人。怎么知道是佳人呢？我们分析这一句：首先，妆楼，地点很特殊；再一个，天际识归舟，这应该是待在家里的人，盼望着流落在外的人。经过具体内容的具体分析，学生能锻炼学习技能，更能透彻理解文本内容。又比如，"何事苦淹留"，到底是何事呢？一般的理解，是没有获得功名。但结合写作背景，我们发现柳永是一个不羡功名的人。其实，柳永与理想失之交臂的苦痛，对命运的无奈，还有人到中年的茫然，全在这一句中。对关键内容的理解和把握，需要借助问题的巧妙串接，调动学生的深度思考。

(3)抓住词作承续的延伸性，深度拓展。说到文本内容开发，这首词有三处用典可做对比阅读。一处是"红衰翠减"，化用李商隐《赠荷花》"此花此叶长相映，翠减红衰愁杀人"一句。到底是李商隐高明，还是柳永化用更好呢？此一句，固然是应景之语,但未必不含深意:李商隐此句感慨人生际遇,天意难违;柳永又何尝不是仕途坎坷,被造化所弄呢? 在此,柳永是否有自比李商隐之意呢? "误几回、天际识归舟"一句,语出谢朓《之宣城郡出新林浦向板桥》"天际识归舟,云中辨江树"。一般认为,柳永加上了"误几回",焦灼的情感较原诗更强烈,那么你持什么观点? "惟有长江水,无语东流",化用高蟾《秋日北固晚望》"何事满江惆怅水,年年无语向东流"一句,写景之外,意味丰赡,与原句可做对比分析。

此外,诗词教学,要有好词、好句,还要有好篇——整合核心问题,实现全面把握。

这节课教学的过程中,点与面的关系,局部和整体的关系,处理得不是很好,涉及三个方面:

(1)整篇意境缺少清晰把握。把握整首词的意境,一般的方式包括分析词句,贯通全篇内容,抓住意象,借助联想和想象,诵读涵泳,了解写作背景、作者个性等。这节课的教学,可以从三个角度考虑,完成从词句意境到整篇意境的升格。一是精心设计板书,连点成线,聚篇成章,给予学生直观指引和理解强化。这一过程需要精心设计并及时呈现出来。二是结合柳永其人,进行主题拓展阅读教学。三是结合单元主题进行"拓展—回归"的训练。

教师要能够"驱牛向草",通过活动设计,把学生从词句引向整首词意境的理解,并促使学生把知识转化为自己主动掌握的内容,呈现新知的构建过程。

(2)忽视句间关系和句篇关系的把握。比如,上下阕各写了什么,这是词的解读必不可少的内容:上阕写眼中之景,下阕写此情此景中,人的思念——这个还需要总结强调一下。那么、上、下阕各四句,又分别写了什么,哪一句最能寄托愁绪呢? 教师要能对课堂对话进行敏锐的筛选和加工,生发出有价值的问题,进而整体把握全词。这种由句而篇的学习过程,需要我们把自己当作诗人,然后将心比心去领会、推测诗人在诗中所寄寓的情感,从而整体把握、理解诗歌的内容和主旨。以上阕为例,各句之间是什么关系:第一句写了雨,第二句写了霜、河、楼及残照,第三句写了花,第四句写了长江。这四句,是一层一层的愁苦,从"一番洗清秋"的凄冷,到"霜风凄紧"的寒意、"红衰翠减"的残败,其实是岁月流逝带给人的感受;再到"长江无语",其实是词人无语——这样一个理解的过程,这种景与人的融合,层层叠加,自然而然地托出了下阕的情感。"柳永是把深剧的感情,融在所写的景物里。"

又如,这首词用一个字概括,就是"愁"。那么,到底是什么愁呢?从上阕来看,是秋景之愁;从下阕第一句来看,是故乡之愁;从第二句来看,是生命蹉跎之愁;从第三句来看,是思念恋人之愁。那么,诗人最主要的愁绪是什么?我认为不是想佳人,不是思故乡;从上阕"红衰翠减""无语东流",到下阕的"何事苦淹留",主要感慨的还是岁月流逝、生命蹉跎,感慨把生命耗费在无意义的事情之上。这样,我们就把整首词的情感梳理清晰了,而且有主有次。

好的诗词,要有好词、好句,还要有好篇;好的课堂,也要有好词、好句,还要有好篇,能够细致入微地去揣摩,更能提纲挈领地去把握。

(3)对知识的整体意义重视不够。固然,我们可以一点一滴地学习知识,但只有具备整合意识,通过有效的学习方式不断建构知识框架,知识才能显现其重要的价值。比如学习柳永的《八声甘州》,不仅要能联系到学过的《雨霖铃》,还要能推动学生结合柳永的经历,理解《鹤冲天》《望海潮》等诗词的作用和价值,要能引导学生阅读叶嘉莹《北宋名家词选讲》中的《说柳永词》、梁衡的《读柳永》等,拓宽视野,形成主题学习,并书面呈现学习成果。

这节课,整个教学活动的设计,偏于向内,重视词句的深度解读;而为了追求学情和文本的平衡,教学也应适当向外用力,设计一些必要的教学活动,进行更为深入的内容拓展。经过这样的一番推敲,我们的课堂就可以更加生动,更有趣味;也更容易深入学生的心,更有效地达成教学的目标、任务。

(本文刊于《教学月刊·中学版》2018 年第 C3 期,作者黄厚江,有删改)

四、《咏怀古迹》(其三)教学述评

平实的一节课,最大的特点在于基本上做到了让每一个细节都吸引人。教学过程中,我们需要引人入胜的设计,从学生反应上看,这节课是成功的。试从教师主导的角度分析如下：

(一)导入课堂部分

师：请大家先自由地将这首诗朗读几遍。(生读)这首诗大家做了预习,应该比较熟悉,我想请每个小组推荐一位同学出来,给大家做示范朗读。

评析：此环节是一个触发点。

(四组学生推荐每组朗诵水平比较好的学生朗读)

评析：结果居然推荐出清一色的四位男生。每个同学都读出了自己的特点,尤其有一位同学抑扬顿挫的感觉非常之好,让人叹绝。这一环节中,推荐读是一个吸引学生的地方。作为同班同学,某些同学的专长应该被大家知道,也应该得到展示。

师：关于这首诗的作者——杜甫,我想大家肯定非常熟悉了。那么我问一个很难的问题,不知道大家知不知道。古人讲究名号,比如李白,名"太白",号"青莲居士"。谁知道杜甫的三个号？

评析：又一个触发点,说难是为了激起挑战的勇气。同学小声议论,然后回答出"杜工部""杜少陵""少陵野老"。也有说错的,说"杜子美"或者"诗圣"。学生的兴致逐渐高涨。

师：我们对唐代的诗人,往往有这样一种情结,那就是一说到谁,就知道谁的特点。那么,说到杜甫,大家马上就想到他的诗歌一般表达怎样的情感呢？

评析：此为另一个触发点。

生(马上回答)：沉郁顿挫！

评析：典型的马大哈式回答,但正确往往从错误中来——课堂上倒也真的需要这样的声音。

师：说得不错,这是杜甫最为显著的风格特征,和李白诗歌的"豪放飘逸"相映成趣;但我问的是情感特征。

评析：先是肯定式的否定,"不伤自尊";同时又一次强调了问题。

生：我知道,忧国忧民！他是最伟大的爱国诗人之一,忧国忧民！

师:说得很不错!一般表达的情感的确是"忧国忧民",所以杜甫的诗也被称为"诗史",其人被誉为"诗圣",诗中圣哲啊。杜甫的一生,仕途失意,又长时间穷困不堪,流离漂泊,所以他能够体味到底层百姓的苦痛,更深切体会到社会的灾难。

评析:这一环节,介绍作者,设计上没有平淡告知,而是注重激发学生兴趣,从"学生不一定了解的杜甫"入手,让学生兴致盎然,又处处告知学生杜甫的关键信息。这个环节很有创意,作为对作者的介绍,并不是教师的口头陈述或者资料介绍,而是通过激趣、调动学生的课外知识等,让学生主动去"知其人",从而"论其诗"。

(二)课堂主体部分

师:知人论世,我一直强调的是,每一首诗都需要从诗的内容入手,知其大略后再结合背景分析。我们一起来看看这首诗写了什么内容。大家说说,在这首诗里,杜甫塑造了一个人物,是谁?

生:王昭君!

评析:明知故问,典型的铺垫。

师:那么,谁来给大家介绍一些关于王昭君的故事?在讲故事前,我们先来看几个知识点。

(1)明妃:即王昭君,西晋时因避司马昭讳改称明君、明妃。昭君村在今湖北秭归。

(2)据《西京杂记》记载:"元帝后宫既多,使画工图形,按图召幸之。诸宫人皆赂画工,昭君自恃其貌,独不肯与,工人乃丑图之,遂不得见。后匈奴入朝,求美人。上案图以昭君行。及去,召见,貌为后宫第一,帝悔之,而重信于外国,故不复更人。乃穷案其事,画工毛延寿弃市。"

(3)传世的琵琶曲中有《昭君怨》,据说其中的歌词是王昭君所作。

评析:这首《昭君怨》又是一个触发点。

(师生围绕"后宫第一"、"汉元帝"、《昭君怨》等细节进行了颇有兴致的交流和想象)

师:这几位同学说得很周详。杜甫在这里塑造了王昭君这个古人,大家对应题目"咏怀古迹"可知,本诗是一首咏史诗,杜甫显然是借古人的事情感伤自己的身世。这就是"借古迹抒己怀"(板书)。

评析:对王昭君的介绍,让学生知道了这一历史人物和一些哲理,补充的《昭君怨》,不仅深化了对昭君的认识,更激发了学生昂扬向上的情绪。本处设计,巧在也是学生兴趣的一个触发点,在学生毫无察觉之下,巧妙地对学生进行了情感的熏陶,为下面分析诗所表达的情感做了铺垫;同时教师收放自如,在学生对这一人物的理解到位之后,只用了"杜甫在这里塑造了王昭君这个古人,大家对应题目'咏怀古迹'可知,本诗是一首咏史诗,杜甫显然是借古人的事情感伤自己的身世"这一句话,顺势自然过渡,就又把学生拉回了诗歌的鉴赏情境中去。

师:下面我们一起来具体分析这首诗,看看杜甫是怎样"借古迹抒己怀"的。先看首联。我们齐读一遍。

生(齐读):"群山万壑赴荆门,生长明妃尚有村"。

师:先从字面上理解。

生:首联写出了王昭君走了,但是村子还在。

师:这一联中,哪个词最具表现力?

生:"赴"字用得非常不错,通过拟人化的手法,把千山万壑都写活了!

师:那么,杜甫这么写,又是为了表现什么呢? 首联写景,有两层含义,大家先从整首诗的情感表述角度思考一下,然后我们一起来讨论。

生:写的是奇景,佳山佳水,只有这样的地方才能孕育出王昭君这样的女子!

生:从侧面写出了王昭君一个人孤身远赴匈奴之地,需要多大的勇气,那么这个女子肯定也具有像这儿的山川一样坚韧的人格。

评析:又一个触发点,这属于师生思维碰撞过程中的精彩。

师:分析深入内容和人心。接着,我们一起来看颔联。同学们说说你的感觉,你的理解。

评析:老师对学生回答的评价非常到位。

生:大家看,"紫台""朔漠""青冢",杜甫通过空间的转换,写出了昭君远嫁的不幸遭遇。

生:我觉得"一去"和"独留"是一种对举。"一去"是昭君怨的开始,"独留"二字则是昭君不幸一生的结束。

生:"黄昏"则点出了时间的飞逝。和"一去""独留"一起表现了时间的转换。

评析:能否关注细节,往往决定着一节课的成败,决定着教学的效率和质量。教师对教学细节的适时点拨和渲染,让学生也能自觉地在这样的思维方式下理解诗歌,体现了教师主导的显著影响力。

生:我来补充一下。传说,在辽阔的大草原上,到了秋冬季节,很多墓冢上都是白茫茫的,唯有昭君的墓冢上是青葱的,所以"青冢"特指王昭君的墓。

评析:又一个触发点。这和部分课堂纠缠于字词有本质的区别。部分课堂,在诗歌鉴赏分析中,因对字词的纠缠,使诗歌意境支离破碎;而这里,由于大部分学生对诗歌内容的陌生感,所以学生的阅读期待——理解昭君人物形象——的实现需要实实在在地理解字词。经过分析,学生才建构了一个有昭君情感历程的完整情境。就像新课标中所说的,"语文应着重培养学生的语文实践能力",这种能力也一般只能通过课堂教学实现。

师:杜甫从自己的理解出发,通过时空的变换,写出了昭君悲剧的一生,我们一起来听一支曲子——《昭君出塞》,看看大家能否体会到相似的情感。

评析:学生听曲子,沉浸其中。平时生活与课文情境有很大区别,这个时候教师创设情境,就容易把学生引入恰当的轨道,"课深,兴正浓"。

师:好,这就是这首律诗的前两联,我们齐读一遍。

(生齐读)

师:谁来带着大家理解后两联的内容。

生:颈联大致的意思就是,皇帝昏聩,怎么可能通过画像就看出花容月貌!这一悲剧中,总是昭君魂魄归来也是枉然了。汉元帝只看画像挑选妃子,到了最后,昭君远嫁匈奴成为定局之时,才发现王昭君才是宫中第一美女,岂不悲哉!"春风面"就是写王昭君的美丽的。

师:这一联仅仅是为了抒发王昭君的怨恨吗?

生(小声):还有诗人杜甫的。

师(大声):非常准确!还抒发了杜甫的感情,怎样的情怀?(学生沉思)比如我们之前学过的,屈原喜欢以"香草美人"表现自己的情思,"惟草木之零落兮,恐美人之迟暮。"这里面呢?

评析:其实说到这里,老师的启发已经足够接近答案了。这一处的理解,已经超出了很多学生的已有经验,教师不需要坚持让学生体验品味,而是可以选择启发甚至直接告诉。

生:这一联写了她空有绝世容颜却不能为君王所知的悲剧,其实也是杜甫心忧天下、壮志难酬、怀才不遇的遭遇。

师:概括得太精练了!接着,尾联中,大家认为琵琶声中,除了"怨恨",还会有什么情感、情绪?

生:应该有浓重的思乡情怀。

生:思亲。

生:应该还有深沉忧伤的身世之感,毕竟也是要表达杜甫的情感的。

生:一个"怨"字,自然有对君王也就是汉元帝的怨恨!

师:仅仅是对汉元帝的怨恨?

生:通过"千载"可以看出,这个怨恨不仅仅是空有绝世容颜不被君王所知的怨恨,更有千年来美人迟暮、怀才不遇等方面的怨恨,也就是说,传达出了一种共通的情感。

师:说得非常好啊!这首诗,写于杜甫50多岁时,也是安史之乱后,因而必然有一种迟暮之感,尤其是"独留"二字,更见悲凉!杜甫悲昭君,正是为了抒发自己的悲伤啊!(板书:悲昭君以自悲)

师:整首诗分析下来,我们看到,作者杜甫通过前两联"借古迹抒己怀",后两联"悲昭君以自悲",写景抒情,既写出了昭君远嫁的悲剧,又抒发了自己英雄迟暮、壮志难酬的感慨,实在是一首沉郁浑厚的诗歌。

评析:这一部分,讲评分析,师生互动,是课堂的主要环节。在这一环节中,师生围绕每一联进行对话,教师对每一联的引导,都注意到了赏析角度的变化,所提的问题适合学生回答,更容易引发学生更为深入的思考。部分内容的补充,不仅仅拓展了知识,更活跃了课堂,深化了讨论。所以整堂课中,学生在这一部分的学习最为投入。这就是这节课的主要教学内容。教师的语言精练,每一个问题的设计可以看出匠心独运。学生的情绪被激发,能够从对话中感悟、生发出一些深入的或者新鲜的认识,锻炼了思维,也增加了学习兴趣。从课堂反应来看,师生的主体地位得到了融合体现。

(三)课堂收束部分

师:当然了,这首诗写尽了一个远嫁异域的女子的乡土之情,写了故国之思,更表达了爱国情怀。它不仅仅塑造了王昭君的形象,更是通过王昭君的一生经历写出了作者杜甫的悲慨,我们一起来回顾全诗,理解诗人是怎样抒情的。

生:二人的遭遇有很多相似之处。比如王昭君是"一去紫台连朔漠",杜甫是"漂泊西南天地间";王昭君是"环佩空归夜月魂",杜甫是"每依北斗望京华"。通过类似的经历,写出了自己与昭君的共同遭遇。

师:说得非常不错,这是表达情感的一种极佳方式。大家经过对这节课的分析,能够明显地感受到吗? 让我们再读,读出其中的"怨"来!

评析:引导学生进行有效的朗读,必须在挖掘文字内涵的基础上,理解作者独特的感情,激发出学生的感情。教师在这一过程中,应该发挥主导作用,循序渐进,在引导学生体验的基础上,一次比一次读得更好,"以情促读"。这是解读诗歌的一个收束环节。没有像很多老师那样,从整体上进行提纲挈领式或者统筹兼顾式的总结归纳;而是巧妙地将文本诗句和杜甫的生活实际进行对比,在对比之中,自然而然地凸显了作者情感。

师:我们再来看看杜甫的另一首大约同时期所写的诗歌《八阵图》。诗歌本身内容简单,大家粗略说说啊。

生:这里面,塑造的人物是谁?

生:诸葛亮!

师:我们一起来把这首《八阵图》诵读一遍! (生齐读)大家来分析一下。

生："功盖三分国,名成八阵图"。这两句写出了诸葛亮通过隆中对策帮刘备实现了与魏、吴两国三分天下的战略目标,及江边布阵强如十万雄师的功业。

生："江流石不转,遗恨失吞吴"。但是,时势难测,诸葛亮最大的遗憾就是没能辅佐刘备统一天下。真是"谋事在人,成事在天"啊!

师:分析这首诗,也和《咏怀古迹》(其三)一样表达了诗人英雄迟暮的遗恨,壮志难酬的悲凉!之所以将《八阵图》拿来让大家比较学习,是为了促进我们对《咏怀古迹》(其三)中杜甫"借古迹抒己怀,悲昭君以自悲"的深入理解。

评析:拓展部分,这首诗在形式、内容、情感表达等方面都与《咏怀古迹》(其三)有相似之处。选取这样一首简单的诗歌进行拓展,巩固了课堂教学的成果,增强了学生信心。我认为,所谓拓展,首先必须指向这节课的教学目标的实现,而不是为了增加课堂容量或者点出一个更难的。整节课的教学中,我觉得最大的成功就是处处都有激趣点,都能够让学生有疑问,有解答疑问的期待,这样,就能时刻吸引着学生,促使他们思考。

教学延展

《咏怀古迹》(其三):以选文类型确定教学内容

当前,语文阅读教学格外重视与文本的对话,强调文本解读。这样,文本就成了教学的前置条件;文本是否具有对话价值,也就成了教师选择、确定教学内容的关键因素。所谓文本对话价值,知名特级教师孙双金认为,是文本"文质兼美,适合学生"。面对高中语文教材的诸多课文,这节课到底该怎么上?如何"用教材教"?

通过杜甫《咏怀古迹》(其三)一诗的三次教学实践的纵向比较,通过对教学内容的确定的研究与思考,我们发现,不同的教学目标或教学阶段,某一节课的教学内容也迥然不同。这取决于学生主体和学生实际,体现在课堂上,主要是在合理确定教学目标的基础上,教师对课文进行二度开发。

在近两年的听、评课过程中,连续多次听教师上杜甫《咏怀古迹》(其三)一诗。每次听这一课,教师上课方式、主要教学内容等都有很大差异。在之后的评课、议课过程中,当讨论到"为什么要这样设计"的时候,很多教师也是语焉不详,甚至说不出个所以然来。这引起了我的关注:同样面对杜甫《咏怀古迹》(其三)一诗,这节课到底怎么上? 又有什么妥帖的依据?

将这个问题"推而广之":目前的高中语文课堂教学,其每一节课的主要教学内容到底依据什么确定? 在诸多的语文课堂上,很多教师是按照规定的教学篇目,顺次上过去;每节课,教师都和学生从字音字形、作者简介等开始,一路讲评或者讨论,直到主旨或艺术手法收尾。这样的课堂,明显是循规蹈矩的"教教材"。

结合王荣生教授对"语文教材的选文类型鉴别",从对"定篇""例文""样本""用件"四种选文类型的具体教学内容的分析出发,我们来探讨课堂主要教学内容的确定和"这节课该怎么上"的问题。

我们应当认识到:教学内容的确定首先要考虑教材因素,要发现教材本身的教学价值。如果教师把这首诗的核心教学目标,定在理解此首诗歌的诗意之上,并将此作为课堂教学的主要任务,那么,这首诗的教学可以做如下设计:

步骤一:(设计)缜密、精巧地组织教学材料;

步骤二:(融合)提供引导材料,帮助学生灵活学习新内容;

步骤三:(巩固)联系拓展,给予提示,帮助学生发展认知结构。

基于此,《咏怀古迹》(其三)的教学可以设计如下(适合初学杜甫诗者):

【教学过程】

(一)导入新课

(二)《咏怀古迹》(其三)简介

(三)赏析诗文

1.赏析首联"群山万壑赴荆门,生长明妃尚有村"。

(1)释"壑""赴""荆门""明妃""尚"。

(2)赏析"赴"字之妙。

(3)明人胡震亨评注的《杜诗通》说:"群山万壑赴荆门,当似生长英雄起句,此未为合作。"大家认为如何? 请结合王昭君的生平,谈谈自己的看法。

2.赏析颔联"一去紫台连朔漠,独留青冢向黄昏"。

(1)释"连""青冢""向""紫台"。

(2)比较杜诗对昭君一生悲剧的概括与南朝江淹《恨赋》里"若夫明妃去时,仰天太息。紫台稍远,关山无极。……望君王兮何期,终芜绝兮异域"的异同。

3.赏析颈联"画图省识春风面,环珮空归夜月魂"。

(1)释"省识""春风面""环珮"。

(2)这两句联写,诗人表达了怎样的情感和看法?

(3)诗人本人的命运与之有何相同之处?

4.赏析尾联"千载琵琶作胡语,分明怨恨曲中论"。

(1)释"作胡语""论"。

(2)"曲中论"指什么曲?

(四)师生交流,总评诗文

1.破空而来,文势如天骥下坂,明珠走盘。

2.咏明妃诗多矣,沈归愚独推此诗为绝唱,一能包举其生平,二以苍凉激楚出之也。首句咏荆门之地势,用一"赴"字,沉着有力。

以上设计,是立足于"教什么"确定的。"教什么"(教学内容)和"怎么教"(教学技巧、方法)同样重要。教学过程中,如何以恰当的问题引导学生逐步深入地理解诗歌的内涵,是一个关键问题。

每一个人都可以回想一下教师试图向你解释清楚一些课堂主要问题时的情景。这样的课堂上,《咏怀古迹》(其三)是作为"定篇"来实施教学的,解读应该服从权威定论,让学生"彻底、清晰、明确地领会"文本,主要方式是教师"引学生鉴赏"。教材的教学价值,首先就在于语言学习的价值,以及与之密切相关的思维能力培养的价值。教师积极地讲,学生积极地听,这是讲授课的明显特征。在一节讲授课上,教学远不止是教师在讲台上不停地说。一堂成功的讲授课需要教师大量的精心准备:定下明确的教学目标,并随之确定教学内容;教师不仅要了解这节课的进度和学生的已有经验,更要有序地安排时间。

一堂好课的最低标准是要有适宜的教学内容。但在教学内容确定的前提下,最需要教师对教学内容的"二度开发"。教学内容如何成为学生掌握、理解的内容,这需要一个生成的过程。这个过程中,教师基于不同教学目标或教学阶段的需求而进行的设计,是确定教学内容的最关键因素。如果本课的教学重点在于对此诗的细微评析,在此基础上继续深入探究杜诗"沉郁顿挫"风格的具体化例证,然后形成共性认识,作为以后理解杜诗的阅读工具。那么,这样的一节课,当兼具"例文"和"样本"的功能,教师一般会通过以下几个步骤完成教学目标:

步骤一:回顾类似诗歌是怎样理解分析的,确定一种或者几种鉴赏这首诗歌的途径;

步骤二:把鉴赏诗歌的过程分为几个不同的角度;

步骤三:把这个鉴赏的过程按照一定的顺序排好,这样就能得出这一类诗歌鉴赏的一般途径;

步骤四:设计教授每一个鉴赏步骤的策略,思考如何将整个鉴赏过程衔接起来;

步骤五:提供拓展练习,巩固强化课堂上所掌握的思路和技能。

基于此,《咏怀古迹》(其三)的教学可以简单设计如下(适合教导学生怎样从不同角度赏析诗歌):

【教学过程】

(一)导入新课

(二)《咏怀古迹》(其三)简介

(三)初读诗歌,整体感知

(四)赏析诗歌

1.再读诗歌,鉴赏情感。

(1)这首诗写的是昭君的怨恨,但是不是一开始就写她的怨恨?(明显不是)写什么?(写景)写的是一幅什么样的画面?

(2)昭君的确很不幸,但她的不幸究竟是如何造成的?昭君美艳绝伦,元帝怎舍得让她远嫁匈奴?

(3)昭君在汉宫尚未跻身宫妃之列,不过是后宫中一位待诏宫女,而嫁到"朔漠"却封阏氏(相当于汉皇后),还有什么不幸和怨恨可言呢?

(4)昭君的悲剧是由毛延寿造成的吗?

(5)既然昭君的悲剧是由元帝的昏庸造成的,她对元帝持何态度?

2.三读诗歌,鉴赏语言。

(1)"环珮空归夜月魂"中的"空"如何理解?

(2)鉴赏分析"一去紫台连朔漠,独留青冢向黄昏"一句。

3.四读诗歌,鉴赏主旨。

《咏怀古迹》(其三)题为"咏怀",可只写了昭君的怨恨,并无作者个人情怀的抒发,这是不是与标题"咏怀"二字不符?

(五)拓展迁移:杜甫《咏怀古迹》其他四首及杜甫的现实主义诗歌鉴赏

"例文"的作用,就是使需要掌握理解的知识得以感性地显现。将本来含有无限可能性的诗文,限制在一个特定的侧面、特定的点作为例子,这就是"例文"的实质作用。叶圣陶认为,教材的性质等同于样品(即例文),熟悉了样品,也就可以理解同类的货色。这节课,在确定上述教学目标之后,教师往往会把教学过程分解为各个组成部分,然后循序渐进地教授,从而通过杜甫的这一首诗力求达到了解杜甫诗歌风格的目标。

新课标指出,语文作为一门实践性很强的课程,应着重培养学生的语文实践能力。这种能力也一般只能通过课堂教学实现。语文教材里的"用件"大致有语文知识文、引起问题文和提供资料文三种类型。我们认为,越是趋向"用教材教",就越是需要教材提供大量的资料文。如果是高考之前的复习,将这首诗作为与专题复习相关的资料,这节课的教学目标可以定为理解咏史诗的特征,进而引入更多例证,结合课上、课后的训练使这个概念更加丰满、具体。

这样的一节课,也可以采用学生合作的课堂形式进行:在教师的主导下,采用民主的方式,让学生决定学习什么和怎样去学。一般分为以下几个步骤:

步骤一:教师告知教学目标,激发学生的学习动机,同时以文本形式传达教学内容,不用讲授的形式;

步骤二:教师或者学生划分学习小组;

步骤三:学生在教师指导下通过小组合作、思维碰撞等完成学习任务;

步骤四：教师检测学生已经学习的内容，并对小组成绩和个人努力给予评价。

基于此，《咏怀古迹》(其三)的教学可以简单设计如下(适合高三复习)：

【教学过程】

(一)确定研讨内容(咏史诗)和学习目标[从《咏怀古迹》(其三)切入，探究赏析咏史诗的一般思路]

(二)划分学习小组，为学生提供文本资料，鼓励、支持学生搜集整理资料

1. 导入新课。

2. 分析《咏怀古迹》(其三)，导出咏史诗赏析的一般思路。

3. 学生讨论。

(1)归纳《咏怀古迹》(其三)作为一首咏史诗的明显特征。

(2)如何赏析杜甫《咏怀古迹》其他几首？赏析思路如何呈现？

(3)赏析刘禹锡的咏史诗，并展示赏析思路。

(4)归纳咏史诗的一般特征和赏析思路。

4. 各组之间相互提问和解答。

(1)请其他组同学赏析一首非杜甫、刘禹锡所作的咏史诗。

(2)思考、质疑与小组讨论。

5. 分享。

学生在一起研究，确保每个人都知道答案。

6. 强化。

教师提问各组任一同学，这个同学向全班说出答案和自己的思路。学生、教师评价。

7. 巩固(比较鉴赏)。

同样是咏叹王昭君，杜甫写了《咏怀古迹》(其三)，李白则写了《王昭君》，比较阅读，说说两诗的不同。

王昭君

李　白

汉家秦地月，流影照明妃。

一上玉关道,天涯去不归。

汉月还从东海出,明妃西嫁无来日。

燕支长寒雪作花,蛾眉憔悴没胡沙。

生乏黄金枉画图,死留青冢使人嗟。

从上述杜甫《咏怀古迹》(其三)一诗的三次教学实践的设计和分析中,我认为,对教师来说,"教什么"和"怎么教"都是需要慎重思考的问题;教学内容的确定,主要应该考虑学生实际,课堂上主要是在合理确定教学目标的基础上,对课文进行二度开发。课文就放在那里,只有极少数篇目是"定篇"类型,需要教师严谨地讲授;大多数的课文篇目,需要教师的二次加工,需要教师结合自己的教学进度和教学目标进行裁剪,然后确定某一节课的教学内容。因教学目标或教学阶段的不同,教师或学生的不同,其教学内容可能迥然不同。其中,决定性因素是教学目标或教学阶段。"教什么"和"怎么教",对教师来说,处于同等重要的地位,缺一不可。"教什么"体现教师对教材内涵的理解,"怎么教"体现教师的教学技能——二者结合,就基本确定了一节课的教学内容。

这节课该怎么上?如果每位教师都能具有这样不断求索的研究精神,则这个问题将会有因人而异的合宜的解决途径。

参考文献:

[1]《语文建设》编辑部.语文学习任务群的"是"与"非":北京师范大学王宁教授访谈[J].语文建设,2019(01):7.

[2]王薇.指向问题解决能力发展的学习活动模型研究:基于情境学习理论的分析框架[J].教育学术月刊,2020(06):90.

[3]郭元祥.论深度教学:缘起、基础和理念[J].教育研究与实验,2017(3):1.

[4]张舒郴,董君武.指向深度学习的新型教学流程探索:以高中数学教学为例[J].上海教育科研,2021(08):77.

第三部分

写 作 课

第八章　记叙文写作教学

一、引导学生观照写作意义

白居易曾言:"文章合为时而著,歌诗合为事而作。"围绕生活,就时就事,写出有意义的文章,是写作应有之意。结合实例,我们围绕写作的一种意义——对现实生活的观照,阐释怎样引导学生进行有意义的写作。

(一)写作现场:梧桐树下

在课间,学生喜欢到那棵年代久远的梧桐树下看书、聊天……作文课,我带着学生来到梧桐树前,初春的树上刚刚有一点点绿意。"这是一节作文课。请大家在观察之后,结合自己掌握的有关梧桐的知识,以'我心中的梧桐'为话题,自定立意,自选文体,写一篇不少于 800 字的作文。"

话音未落已是一片叫苦声,写作似乎一直是"苦差事"。

我首先给他们提供了一组关于梧桐的阅读材料:

材料一:梧桐木材质地轻软,是制作木匣和乐器的优质材料;古有焦尾琴,是美好的象征。

材料二:梧桐是凄凉悲伤的象征。在中国古典诗歌中,梧桐和芭蕉差不多,大多表示一种凄苦之音。如白居易《长恨歌》"春风桃李花开日,秋雨梧桐叶落时";

王昌龄《长信秋词》"金井梧桐秋叶黄,珠帘不卷夜来霜";温庭筠《更漏子》"一叶叶,一声声,空阶滴到明"等。又如李清照的《声声慢》"梧桐更兼细雨,到黄昏、点点滴滴"。

材料三:法国梧桐,因为曾广植于旧上海的法租界,故长期被叫作"法国梧桐"。集体错认有时是可怕的,但有时却也是美好的。被错认的"法国梧桐"已经与我们无数的往事和梦想、无数的离愁和欢聚交织在一起了,以至于我们宁可相信真正的法国梧桐就是这样的……

经过对材料的学习,学生了解了梧桐的故事和象征意义,再结合自己的生活来观察校园里的这棵梧桐树,会产生一些思考。契合鲁迅先生"杂取种种人,合成一个"的写法,他们中的不少同学说自己可以写出一篇文章了。但这样写成的文章会不会千篇一律呢? 基于这种考虑,我又给学生提供了两篇关于桐花的例文。

例文一以"平生最爱桐花"开篇,先描绘了桐花的形、色、味,以及外祖母晒泡桐花做桐花包子的故事。然后联系外祖母的做人处事方式等,借助发生在外祖母身上的几件小事,阐述其与桐花品性的相似之处;进而写到自身也传承了外祖母桐花一般质朴、厚重、奉献的精神品质,形成了一种良好家风——至今见到桐花,仍然倍感其美,并想起外祖母所做的桐花包子的美味。

例文二则以"不喜欢桐花多年"开篇,写桐花的肥俗、邋遢,借助"我"家的那棵桐花树的粗陋命运,类比奶奶、妈妈的乡野生活,慨叹"如果做花,我不想做一朵桐花"。然后,写到终于逃离了乡村多年后,再次见到花开灼灼、累累簇簇的桐花时,那种景观之亲切,文友所述乡事之深情,让"我"感受到了一种世俗生活的简静和清美,感受到了桐花的朴素与庄严,"我"在内心说:"如果是花,自己还是一树桐花。"

学生读后,认为两篇例文角度独特,写法新颖。例文一由物及人,并且以桐花外在形态写到内在品质,进而把这种品质与人的品格联结,展现了一种传承之美,立意深刻。例文二主要通过类比手法,借助对桐花的认识和情感的变化,生动细腻地描绘了桐花所寄托的简朴之美和乡情之深,让人在优美的文字中感受情感之真。

基于此,学生得出一个认识,要写出有意义的梧桐,必须仔细观察,紧密结合自己的生活经历,阐述深刻的意义,抒发独特的情怀。这也正是我要告诉学生的。经过这一环节,师生发掘了梧桐的多重内涵,从其形态,到其内质,并与具体的人事、社会生活产生了联结,这就给写作提供了发散性的思维角度和多样化的写作素材。

不过,如果说写作苦,那么很多时候是因为教师只把学生带到这一阶段就止步不前了。

(二)写作意义:生成的惊讶和兴奋

第二阶段,为写作寻找意义,说白了就是为主题呈现蓄势。

教师怎样让学生有了写作素材之后,保持思考、阐述的欲望? 这时的思考也是写作最艰苦的阶段。也许突破这一阶段,就会如月泻中天,风行水面,写作会自然流畅起来。

写作真实的意义,首先建立在观察上。人最初的感受总是模糊的,但细细"把玩"之后,能真切领会事物的基本特征。新课标指出,写作要注意表现自己觉得新奇有趣的或印象深刻的内容,力求表达出自己对自然、社会和人生的独特感受和真切体验。只有透过某一事物写出了自己的独特生活体验,才能触动人的心灵。这个阶段,学生用心思考,结合自身经历进行深度立意。学生经过深思的立意,不管多么粗糙或者浅显,只要给以恰当的反馈和充分的指导,都能成为学习的起点。所谓作文,离不开写情、言志,其写作热情主要源于学生的写作欲望和创作情感。激发学生的感情,消除学生畏惧写作的心理,变"要我写"为"我要写",写作才能顺畅进行。我鼓励大家写好开端,以评价激励写作。学生大感兴趣,纷纷苦思冥想,精心构思开篇第一句(段)。再往下"梧桐"片段的写作,也是充分利用了激趣的做法。针对"我心中的梧桐"这一话题,学生结合之前观察,尤其是结合自身生活与梧桐的联系,生成了让他们乐于动笔、急于表达的立意,写出了不少好的片段。

现场写作的开篇第一句(段):

开篇一:所谓"物以稀为贵",本来稀松平常的梧桐,因为太多,人们不再珍爱它。眨眼间,它们突然消失了,突然就变成了难得一见的新时代的珍贵景观,就像眼前这棵树。

开篇二:这就是焦尾琴图。也许这幅图太不寻常,一到这儿,我就匆匆观察它。但像书上所说的,要找到真正符合我心意的琴图,必将徒劳。只是,我们要找的本不是图。图上是一段烧焦的桐木,但它是一个深刻、美好的象征。莫非上好的梧桐如果不能做琴,不能栖凤,那么它就失去了最佳的价值!

开篇三:在村边的梧桐树旁,夜晚的乐声刚刚在风中上演。这是梧桐的另一面,在夜晚继续白日的角色。梧桐叶依然在晃动——村庄在平稳巨大的呼吸声中起伏,形成一波又一波的风声——它们有自己的守望。夜晚更加深邃,然而梧桐并不寂寞。我看到,梧桐的影子横亘在通向村庄的路上,让沉睡的人们得到柔软的沐浴,抚慰着人的内心。

如此看来,在学生拥有"写作情感"的前提下,"写作技巧"能够在实践中内化成为学生的写作技能。这一过程,先"联系",后"动情",再"得法",真正提升了学生的思维能力。

作文课是一个充满"困惑"的场所,课堂情境复杂多变。学生有时需要做出较大的妥协才能下笔,毕竟有时词不达意,或者容易言不由衷。之后,我让学生从十几道高考题中选择可以写记叙文的题目,参考刚刚的写作过程,审题立意,准备下笔写一个好的开篇。

经过这样的写作意义分析过程,学生处于一个良好的写作情绪中,他们跃跃欲试,积极主动地把作文题与自身生活联系,完成作文立意的确定。至此,赋予写作命题以生活意义,提升学生写作兴趣的目的基本达成。

二、风景不是寻常物——高中记叙文景物描写指津

记叙文的景物描写,是指对自然环境和社会环境中的风景、物体的描写。主要是区别于人物描写,其实人也是一种物,二者难免有交融。

景物描写对于记叙文具有重要意义,其作用包括借景抒情,情景交融;交代时间、地点、季节;揭示作品的时代背景;渲染气氛,烘托人物心情;展示人物性格;推动情节发展;等等。需要强调的是,景物描写的好坏和意义,完全取决于文章自成一体的天地。也就是说,再好的写景文字,如果换了一个环境也可能不合时宜。一个善于写景的写作者,总是创造一种与整篇文章相吻合的情境,让我们体验到真实生活场景带来的舒适,引发阅读者联想出基于个人生活体验的个性化画面。我们结合一些典型材料,选取特定的几个角度进行分析,习得记叙文景物描写的技能。

(一) 内容选取——不是你看到了就要写到:给世界留点想象

主问题一:说到景物描写,你脑海里会闪现哪些具体的景和物?

说到"景物",我们容易联想到青山秀水、风景名胜等;其实,一切人为的环境也都在这个范畴之内。通常,我们将环绕着我们的景色与事物,称为景物:自然的山水固然是景物,人为的房屋和街道也都是景物;景物也不单指美丽的、赏心的而言,丑恶的、恼人的也包括在内。凡是我们所经历的景、境、物,都是可以供我们描写的景观。

比如,描写一个词语"泥泞",大家能写出来的都是各自的泥泞场景。我们看一看东北女作家迟子建的散文《泥泞》:

小巷里泥水遍布;排水沟因为融雪后污水的加入而增大流量,哗哗地响;燕子在潮湿的空气里衔着湿泥在檐下筑巢;鸡、鸭、鹅、狗将它们游荡小巷的爪印带回主人家的小院,使院子里印满无数爪形的泥印子,宛如月下松树庞大的投影;老人在走路时不小心失了手杖,那手杖被拾起时就成了泥手杖;孩子在小巷奔跑嬉闹时不慎将嘴里含着的糖掉到泥水中了,他便失神地望着那泥水呜呜地哭,而窥视到这一幕的孩子的母亲却快意地笑起来……

这是我童年时常常经历的情景,它的背景是北方的一个小山村,时间当然是泥泞不堪的早春时光了。

我热爱这种浑然天成的泥泞。

这段文字是典型的场景描写。选取了一个特定地点——小巷里。选取的景物内容包括排水沟、燕子、鸡鸭鹅狗、老人的手杖、孩子的糖等，很丰富，也很有画面感，很逼真，也极有动感。这个场景以景物描写为主，尽管很多同学未曾经历过类似的场景，但并不影响大家头脑中形成各自的一个鲜明画面。"一切景语皆情语"，所谓"情语"，都是具有个体独特性的。

结合写作内容选取的初步认识，我们可以做一个训练：哪位同学到菜场上买过菜？怎么描写菜场？

分析一下：菜场这个大环境中，具体描写内容的选取，其实是多元的。举个例子，即便单一描写菜场的样貌，也需要我们借助发散性思维，既可以描写某种蔬菜的形色味，又可以描摹场景和季节更替中的菜场变化（蔬菜的品类、买菜者的百态等），还可以描摹寒冬凌晨的菜场周边、恒温的小超市里的人们及傍晚时分菜贩在水泥台上整理要卖的蔬菜时的动态情状。有时候，我们一眼千年，有时候，一瞬千言。往往，我们写作的困扰在于词不达意，一个突出表现就是写了很多内容，却让人不知道你想表达的中心内容是什么。

再看两个例子。第一个也是关于菜场的，出自古龙《多情剑客无情剑》：

走投无路的铁传甲无意中走到了菜市场，抱着孩子的妇人，带着拐杖的老妪，满身油腻的厨子，各式各样的人提着菜篮在他身旁挤来挤去，和卖菜的村妇、卖肉的屠夫为了一文钱争得面红耳赤，鲜明而生动，他的心情突然明朗开来。

古龙在此处的观点是：一个人若走投无路，就放他去菜市场。所以，大家注意到：是"走投无路的"铁传甲，走到了菜市场。他看到了什么呢？看到老百姓俗常生活的情趣，看到了普通人鲜明而生动的美好。大家注意描写内容的选取：如果我们平时看到满身油腻的厨子和为了一文钱争得面红耳赤的村妇、屠夫，肯定不会"心情明朗"的，然而这时候的铁传甲就会。在古龙笔下，菜市场里蕴藏的生活百态、人情和色彩，能让心如死灰的剑客重新萌发对生活的热爱。这就是内容选取的基础：你为什么要写这个内容？

再看胡兰成在散文《陌上桑》中所写的"城里贩子到乡下收蚕茧"场面片段，首先关注景和物的选取：

及蚕上簇，城里人就来胡村开秤收茧，行家水客即借住在村人家里。他们戴的金戒指，用的香皂与雪白的洗脸毛巾，许多外洋码头来的新鲜物事儿，妇女们见了都有好意。而且也有是从城里来的少年郎，不免要调笑溪边洗衣洗菜的妇女，但她们对于外客皆有敬重，一敬重就主客的心思都静了，有调笑的话亦只像溪水的阳光浅浪，用不着羞旁人。

这一小段文字，不仅仅是景物描写，描写城里年轻人时特意选取了"戴的金戒指，用的香皂与雪白的洗脸毛巾"等城里才有的物件进行描写，就给了一直在"溪边洗衣洗菜"的农村妇女极大的视觉冲击——简约的内容，就构成了情感碰撞。

这一层面的技能总结：描写景物，要做资源筛选师，在较短的时间内高效筛选出有效的内容，不是看到的就要写到，要留白，给人共情和想象的空间。

（二）视角确定——你可能需要一个好位置：你看她为谁而来

主问题二：当描写景物时，你"站"在哪里？

进行景物描写时，首先要考虑的，就是站位问题，要有一个符合行为逻辑的顺序，有共通性构图。譬如，我们要描绘一幅图景：假设是夜晚的一个路口，你也许正站在这路口的某一个地方，不在马路上，不在空中，你就在你家楼上。这就是景物描写时写作者"站"的角度，这必须先确定好。"众里寻他千百度，蓦然回首，那人却在灯火阑珊处"，当我们看到"他"，也同样看到了站在暗处的辛弃疾；"孤帆远影碧空尽，唯见长江天际流"，我们看到了孤帆，看到了天水相接处，也看到了站在渡口久久不肯离去的李白。作者就站在他描写的景物里——你的写作，要能够让阅读者也看到你的站位。结合这样的理解，我们来看鲁迅先生在《秋夜》中广为流传的一处景物描写：

在我的后园，可以看见墙外有两株树，一株是枣树，还有一株也是枣树。

很多人读了这两句话，说这个我也会写啊：我家的后院有两株树，一株是桃树，另一株也是桃树。我喝水有两个杯子，一个蓝杯子，一个灰色的杯子。

也有老师带着学生解读这段话：它运用了反复的修辞手法，指出写作对象，使读者有一个突出而强烈的印象。这种讲解，都是正确的废话。我们真的体会到鲁迅这位写作巨匠此处描写的匠心了吗？不妨把《秋夜》第 1 ~ 2 自然段摘取出来再看：

在我的后园，可以看见墙外有两株树，一株是枣树，还有一株也是枣树。

这上面的夜的天空，奇怪而高，我生平没有见过这样奇怪而高的天空。他仿佛要离开人间而去，使人们仰面不再看见。

然后，我们换一种赏析方法，把第一句话改为"我的后园有两株枣树"，一旦修改，我们看，描写的对象已经发生变化，我们也将无法体会那种站在后园里缓慢转移目光、逐一审视两株枣树的况味。修改之后的句子，也将使《秋夜》的首段，变成描写"枣树"的准备；然而鲁迅根本没有打算写枣树——或者应该这么说：枣树只是鲁迅为了铺陈秋夜的天空所伏下的引子，前面这看起来"奇怪而冗赘"的句子，只是为读者安顿一种缓慢的观察情境，以便进入接下来的句子："这上面的夜的天空，奇怪而高，我生平没有见过这样奇怪而高的天空。他仿佛要离开人间而去，使人们仰面不再看见。"大家要能够理解景物描写的意义：你的角度是什么，写这个内容又是为了什么。

类似的角度转换的例子，还有很多，比如《沁园春·长沙》，上片写"万类霜天竞自由"，远近高低，都是为了引出那句"怅寥廓，问苍茫大地，谁主沉浮"。还有杜甫的《登高》，大家可以体会一下作者站位确定之后，借助视角转换为抒情所做的蓄势。

这一层面的技能总结：描写景物，要做摄影师，选定自己的角度——那时、那地、那情，我们只能站在一个位置，一个角度，无法同时占有两个时间和空间的交叉点。

进一步来说，当你想要生动呈现一个场景时，要让阅读者确知你不是在胡编乱造。阅读者应该发现你使用的每一个细节，都有其来处，这很重要，好比摄影师站定了一个位置，向四周拍各种风景；或者摄影师移步换景，随时拍摄周围的景物。观察点不同，摄取的景物方位、物象形态、光线明暗也不同。同样"咏梅"，陆游是

"寂寞开无主"的"零落成泥碾作尘",林逋是"占尽风情向小园"的"疏影横斜"。面对实际景物的写作,倘若不在头脑中提前选定自己的观察点,甚至情感投射点,往往会方向不统一,形态失真,明暗无准,那就离好的描写很远了。我们再来看丰子恺先生在他的回忆散文《忆儿时》中的精彩描写:

　　我的父亲中了举人之后,科举就废,他无事在家,每天吃酒,看书。他不要吃羊、牛、猪肉,而喜欢吃鱼、虾之类。而对于蟹,尤其喜欢。自七八月起直到冬天,父亲平日的晚酌规定吃一只蟹,一碗隔壁豆腐店里买来的开锅热豆腐干。他的晚酌,时间总在黄昏。八仙桌上一盏洋油灯,一把紫砂酒壶,一只盛豆腐干的碎器盖碗,一把水烟筒,一本书,桌子角上一只端坐的老猫。我脑中这印象非常深刻,到现在还可以清楚地浮现出来,我在旁边看,有时他给我一只蟹脚或半块豆腐干。

　　这里的描写,有时间,有地点,而描写时删繁就简,眼中只剩下这张八仙桌,也符合儿童的独特视角——这就是那时、那境,是幼小的丰子恺特定的观察点——别人都看不到这个画面。这更是丰子恺多年后温情回忆父亲的深情凝望。所以大家写景,要有立场,找到一个合适的、特定的观察点,更要找到最富有表现力的内容、最具有力量和生命的情感点来写。

　　鲁迅先生的《从百草园到三味书屋》,大家都背诵过,也是有明确的立场:

　　不必说碧绿的菜畦,光滑的石井栏,高大的皂荚树,紫红的桑葚;也不必说鸣蝉在树叶里长吟,肥胖的黄蜂伏在菜花上,轻捷的叫天子(云雀)忽然从草间直窜向云霄里去了。单是周围的短短的泥墙根一带,就有无限趣味。油蛉在这里低唱,蟋蟀们在这里弹琴。翻开断砖来,有时会遇见蜈蚣;还有斑蝥,倘若用手指按住它的脊梁,便会啪的一声,从后窍喷出一阵烟雾。何首乌藤和木莲藤缠络着,木莲有莲房一般的果实,何首乌有臃肿的根。有人说,何首乌根是有像人形的,吃了便可以成仙,我于是常常拔它起来,牵连不断地拔起来,也曾因此弄坏了泥墙,却从来没有见过有一块根像人样。如果不怕刺,还可以摘到覆盆子,像小珊瑚珠攒成的小球,又酸又甜,色味都比桑葚要好得远。

　　这段对百草园的景物描写,层次清楚,多写具体景物具体场景,先写静物,后写动物,再写静景;有明确角度,先从低到高,再从高到低;动用多种感官,既有视觉听觉,又有触觉味觉。这段"草园"变成"乐园"的描写,充满了那时、那境的鲁迅之无穷童趣,全段也是以这个观察点为中心进行主旨构图的。

(三)特色呈现——自己的才是独特的

主问题三:当描写景物时,你是否"看见"?

这个问题,首先是问大家是否在下笔之前已经胸有成竹。作为一次创作,在一切开始之前首先要确定动机问题,从而确保之后的观点或者细节处理到位。我们要想好了再写,而不是一边写一边凑。

分有特色和有风格两个层面讨论。先看例子,还是鲁迅先生的《秋夜》:

那罩是昨晚新换的罩,雪白的纸,折出波浪纹的叠痕,一角还画出一枝猩红色的栀子。……看那老在白纸罩上的小青虫,头大尾小,向日葵子似的,只有半粒小麦那么大,遍身的颜色苍翠得可爱,可怜。

毫无疑问,这是一幅精美的小品画。鲁迅先生在进行描写时,心里应该是看得见这幅画的。高明的作家写景,某种意义上是用文字在画画。类似的还有鲁迅先生的《在酒楼上》:

几株老梅竟斗雪开着满树的繁花,仿佛毫不以深冬为意;倒塌的亭子边还有一株山茶树,从暗绿的密叶里显出十几朵红花来,赫赫的在雪中明得如火,愤怒而且傲慢,如蔑视游人的甘心于远行。

这也是一幅早就画好的画。

这一层面的技能总结:描写景物,要做画家,下笔之前胸有成竹,以文字代画笔,写出画面感,让读者就像在看一部精彩的电影一样,有一种身临其境的感觉。

还要进一步厘清写作特色问题。举高中生都学过的一篇课文——郁达夫的《江南的冬景》佐证,郁达夫写景,就像口述如何画一幅图:

江南河港交流,且又地濒大海,湖沼特多,故空气里时含水分;到得冬天,不时也会下着微雨,而这微雨寒村里的冬霖景象,又是一种说不出的悠闲境界。你试想想，秋收过后，河流边三五人家会聚在一个小村子里，门对长桥，窗临远阜，这中间又多是树枝槎桠的杂木树林；在这一幅冬日农村的图上，再洒上一层细得同粉也似的白雨，加上一层淡得几不成墨的背景，你说还够不够悠闲？若再要点些景致进去，则门前可以泊一只乌篷小船，茅屋里可以添几个喧哗的酒客，天垂暮了，还可以加一味红黄，在茅屋窗中画上一圈暗示着灯光的月晕。人到了这一境界，自然会胸襟洒脱起来，终至于得失俱亡，死生不问了；我们总该还记得唐朝那位诗人做的"暮雨潇潇江上村"的一首绝句罢？诗人到此，连对绿林豪客都客气起来了，这不是江南冬景的迷人又是什么？

　　文段连远近稀疏、着色浓淡等都安排好了。我特别要提出的是，我们看到的景物总是很多，就像初学画画的学生一样，容易千篇一律。所以，好的描写要能抓住同一情境下自己的独特感受。再看一个例子，曹文轩《孤独之旅》：

　　一早上，天就阴沉下来。天黑，河水也黑，芦苇成了一片黑海。杜小康甚至觉得风也是黑的。

　　大家见过"黑风"吗？我见过，有一次在高速路上，黑风暴雨，可视距离连五米都没有。那是实景，而此处展现的是杜小康的独特感受，"天黑，河水也黑，芦苇成了一片黑海"这三处的"黑"都是实写，写的是眼睛所能看到的都是黑。"风也是黑的"，是虚写，用了通感手法，因为目之所及都是一片黑，黑笼罩了一切，所以导致杜小康心里感觉风也是黑的，这就写出了本来家境厚实的杜小康，在生活忽然一落千丈之后的恐惧。这是极为个性化的写作，一如李清照"独自怎生得黑"的险中求胜。

　　这一层面的技能总结：描写景物，要做发明家，要敏锐捉住自己的独特印象——我手写我心，内心怎样感念就怎样清晰表达。我们都要有这样一种追求，要从有特色，向有风格攀升。

　　再以朱自清《荷塘月色》的描写为例：

"月光如流水一般，静静地泻在这一片叶子和花上。"　　——视觉的印象

"轻轻地推门进去，什么声息也没有……"　　——听觉的印象

"这一片天地好像是我的；我也像超出了平常的自己，到了另一个世界里。"

——意识的印象

朱自清的名篇广为流传,就是因为其真实、独特的风格。我们都看了荷塘月色,但他写出来的不一样。

因此,景物描写到最后,必然期待有个人的风格特点。问题是,风格既不是工具,也不是方法,它是一个人的内在组成部分——有必要记住的是,尽管我们每个人都有风格,但只有那些最杰出的风格才值得讨论,也值得学习、模仿。一些作家,刚开始的风格是模糊不清的,后来才越来越清晰、精确,越令人难忘。我们进行景物描写,如果朝着个人风格的趋向提升,那就必须更多关注生活,尤其是细腻地观察、体验生活,丰富地获取、领悟文字的表现力。

(四)写作训练与阅读推荐

5分钟写作训练:题目"一寸窗户"。还记得新冠疫情严峻时期,我们困守在家。请大家通过自家的某一寸窗户决定如何取景。取景之后,把眼睛向外看过去,找到印象最深刻的一个瞬间或者杂取各个瞬间的风景,用5分钟,100～200字,进行描摹。

示例一:阳光透过紧锁的窗户,微微有些刺眼。窗外之前的繁华,此时已经完全被无边的沉静所取代。疫情汹涌来袭,以前车水马龙的街道上竟然不见一辆车。抬眼远望是我从未见过的中华恐龙园,过山车没有了尖叫声,"穿越侏罗纪"也成了让人错愕的安静……近处的小区门口,几位穿着红马甲的防疫志愿者告诉我,这是冷飕飕的一个戒严的冬末。

——高一(10)班　蒋沁岑

示例二:在家好多天足不出户。睡不着的夜晚,就看向窗外,家家户户居然都亮着灯,这在以前难以想象,那一点一点橙黄或者白亮的光,是每一个家庭的温馨……偶尔,待到夜深之时,我看着灯火渐次熄灭,心想:一处又一处的人,进入了梦乡。仍有一些依旧亮着的灯,也许代表着争分夺秒的灵魂。这次疫情的意外居家生活,透过一寸窗户,我觉得有一种扣人心弦的淳朴情感……

——高一(10)班　张佳颖

示例三：一醒来，看到窗外的雪依旧飘得很大。我等这场雪太久了。感觉整个世界都好纯粹，当漫天落下晶莹剔透的雪花，一种快意在我的前额上被打破。还没天亮的清晨没有任何声音，静静地听雪落无声，就像听从时间的玉米穗上脱落的颗粒。蓦地，一声鸟鸣炸响，我的思想逃遁，窗外曙光微现。只是，不期而至的不只是大雪，还有随雪花坠落的疫情。

——高一（10）班　王雨薇

推荐阅读铁凝的散文《你在大雾里得意忘形》，感受思考她"寄至味于平淡"、淬砺又似脱口而出的景物描写。

三、基于"评价促进写作"的叙事片段写作提升教学案例

案例呈现以"以场面描写表达一种情感（情绪）"为主题的叙事片段写作提升课。在连续的两节高一作文课上，我和学生一起开展了这次教学活动。

这个班级55位学生，写作水平参差不齐，有的已经出版一本书，有的还不能独立完成一篇规范习作。教学时间是两节课，之前学习了"叙事片段"等知识点。同时，我还针对该课制定了《叙事片段写作发展性评价层级参照标准》（以下称"《参照标准》"），并要求学生提前撰写了叙事片段。

叙事片段写作发展性评价层级参照标准	
★	用词比较精准；让读者初步感受到场景，如声音、气味、温度，甚至事物的质地等。
★★	用词精准；让读者感受到场景；场景中有人物，人物有对话或者心理活动。
★★★	用词精准；让读者感受到场景；场景中有人物，人物有对话或者心理活动；准确表达情感，推动情节发展。

第一部分：目标分析

我设计这一课的目标，是让高一学生能够根据预先设定的写作发展性评价层级

参照标准,撰写片段,进而有步骤地修改自己的作文,在评价修改活动中提升学生个体的写作水平。通过这两节课,期待学生能够初步掌握叙事片段写作的几点要求。

更具体地说,这两节课上,结合《参照标准》,要实现以下具体目标:

(1)能够对照标准,结合小组讨论,比较自己和其他同学的作文,判断自己作文的星级。

(2)能够根据综合评定的星级和参照标准,当堂提升训练,完成改写。

(3)能够运用所掌握的知识、技能,对叙事片段进行二次修改,初步形成遣词造句、构段谋篇的意识。

第二部分:教学活动

(一)介入教学

师生首先开展心理互动活动(见附录)。活动之后,师生交流:大家的心情如何? 怎样才能不出错?

生:动脑、认真听、动手、动嘴……

师:写叙事片段作文的过程中,有哪些经验和我们这个游戏具有相似的地方?

生:动脑,脑袋里有哪些"存货",以及会用"存货"很重要。

生:还要动用各种感官,比如写水果,可以用鼻子去闻一闻。

师:比如榴梿。写人呢? 都要思考。

生:也要动嘴,要能先说一说,或者经常说一说,会说才会写。

师:这个经验很有价值。

…………

师:那么,大家知道我们这节课要做什么吗?

生:修改作文。

师:好,还记得我们之前确定的三个星级的标准吗?

生:用精准的词,细节描写要能够表现出突出特点。

生:让读者感受到场景,场景中要有人物,人物有对话或者心理活动,描写具有动态感和生动性。

师:贴近生活的真实。

生:会抒发情感,读者能够通过阅读感受到作者的情绪和情感,推动情节的发展。

师:描写的段落,一般都有一定的情感或者结构作用,比如引发悬念。

生:详略得当。

师:结构上的要求。

生:选材,围绕中心选取自己印象特别深刻的一件事情来写,也可以写几件有紧密联系的事情。

师:写作前,讨论过程中的一个认识。

…………

师:我再补充一个,大家认真一点就能做到的,书写工整、清晰,"字好一半文"。

评析:我设计这一环节的目的是,调动学生的身体经验,认识到写作不是用脑子凭空想象出来的,而是身体各个部分积极参与、积极感受,然后在写作中及时唤醒记忆的过程。先通过热场活动,唤醒学生的身心记忆,然后通过回顾《参照标准》,调动了学生的知识记忆,为接下来的评价和修改活动做好铺垫。

(二)片段叙事"定星"研讨

师:接下来,我们一起回顾昨天所写的"以场面描写表达一种情感(情绪)"为主题的记叙文片段,以三个同学所写的片段为例。

片段一:《买包子》

大家挤在一起。"我要两个包子,两个烧卖!"一个胖女人拿着钱往前挤。前面的小男孩被挤到了柜台边上。胖女人的女儿抓着妈妈的衣服,却被旁边几个人挤得大声喊叫。

片段二:《上学前》

屋子里很安静,家中最能吵闹的弟弟还没有醒来。我是女孩,所以什么都要我自己来做。做好早餐,吃了一点点,我心里想着中午去学校对面买一份 8 元钱的盖浇饭吃,于是鼓足勇气,蹑手蹑脚地走到爸爸、妈妈和弟弟所住的主卧房间门口,轻声问刚刚起床的妈妈能不能给我 8 块钱。妈妈冷漠地看了我一眼,说:"没有。"转身出门,我看到门口盘子里有一些硬币,数了一下,5.5 元,我拿起这些钱,放进棉袄口袋里,背上书包,离开家。

片段三:《我被打了》

有一次,陈阳在宿舍里被李明打了一重拳!陈阳现在还觉得左胸隐隐作痛。现在,他一个人呆呆地站在空无一人的宿舍中间,回忆刚刚发生的一切。

"跟我说说你到底打算怎么办。"心里的一个声音问。

"我希望李明受到惩罚!"另一个声音有点咬牙切齿的意味,"这并不是太难的事!"

"具体说说,难道你要去痛揍他一顿!"

陈阳的眼泪在眼圈里晃。他闭上眼睛:"我办不到。"

师:大家按之前的分组进行讨论,一起来给这些片段确定星级,组内最好能形成统一的意见。

(学生分组讨论、评定之后,学生发言)

生:片段一,我们小组评定为 1 星。有场景,用词不精确,缺少生动的细节描写。

生:太平常了,不能吸引人。片段 1 我们也评为 1 星。

师:好的,看来基本形成共识,这可以评为 1 星级作文,有要改进的地方。

生:片段二,我们组评为 3 星。这一段有细致的描写,也有对话,能够让我们阅读的时候在脑海中形成一个连续的画面,也有悬念。

生:片段三,我们组评定为 2 星,因为感觉整段文字读下来,不够生动;事情过程有了,用词不够精准,细节描写不是特别好;情感表达上还是觉得有点乱,整体上而言没有达到特别精练、精准的要求,所以给2星。

师:也就是说,2星、3星的判断,除了符合我们之前的星级标准之外,还可以看整体的阅读感受,整个文段的描写要有和谐性、一致性,是吧? 我们看下一段。

生:片段三,我们给3星。主要是生动、形象,而且有利于推动情节发展。

生:片段三,3星,很新颖的视角,尤其是心理描写,用词精准。

师:这一段选取的材料典型,也很新颖,读完之后还能引发悬念,意味深长。对照标准,如果我们写出来的作文既选取了典型的事情,又很新颖,而且人物对话或者心理描写能够准确表达情感,推动故事往前走,就可以给3星。

生:是的。这一段用词精准。

评析:我设计这一环节的目的是,让学生明确作文的评价标准,能够调动阅读经验,对自己以及同学的作文进行评价,在评价中深化对作文修改的认识和理解。

(三)方法指导及当堂修改、评价

师:是的。刚刚,我们好多同学都说到了"用词精准"这个问题,下面我们就结合片段一、二,一起来总结怎样做到用词精准,细节生动。先看片段一,大家看看这一段中,哪些词语、句子是含糊的、单调的或者表达不准确的。

生:"拿着钱",改成"捏着钱"。

生:人那么多,最好是"举着钱",举着多少钱,比如"举着10块钱"。

生:我买包子,一般不说"两个包子",会说"我要一个菜包,一个肉包。"

生:小男孩、小女孩都多大了,看不出来。

生:我认为"大家挤在一起"也不形象,可以改成"每个人都在往柜台前挤"。

生:小女孩"被旁边几个人挤得大声喊叫"也很含糊,想象不出来怎么挤的。

师:指出问题,还要给出好的修改建议。看来,片段一要多处修改,修改时要注意文段整体的一致性。看片段二,怎么改?

生:"我是女孩,所以什么都要我自己来做。"我觉得这句话尤其后半句是多余的,但是不知道怎么改。

师:这一句,感觉和上下句有点不连贯,是吧? 似乎想强调重男轻女。

生:是的。我觉得"妈妈冷漠地看了我一眼"的"看"可以改成"瞥","瞥了我一眼"。

师:可否改成"妈妈冷漠地瞪了我一眼",哪个好啊?(生议论)

生:这一句中,"冷漠地",怎么样才是冷漠? 我认为可以改成"面无表情地"。

生:也可以改成"一脸睡意地",刚睡醒啊,很有现场感啊! (生笑)

生:出门前的一系列动作,都还可以再细致一些。比如"数了一下""我拿起这些钱",怎么数的? 怎么拿的?

师:都找得很好,对文字非常敏感,把一些表达模糊的词语、句子都找出来了。平时,我们有不少同学在写作文的时候,经常使用一些模糊词,但大多数时候,模糊词不够好,不够精确。举个例子,比如说,写到"老师看了我一眼",我们可以把"看"改成哪些具体的词语? 准确用词,能够表达丰富的意思。

生:老师瞪了我一眼。

师:老师很生气,有点不满。

生:老师斜了我一眼。

师:老师很高傲,有点不屑一顾。

生:老师凝视着我的脸。

师:很深情。

幻灯片展示:

含糊词	准确词
好	美味的、卓越、彬彬有礼
看	凝视、瞥、窥视、眯着眼看
商店	杂货店、熟食店、时装精品屋
冷	冰冻、严寒、凛冽、寒冷、刀割一样

师:通过两段文字的修改,我们发现在描写的时候,用词一定要准确,才能有更

好的现场感。还有很多表达精确的方法,比如详略得当,使用各种修辞、描写手法等,大家应该都有所掌握,这节课我就不再一一说了。

师:接下来,我们结合刚才的讨论,对照标准,主要结合"用词精准"的要求,兼顾3星级标准,对各自的文段进行修改,看看怎样从1星级提升为2星级,甚至3星级,从2星级提升为3星级。评定为3星级的,也要再看看还有什么地方可以改得更好。开始,5分钟以内!

(约5分钟后,学生投影展示修改成果)

《买包子》(修改之后)

每个人都在往前挤。"我要两个三丁包!两个烧卖!"那个胖女人呼喊着,手里捏着20元钱在前面小男孩的头顶上方晃动。小男孩用力撑住柜台,防止自己被挤得趴到柜台的蒸笼边上。后面还有七八个人,没有人排队,都在从不同方向往前挤。那个胖女人的女儿,六七岁的样子,很瘦小,被挤来挤去,落到了最后面,只有左手还紧紧抓着妈妈的衣服后摆,瞪着边上的人尖叫:"啊——"

师:这样修改之后,可以给几星呢?各个小组迅速交流一下。

生:可以给2星,好多处都修改了,运用了细节描写和动词,各句之间也很有层次感,能够想象那个场景。但是根据标准,推动情节发展方面没有什么体现。

生:不一定非要推动情节发展,能明显地体现作者的情绪、感受就可以。而且我认为最后一句也有推动情节发展的感受。我给3星。

师:修改之后,对比之前的文段,很多地方的表达都更加细致、准确,这一段描写的确写出了大家不排队买早餐的拥挤和无序的场景,老师认为是可以给3星的,大家觉得呢?

生:可以的。

师:修改之后,提升很大啊!

《上学前》(修改之后)

不到6点,家里很安静,最能吵闹的弟弟还没有醒。我是女孩,不被宠爱。做好早餐,吃了一点点。我想中午去学校对面买一份8元钱的盖浇饭吃,于是鼓足勇气,蹑手蹑脚地走到爸爸、妈妈和弟弟所住的主卧门口。妈妈刚刚坐起来,还在床上。我轻声问:"妈,中饭我来不及回来吃,能不能给我 8 块钱?"妈妈似乎抬了一下眼,说:"没有。"转身,出门前,我看到门口盘子里有一些硬币,在心里迅速数了一下,5.5 元。我一个一个捏起这些钱,悄悄地放进棉袄口袋里,背上书包,离开家。

师:大家继续讨论。

生:这一段,我们给 3 星。本来就是 2 星了,现在去掉了多余的句子,整体上更精练。

生:使用的动词更加准确,对话也很生动,我脑海中有两个场景,一个是母女对话,一个是拿走硬币。拿走硬币,还会引发我们对接下来会怎么样的思考。给 3 星。

师:大家意见比较统一。其他组呢?

生:3 星。

评析:这一环节,我重点让学生学会使用更精准的词语(动词、形容词),并且直接体现在习作修改和接下来的课堂训练中。至于使用各种修辞手法、从不同角度观察事物、注重多角度描写等老生常谈的训练点,我刻意忽略。目前,写作教学的一个突出问题,是写作指导过程尤其是具体文本、语句写作提升方法指导的缺失。这一环节结合简短例子,以"评价促进写作"实现"过程习得",师生一起深入体会现场修改带来的直观效果,让学生更好地把握遣词造句的能力,应是一种有效的过程指导。

(四)课堂训练

师:接下来,我们以"颁奖现场"为主题,写一个场面、场景,自己先做评价;然后,小组研讨给出一个星级评价。大家都争取 3 星啊!

(教师巡视,交流,学生修改。过了约八九分钟,学生投影展示作品)

片段一:《颁奖现场》

那天颁奖时,他就坐在我的前面,一个戴着耳机的"瘦高个",旁若无人地摇头晃脑,甚至轻声哼唱。这让我当时很有点不适应,觉得太不庄重。后来,我知道他是刘星雨——本次比赛第一名,一个做什么都万分投入的男生。

片段二:《颁奖现场》

后台都很兴奋! 盈君是被选中的闭幕式颁奖少女之一。她紧张地照着镜子,每隔一两分钟就问身边的同伴自己的头发乱不乱,头上的发饰有没有歪。一想到马上要给心中的偶像华晨宇颁奖,她就紧张得手心里全是汗。"只距离他半米!"她脑子里不断地背诵上场的流程,"保持微笑,两手交叉,右手在上置于小腹;然后伸出左手,引导颁奖嘉宾……"

师:根据《参照标准》评价一下,分别给几星。

生:片段一,3星,很简洁,有典型性,新颖,有画面感,而且"做什么都万分投入"说明接下来还有故事。

生:片段一,2星,我感觉细节描写不够生动,怎么"旁若无人"的,可以加一些外貌、神态和动作描写。

师:怎么改呢? 大家可以尝试着补写。片段二呢?

生:2星,用词精准,用了更多的细节描写。有心理描写,也有紧张情绪可以感受到,但整体上不够生动,就是不能"跃然纸上"。

生:这个要求太高了,我们组觉得可以给3星,三个标准都符合。尤其是动作、外貌和心理描写,写出了一个追星少女的紧张样子。

师:标准是死的,理解是活的。我来总结一下之前两位同学所说的,这个片段的选材很典型,我们能够在头脑中再现后台盈君紧张等待颁奖的场景,有人物的心理活动过程,所以可以给3星;但是考虑到还有修改提升的空间,大家觉得评价为2星+,可以吗?

生:可以。

师:同学们,作文,是写出来的;好的作文,更是修改出来的。这节课,我们学会了在一定的标准之下,提升作文星级的修改方法,并且进行了两次训练,期待大家掌握这节课上所学到的知识和技巧,把作文写得越来越好。

评析:这一环节,主要是考虑到拓展强化的教学意义,目的是让学生更好地掌握修改提升技能,当堂检验并在训练中继续感受提升写作水平的一种方法。这一部分,写作是不重要的,重要的是写作之后的师生对话——而这又是很难的过程。

第三部分:总体评价

这节作文课,先明确标准;然后对学生所写的叙事片段进行评价;接着修改,进一步评价,深化认识;最后拓展训练,强化修改技能和意识。这个过程中,师生一步一步熟悉每个环节,然后在训练中形成习作修改的整体做法。这样的课堂,"一课一得",让不同层次的学生,都获得了相对有效的作文评价修改的知识和适当的技能提升。

在当下的写作教学实践中,一个指导原则是把写作当成一个复杂和反复的认知和理解过程,在这个过程中,修改贯穿于写作的始终——修改的基本内涵,应该是作者基于对主题和标准的清醒认识,对文体、样式以及遣词造句等进行多次把握,对内容和形式重新认识、发现和创造。在教学过程中,"评价促进写作"的教学模式,以及《参照标准》的使用,化繁为简,便于操作,是关键内容。

附录:"害虫和益鸟"活动内容

(1)注意听主持人口令,主持人说"害虫和益鸟"时,大家齐声说"请问是什么"。

(2)当主持人回答的词语是属于"害虫"类时,如"臭虫""蚊子""蟑螂""苍蝇"等,大家必须整齐地拍一下手掌,同时说"打死"。

(3)当主持人回答的词语是属于"益鸟"类时,如"燕子""杜鹃""猫头鹰"等,大家必须张开双臂做飞翔动作,同时说"飞呀"。

(4)如果做错,要表演节目或者接受小惩罚。

四、细节出彩，思维见意——话题作文"蔬菜"导写

【文题呈现】

请以"蔬菜"为话题写一篇文章，立意自定，文体自选，题目自拟。

【材料解读及审题立意】

这是"'七彩语文杯'江苏省'中学生与社会'作文大赛"现场决赛初中组和高中组所用的一道作文题目。我觉得特别适合用以锤炼高一学生的记叙文写作，所以借来进行习作训练。对学生而言，该文题审题简单，可有多种立意；然而，在选材上直接对应学生的生活经验——而学生恰恰是经验缺乏的写作者，在写作过程中容易遇到困难；在写作思维发展和提升这一语文核心素养方面，也考查学生各个维度的思维发展，具有一定的挑战性。

从写作训练的价值审视层面来说，该文题考查学生的阅读经验和生活积淀，属于语文核心素养文化传承与理解的重要内容；也考查学生的主动构思能力和教师的针对性指导过程，属于新课标语文核心素养语言建构和思维发展方面的重要要求。

具体分析，以"蔬菜"为话题，这要求学生能够细致描摹、刻画某种蔬菜的样貌、习性，了解其特征、用途等。要想写好这篇文章，学生需要有源自真实生活的观察和认识，能够选择合适的材料，捕捉蔬菜在日常生活中出现的典型场景或者具有独特意义的细节，让材料凸显主题，从而引起共鸣，产生意义。

这一文题还考验学生的发散性思维、批判性思维等。学生要能够围绕话题，从多个角度认识、理解蔬菜。比如，描写蔬菜时，不少学生会觉得语言贫瘠，比较吃力，这就需要他们借助发散性思维的特点，既要描写某种蔬菜的形、色、味，又要描摹场景和季节更替中的变化等；既要能够回忆、思考、想象寒冬凌晨的菜场边、恒温的超市里和傍晚小摊贩水泥台上的蔬菜各是什么情状，又要能够层层深入，由蔬菜写到其深层文化、意蕴、情味，或者写出对某种蔬菜由浅入深或者由错误到正确的认识过程等。又比如，还要能够在文字表达上力求清晰，详略得当，尤其是写好细

节,提升表达的清晰度,提升文章的表现力,等等。

可见,面对这一文题,学生调动经验介入不难,难在如何描摹细节、发现意义,然后确定写作材料,写出生动感人或者颇有意味的文章。

【佳作点评】

想念地衣

程玥彤

三月,伴着拂面和风一同而来的是潮湿的雨,或许还有惊蛰的雷。乍暖还寒时候,山里的生灵已悉数醒来。

不过,这还不够,春意尚不完全,春味尚不浓郁,这不是我的春天。

我寻找一种曾经遍地可见的春味已经许久,却迟迟不能如愿,超市和菜市场也是一定没有它的踪迹的。"缺少了一碟凉拌地衣,春天便不算真正来临。"我有些执拗地想。

山里的春天是一定要有地衣的,就像小时候的春雨过后,爸爸会带我上山采掘。寻找可非易事,掩在石缝中,匍匐在泥土上,通身黑褐色,可是让人一番好找。寻了一阵都不见,我便自顾自玩起来;倒是爸爸,每回满载而归,那是春雨后冒起的第一茬野味,是带着雨水,混合潮湿的泥土气味的好物。我以为,上等的好物往往无须繁复雕饰,以清水汆烫,加盐,佐以小磨芝麻油或橄榄油,陈醋数滴,自是一流风味。水是山泉水,菜从山中来,坐在山脚下庭院的老八仙桌边,就着山风和竹叶响,食凉拌地衣,这才是我的春天!

许久不见了,甚是想念。

农家之味最是质朴,山中的蔬菜方是心头大爱,终是考究的粤菜、精致的法餐也无法相比的。有时我会想,农家乐也是农家,滋味或许相类?偶至某农庄中,惊奇发现竟有凉拌地衣。点上一碟,满心期待地试味,却左右不是滋味。确是地衣没错,可重油重盐的做法着实让人食不知味——筛去了地衣的鲜爽,没有雨水气,也没有泥土味。

人在城市求学,许久不见地衣,甚是想念。在城市的超市菜场苦寻多时无果,我心下了然,只余一声喟叹。地衣,怕是满山珍肴中最不起眼,却也最是挑剔的一种了。温度、湿度、水质、空气,一个也差不得。城市里琳琅满目,花样繁多的果蔬货架上,从未有它,怕也是理所当然的事了。

缺少一碟凉拌地衣,我的春天一直没来。是城市的车水马龙打扰了它的生息了吧,是步步扩张的都市侵占了它的天地了吧,是空气中的尘埃黯淡了它的生命了吧。总之,它就这么从我的生活中消失了,似乎也少有记起,仿佛从未出现过一般。

我不再寻它,或许更因为不愿那些培植的赝品再次让我失望。还是留在记忆里好了。这种大山里象征春之味的蔬菜,这对我来说乃人间极味的蔬菜,怕是同幼时山间戏耍的日子,和雨水和惊雷,和山风与竹叶响,一道远去了。

点评:在发展日新月异的城市,想吃上一盘地道的地衣,的确是一件难事。本文作者立足现实,从地衣的寻找、回忆出发,写出了一种悄然而逝的纪念和伤感。本文选材独特,笔法简练,文字质朴,写出了朴素而又含有深情的散文味儿,是一篇较为优秀的习作。

白菜染霜的思念

徐佳瑜

冬天,是白菜染霜的季节。

餐桌上,它就那么静静地躺在白瓷盘上,垂着叶摆,青翠欲滴。耳畔仍是妈妈的叨絮:"打了霜的白菜,甜得很,多吃点。"于是那双木筷一次又一次于碗盘间搬运,不肯罢休。

执筷,将面前如小山的葱茏往嘴里扒,想的却是天涯的那一头。

家乡田里的白菜也是浸了霜的吧?不知外公下田收了没有?应该早收了,许是都分给邻里乡亲们了。于是,脑海中老人蹒跚的影像渐渐显出轮廓:厚厚的黑袄,应是母亲上月寄过去的;宽而有力的肩上,一根扁担,担着两大筐新摘的白菜,平平稳稳,竟无半分颠簸;嘴角扬着笑,掀起一条条沟壑般的皱纹,向邻家走去……

这个时节,老家的田里,还会剩下些什么呢?想了又想,也终是记不起来了。

可却开始怀念那乌托邦的生活了。外公家门前的空地上,古井一口,枣树一棵,栅栏一圈,再加上七八块方方正正得如棋盘的田地,便是我童年的天堂。黑黝黝的土地里,冒出的大白菜、辣椒、番茄,还有扑腾翅膀的土公鸡,就成了我生活中最常见的伙伴。

伴着流年的,是枝上的枣一颗又一颗地结,一年又一年地落;之后,便是一场又一场的早霜,白菜一个冬天又一个冬天地拔收。

石砌的井口旁,吊桶磕磕碰碰触着壁,向上,溅起水珠,落回阴湿的井底,绽出朵朵白花。不锈钢的大盆与水相撞,奏出叮当的脆鸣。刚出土的白菜,粘着一身土接连蹦入大盆中,一道,两道,水的颜色一点点浑浊不堪,又一点点褪去土色,直至清澄如明镜,搅得一盆的水都笼着朦胧的绿意。

因井水冬暖夏凉的特性,手浸在水里非但不感到冷,还要暖上三分。于是,我的双手不安分地扑起水花,洒在白菜身上。

"阿瑜,打霜的白菜甜得很,中午多吃些。"外婆见我玩得欢,愈加绽开了笑颜,叠起眼角的褶皱。

"外婆,为什么要剥开白菜啊?"我见外婆不停地剥去白菜叶,随口问问。

"这中间有菜心啊。"外婆伸手掰开一株小白菜,伴着清脆的声响,嫩绿又泛着点点白尖的菜心露在风中,"这是最有营养的地方,囡囡等会儿多吃点。"

"别发呆了,多吃点。菜心要不要?"妈妈催我继续吃。

可那句"多吃点",我分明听见了两个声音,相叠交织,缠绵不分。

冬天啊,又是白菜染霜的时节。

点评:还有哪种亲情,比想念亲人的饭菜更让人觉得亲切呢?在我们的记忆中,总有一些事物,寄托着我们对亲人最真切的情感。哦,你,我,他,也一定会遇见这样的一盘菜吧。本文作者最难得之处,在于构思巧妙,"对面抒情",虚实互见,更以细节出彩,借助白菜、"多吃点"把外婆和妈妈对自己的细腻关爱,写得独特而丰富,真实又感人。

第九章　论述文写作教学

一、"范式"构建知识支架，"做中学"习得写作方法

写作能力，高中生的关键能力之一，需要教师有意识地引导学生逐步厘清写作知识，掌握写作结构，有序锻炼写作方法，提升写作的思维能力。结合教学实践，剖析"范式"构建知识支架，"做中学"习得写作方法的一些基本策略如下：

(一)"回溯式"改写强化，厘清写作知识

人们常说"好作文是改出来的"，似乎作文一修改就会变好，事实上修改自己或他人的作文并不容易，修改之后变得更差的作文也不少。指导学生写出好作文的方法之一，就是"回溯"，引导学生研究已经学过的写作概念，然后借助习作、例文的修改，真正掌握写作知识，比如概念、结构、手法等。

如何借助"回溯"提高写作能力？首先，要让学生在细微处领悟概念，这是最基础也最重要的方法。一位网友曾经举过一个很好的例子。他说：

在中学时，我写作文常爱用"我觉得""估计是""我想"这类词。后来，我遇到了一位老师，她在我作文上写的"姑姑走了，我觉得家里最近冷清很多"这句话下面画了横线，边上写着："家里冷清的样子是什么？写出来。"我开始回忆，脑海中不断闪现着家中的样子，然后写出下面一段话："往常中午吃完饭，姑姑都叫上隔壁

的二奶奶来,加上妈妈和婶婶凑够一桌牌。她们中间谁打赢了,我会趁机过去讨几块钱,去村口小卖部买上最喜欢的零食吃。但是吃也是有代价的,我要接过茶壶,像个店小二一样,一会儿过去添点茶水。现在,姑姑走了,家里的牌桌也没人张罗了,小卖部的老板娘看着我都眼生了,妈妈也是吃完饭就午睡了,二奶奶忙着伺候她刚出生的孙女。那把茶壶,盖子上都生了灰。我才发现,原来家里已经这么冷清了。"写完再交上去,老师看完问我,换成这样写,觉得和之前有什么不一样?我细细看,没那么枯燥了。老师又问我:"街上有两个乞丐,一个直接拿着碗说'可怜可怜我吧';而另一个人说'家里遭了难,没法子了才出来的,家里还有两个孩子,都好几天没吃饭了,你就行行好,可怜可怜我吧'。你只有一个硬币,会给谁?""第二个乞丐。"我下意识回答了。原来,我之前写的文字,这么直白没说服力。

可见,文章要改,改要有理有据,要懂得使用细节去呈现你要表达的思想。那么,什么是"细节"?什么是"细节描写"?这是要理解的概念。

这还没有完结,接下来,老师把我最后一句话"我才发现,原来家里已经这么冷清了"划掉了,说:"你再读读,和之前有什么不一样?"

我从第一行开始读,读到"生了灰",心情正沉浸在这些场景里,感情正要迸发,戛然而止。有了那句话,思绪回到了冷清这个点上,没了之后,感情虽然仍然是这个调调,可人仍旧掉在这些回忆里没出来。

可见,留白也是一个关键的写作手法。那么,何谓"留白"?文学作品中的"留白"有哪些方式方法?也都需要明晰。

想要恰当地使用细节描写、留白等手法,就必须掌握这些手法的基本概念,以及它们用于具体写作的方式。就像朱自清先生的《背影》第6自然段,描写"父亲过铁道买橘子",通过分解动作的方法,传递深切的感情。我们要把"动作描写""分解动作"这些概念、方法一一教给学生,让这些写作概念、方法在学生的头脑中成型,使他们慢慢地熟练使用,一点一滴地提高写作能力。

写过几十本畅销书的村上春树说:"不存在十全十美的文章,如同不存在彻头彻尾的绝望。"任何一种文体的写作训练,往往需要"三分写七分改"。文章不厌百回改,厘清了写作知识的"回溯"是一种再创作再提高,有利于提升学生的写作能力。指导学生修改作文,一般需要四遍"回溯":第一遍通读全文,剖析主题呈现的结构,看是否正确、妥当;第二遍主要看情节设置和全文层次;第三遍推敲每一个段落的内部结构是否合理、事例使用恰当与否等;第四遍分析文章中具体手法、技巧的搭配,适当"增删调补"。

(二)"发展区"延伸驱动,严格结构规范

不少高中生一直不会写文章,没有掌握写作的基本规范。比如写议论文,整体结构的"引议联结",或者层进、对照,主体段结构的"观点句+材料句+分析句"兼备,或者详略得当等,都需经过写作训练才能掌握。

譬如,我曾结合某次期中考试的作文题,以某同学的考场作文为例,通过课堂"发展性"研讨,分析如何发现并修正写作中的缺陷,进而引发从个别到一般的写作思维辨析。课堂片段如下:

【例文展示】

何为大爱

①老人行乞,莫言只肯施舍红薯干,母亲却送上了难得吃上一顿的半碗饺子。我认为母亲的行为,显现了大爱。

②何为大爱? 勇于吃亏就是一种。弘一法师有言:我不识何等为君子,每事肯吃亏便是。

③特蕾莎修女为了传递上帝的爱,一辈子秉持大爱,救助了无数处于苦难中的人。她的做法一度受到质疑,甚至教会也认为她借助救助谋取私利。但是特蕾莎直面质疑,初心不改,无私到底。最初特别反感特蕾莎的一位大法师被她彻底折服,感叹说:"我在寺庙供奉圣母30年,如今终于见到了圣母的肉身。"特蕾莎完美诠释了威廉·萨洛扬的这句话:随处寻善,一旦觅到,就带它走出藏匿之地,还它无愧和自由。不愧大爱!

④何为大爱? 不仅吃苦吃亏,更是受尽白眼,甚至死后还不得安宁却无怨无

悔——武训为了资助贫苦孩子读书成才,历经坎坷,一生兴学,就是明证。

⑤出身贫寒的武训,从小为他人做工。他观照自己的经历,发现了读书的价值。于是,立下了一生的志向:兴办义学,救助贫苦孩子。他为了攒够兴办学堂的钱财,行乞,做苦力,节俭到极致。罗曼·罗兰曾说:生活这把犁,一方面割破了你的心,一方面又掘出了新的源泉,让你在伤口处磨砺出璀璨的珍珠,照耀你的人生。武训最终办成义学,帮助了许多寒门子弟,使他们不会像自己那样历经磨难。后人赞叹:"大哉武训,至勇至仁;行乞兴学,千古一人!"

⑥武训,不愧大爱之人。大爱无疆,哪怕历尽艰辛。前几年,有一个新闻,某影视明星做善事,资助一个孩子一直到他考上大学。可是有一个阶段因为官司缠身,未能及时给这位大学生汇款。结果这位大学生用6000字向媒体"爆料",说这位明星"想花小钱换好名声"。这件事让这位明星倍受打击却仍表态:我会继续做慈善。

⑦何为大爱?坚持付出坚持爱就是。

我要求学生给这篇考场作文评分,阐述评分理由,给出修改建议:

学生1:60分的作文,我评48分。优点是有文采、有层次,包括引用和修辞使用不错,结构清晰,观点深入。

学生2:我评42分,缺点是前后照应不够,尤其是论证能力不够,段内语句缺乏逻辑论证思维特点,表现为两个主体段都是"事例+引用",一般应为"观点句+材料句+分析句"。而且文章只有三个事例,太少。

学生3:我给44分。第④段作为过渡段,需要借助两个人物体现出论述层次的深入,不然两个"大爱"事例有何不同?建议改为"特蕾莎弘扬大爱,最终获得了全世界的认可,并获得了诺贝尔奖。而在清代道光年间,山东武邑人武训一生兴学,历经坎坷,受尽白眼,仍然无怨无悔,资助无数贫苦孩子读书成才,更是大爱"。

学生4:44分。我也认为事例需要调整。特蕾莎修女和武训,这两个例子没有本质区别,可以用作第一个层次的详略搭配事例。我觉得可以改为"特蕾莎弘扬大爱,最终获得了极大认可,并获得了诺贝尔奖。恰当选择事例,可以使文章论点更深入:大爱,从倾力而为,到明知不可为而为之。

学生5：我评48分。第⑥段承担了一个写作任务——联系现实，借用影视明星做慈善的事例，强化观点。这给了我一个启发，那就是可以紧密结合当下的社会生活典型事件进行文章结尾部分的总结论述。

师：这篇作文实际评分47分。整体结构较规范，但主体段结构较为混乱、过渡段缺乏递进，再加上事例偏少，让人读来觉得说服力不够，深度不够，仍需改进。大家的点评各有角度和缘由，都很有见地。

这个教学片段，师生主要就文章的结构范式进行探讨。有效的作文指导，看似平淡无奇，但一定接近学生的写作实际，即学生"最近发展区"，能够与学生形成思想的碰撞。教师有时俯下身子，设计恰当的问题情境，和学生在同一个思维层面上交流，比如就某一段起承转合的具体做法和纵横捭阖的整体思路，在师生对话中化难为易、精准点拨，驱动学生层层深入地思考，更有利于学生结构化思维能力的锻炼。

总体而言，学生写作水平的提高，是一个循序渐进的过程，是日复一日刻意训练的结果。首先是语言训练，一篇主谓宾都有问题的文章，是没人乐意读下去的，所以句子结构要正确。其次要注重围绕写作主题的结构范式训练，也就是要把作文框架搭建起来：对一个段落，做到段落之内语句的前后衔接、照应过渡、层次分明，还要运用合适的事例；对一篇文章，要充分考虑各段的层次、内容的详略等，做好整体协调，实现简约而深刻的表达。

(三)"集束式"例举引领，掌握类型范式

从高一下学期开始，我布置学生每天写一段文字，进行序列化片段练习，比如写早读课前的一分钟，写光脚踩在地上的感觉，写半夜醒来的瞬间思绪，写对最新时事的观点等。写完后，师生推敲到每一个字，追求深入浅出、精练妥帖的结构化表达——小练不小，坚持下来必有大用。写作不仅需要片段练习，还需要就某一个点进行反复练习。

比如一篇优秀作文的开篇应该怎么写，我先进行佳作示范（范文引导阶

段)——以某示范高中的一次考试优秀作文作为示范,同时列举一些经典长篇小说的开头一句(一段),作为一种写作形式的指导性文字,引发集束式特征强化,形成较为固定的优质范式。

作文范例:阅读下面的材料,根据要求写作。

国人的沉默曾遭遇鲁迅的重批。但鲁迅同时又说:"当我沉默的时候,我觉得充实;我将开口,同时感到空虚。"进入 21 世纪,也进入了一个自由表达的时代,网络为各种各样的发言提供了极其便捷的途径。然而,在这纷纷的发言之外,仍有不少人在沉默着。

对此,你有什么样的体会和感受?可以讲述故事,抒发感情,也可以发表见解。

首先呈现某示范高中的学生佳作开篇:

东坡爱海棠却叹海棠无香。我亦爱海棠,最爱海棠无香。　　　　——《无香》

刘瑜说:"喧闹带来的是一种不负责任的瞬时快感。"这在当下体现得尤为分明。

——《做沉默的"少部分"》

王小波说:别做沉默的大多数啊! 于是蜂拥而至的人群,嘈杂地发声,还向身边沉默的少数人投以鄙夷的目光。　　　　　——《沉默的少数人》

木心曾言:"在火树银花、人头攒动处,不必寻我。"

——《为自己留出一个独立的空间》

大致在这样一个娱乐时代,其主流还是话语的狂欢,而非精神的皈依。

——《还有谁在沉默?》

整个台湾都炸了锅,可是梅贻琦先生沉默了。　　　——《大师的沉默》

张爱玲曾说:从前纸笔金贵,大家下笔大都慎重多思,后来纸笔普及,纸上的废话也就多了起来。　　　　　　　　　　　　——《自由之后,发言之前》

…………

学生表达观点:

学生 1:很明显,名言警句或者名人观点、故事开篇,一开始就很有深度,或者很有文采,或者让人信服。

学生2:优秀的作文总是相似的,不优秀的作文各有各的问题。这些开篇可以验证杜甫的话——清词丽句必为邻。好的引用,精当的入题,让人耳目一新。

学生3:我并不喜欢这些开篇方式。我觉得开篇要看各人的写作特点,强行引用,如果不恰当,会适得其反。

之后,我又以部分世界经典名著的开篇为例(经典验证阶段),指导学生写好开篇。

凡是有钱的单身汉,总想娶位太太,这已经成了一条举世公认的真理。

——简·奥斯汀《傲慢与偏见》

幸福的家庭总是相似的,不幸的家庭各有各的不幸。

——列夫·托尔斯泰《安娜·卡列尼娜》

这是最美好的时代,这是最糟糕的时代……我们正走向天堂,我们也正直下地狱。 ——查尔斯·狄更斯《双城记》

四月间,天气寒冷晴朗,钟敲了十三下。 ——乔治·奥威尔《一九八四》

往事犹若异乡:他们在那里做的事情都不一样。 ——L.P.哈特利《一段情》

叫我以实玛利吧。 ——赫尔曼·麦尔维尔《白鲸》

太阳照常升起,一切都没有改变。 ——塞缪尔·贝克特《墨菲》

这可是实实在在的一见钟情。初次相见,约塞连便狂热地恋上了随军牧师。

——约瑟夫·海勒《第二十二条军规》

所有的孩子都会长大,只有一个例外。 ——詹姆斯·马修·巴利《彼得·潘》

这是不可避免的:苦杏仁的味道总是让他想起注定没有回报的爱情。

——加夫列尔·加西亚·马尔克斯《霍乱时期的爱情》

…………

学生表达观点:

学生4:名家开篇,各有特色,或者制造悬念,或者引人深思,或表达观点,或者渲染情境,都让人读之不厌。

学生5:我特别喜欢《傲慢与偏见》《安娜·卡列尼娜》《霍乱时期的爱情》三部

小说的开头,首先揭示一个规律或真理,然后立即进入要写的故事。这是一种思路非常清晰的表达。

学生6:《第二十二条军规》《彼得·潘》也很好啊,要写的故事呼之欲出。

学生7:如果找共性,那就是这些开篇都是独特的,没有共性。正是因为这种独特的表达,才让我们觉得吸引人。用简洁的语言入题,言之有物,是很好的写法。

师:很好,这位同学替我进行了总结表达。我重复一下,开篇三点要求:表达独特,语言简洁,言之有物。

之后,进入第三阶段——反复训练阶段。其实,开篇范式有很多种,点题法、修辞法、要素法、渲染法、线索法等。范式是让人又爱又恨的东西,但在日常写作训练中,范式又非常重要,因为"凡事预则立,不预则废""没有规矩,不成方圆"。学生需要先学会"戴着镣铐跳舞",然后才能够自如地驾驭文字写好开篇,慢慢学会合理安排线索、时间、空间、情节、人物等,慢慢学会妥当使用倒叙、插叙和人称转换等。当我们掌握了"凤头、猪肚、豹尾"的各种范式,甚至可以借助不同范式进行搭配、转化、融合,就能更好地呈现文章的主题意蕴,迅速抓住读者的心。至于高分作文,更多时候不过是水到渠成吧。

(四)"操作性"训练修改,提升思维品质

写好作文的重要方法是反复训练。《练习的力量》一书明言:"看似微不足道的练习一经聚合就可以爆发出足以改变世界的惊人能量。"

首先进行审题立意的训练。

作文范例:阅读下面的材料,根据要求写作。

莫言在瑞典学院发表的文学演讲中,讲述了这样一个故事:

一个中秋节的中午,我们家难得包了一顿饺子,每人只有一碗。正当我们吃饺子时,一个乞讨的老人来到了我们家门口,我端起半碗红薯干打发他,他却愤愤不平地说:"我是一个老人,你们吃饺子,却让我吃红薯干。你们的心是怎么长的?"我气急败坏地说:"我们一年也吃不了几次饺子,一人一小碗,连半饱都吃不了!给

你红薯干就不错了,你要就要,不要就滚!"母亲训斥了我,然后端起她那半碗饺子,倒进了老人碗里。

　　请阅读以上材料,在材料的含意范围之内,自定角度,自拟题目,写一篇不少于800字的议论文。

　　师生共同完成如下的思维提炼过程:

　　材料作文审题要从材料出发,也就是说,材料的主要观点是我们的写作立意。审题方法之一是抓关键词、关键句:"母亲训斥了我,然后端起她那半碗饺子,倒进了老人碗里。"从材料看,重点是母亲和莫言对待乞讨老人的态度不同;推敲命题人的导向,重点是肯定母亲的行为,含蓄批评了儿子对老人的态度。由此可以确定:文章寓意重心在于母亲(的行为)。进而,可以确定最好的写作角度是母亲的角度,包括肯定母亲的行为:从母亲训斥"我"的角度,"施舍首先是一种尊重";从母亲"端起她那半碗饺子,倒进了老人碗里"的行为角度,"身教重于言教"或"人性的大爱就在点滴细节""善心不是表演而是发自真诚"等。或者对比"我"与母亲的行为,引申开去:真诚助人与敷衍;"施舍"(含贬义)与"舍施"(即不顾虑自身而关怀对方);尊重与蔑视。还可以考虑深度立意:"富贵时的行善值得肯定,困境中能行善更应敬仰""高调行善与低调行善""有人格的尊敬,悲悯才弥足珍贵"等。

　　如果不从母亲的角度立意,即便立意正确,也有偏颇。譬如,从"我"的角度来写:可以从"帮助弱势群体""同情心的缺失""学会关爱老人""人心冷漠的可怕"等角度入手;还可以反向立意,从批评"我"("打发"或语言"给你红薯干就不错了,你要就要,不要就滚")的角度立意:爱心不是简单的打发或施舍;行善更该尽善;行善不该盛气凌人;等等。还可以从乞讨老人的角度立意,比如人要知足、不能过于贪婪等。这些立意,都不能涵盖所给材料的全部内容——我们都知道,莫言讲述这个故事最想要突出的,就是母亲带给他的积极而深远的影响。所以,从"我"或者乞讨老人的角度立意,不符合材料最重要的意旨。

　　以上思维过程的逐步呈现,就是学生写作能力提升之审题立意的"操作性"训练过程。在此基础上,我们可以进行写作结构、材料运用、艺术手法搭配等多个方面的训练,实现写作的聚合效应。

上述四个阶段,通过"做中学"的教学实践,借助一步步的写作动作拆解和写作目标合成,使学生的写作能力获得了提高。写作教学中,以具体问题为载体,结构化写作教学实践,力争促使学生形成具有一定水准的个性化写作能力。

二、呈现作文"深度"思维能力的"巨人肩膀"

任务驱动型作文,对作文深度的追求也更加明晰——当然,高考作文的发展等级(深刻,丰富,有文采,有创新)本就有这一层面。

当前,关于高中生任务驱动型命题写作能力的探索,大家普遍认为其核心在思维能力。我们一再发现,随着评价标准的转变——任务驱动型作文更注重任务解决和思辨性,更强调旗帜鲜明和就事论事,在文采手法与素材使用方面留给学生的空间变小了——旧标准下的好作文,现在可能不及格。评价标准的转变,带来写作任务的挑战:很多老师一时一筹莫展,不少学生有点茫然无措,真正体现思维能力的好作文到底应该怎么写呢? 在这个思维能力决定竞争力的时代,任务驱动型命题深刻的一面如何具体体现? 试以两个任务驱动型命题及其写作范例,来呈现写出深刻的一种做法。

作文范例:阅读下面的材料,根据要求写作。

最近,考古界"团宠"钟芳蓉引发多方关注。这位湖南耒阳留守女孩在今年的高考中考出了676分的好成绩,获湖南省文科第四名。她受樊锦诗先生的影响,热爱考古,所以她选择报考北京大学考古专业。

专业选择在网上引发热议。有网友说:"到就业时就哭了,分分钟教你做人。"还有人说:"这种家庭应该选择毕业后可以赚更多钱的专业,比如北大经管。"

与此同时,樊锦诗先生得知此事后为钟芳蓉送去《我心归处是敦煌:樊锦诗自述》一书,表达对钟芳蓉的祝福和希望,并写信鼓励她"不忘初心,坚守自己的理想,静下心来好好念书"。

你认同钟芳蓉的专业选择吗? 请结合现实针对此事件谈谈你的看法。

要求:结合材料,自选角度,确定立意;符合文体特征;不要套作,不得抄袭;不少于 800 字。

作为任务驱动型命题,材料审题上几乎没有障碍,针对钟芳蓉的选择,表明态度,阐述理由即可。这种审题较为容易的命题,学生写作一大弊病就是写得过于浅显,千篇一律,见解浅薄。针对这一命题,一位高三学生写出了这样的习作:

【佳作展示】

沉潜的热爱

"街上十分嘈杂,我们这群痛苦的老艺术家挤在咖啡馆的一角,大衣里裹着燃尽的火山。"亚伯拉罕·耶霍舒亚说。在热闹的世界里,也许人们总是会忽略那些安静的地方,比如考古系。

而就在前几天,一个毅然报考北大考古系的女孩钟芳蓉,让我们又关注到风尘仆仆的中国考古者的身影。

"没前途!"人们这样质疑钟芳蓉的选择。而对钟芳蓉本人来说,这个选择也许不是关乎有没有前途的"孤勇",而是由内心生发的"热爱"。"热爱"可以用"前途"衡量吗? 在物质标准面前,热爱似乎一文不值。然而,在热爱面前,物质也许也是不名一文。钟芳蓉的偶像、"敦煌的女儿"、感动中国 2019 年度人物樊锦诗说过:"我躺下是敦煌,我醒来还是敦煌。"榜样在前,樊锦诗就是一位因为热爱而从事了一辈子考古的人。

生活总是教导人们取舍,尤其是顾惜现实不易。于是,人们心中常常少了为热爱而征伐的血性,过着设定好的人生,无法同梭罗一样听从内在彼得隐士的召唤,进而勇往直前,寻找圣地。这样的人,与《茶花女》中虚假的同情者何异? 自我封闭了心灵的耳目,外在世界的嘈杂也不过是片刻虚幻。想当年,梭罗带着一只斧头,便前去瓦尔登湖,从而寻到理想之地;而我们,也需要在这个迅疾时代发现自己被忽略、被隐藏的热爱,把热爱归还于理想,把理想归还于自我。

钟芳蓉热爱考古,于是她选择了考古,选择了沉潜,选择了神奇的发现和等待。

多好！这是多么珍贵的信仰。莎士比亚曾说："时间现在要摧毁它以前的赐予。"考古就是在把那些赐予挖掘并保存好！我期待钟芳蓉就此像那些前辈一样，立马扬鞭，一往无前。须知，热爱不会被辜负，而未来终会归还于热爱。

热爱的意义，就在于拥有冲破世俗束缚的力量，不论艰辛或者痛苦，而去从事根植于内心的高贵事业。我欣喜地看到，当钟芳蓉被质疑之后，一大批考古专家和学者，都走出沉默之域，为钟芳蓉发声。同声相应，同气相求，当钟芳蓉成为全国考古圈"团宠"，考古人内里的磅礴烈焰才为人所见。的确，当你真心想要做成一件事情的时候，整个宇宙都会帮你实现。

我相信，因为热爱而迸发出的无限潜能，终将无视黑夜和黎明，无视崎岖或阻隔，沉潜于所爱，创造出一个更加美好的世界。钟芳蓉不是第一个这样的人，更不会是最后一个，更多的人将秉着热爱，当风而立。

文中，亚伯拉罕·耶霍舒亚、樊锦诗、梭罗、莎士比亚等人的名言警句顺次出现，让人丝毫不觉得拥挤——这篇习作，完成了驱动写作的任务之外，另一个突出特点是文采斐然，并且很恰当地只在必要的地方闪耀，把感性的文辞之美和理性的逻辑结构搭配得极为妥帖——既充分论证了这一命题，又从容展示了该生广泛的阅读面和高明的语言文字运用能力。好的作文，要有深刻的思想境界，也期待文采斐然的表达；我们写出的文章，首先要吸引阅读者往下读，不是吗？在任务驱动型作文中，多姿多彩地展示文采，用美的语言呈现对问题的深度理解，这篇习作不就是范例吗？

作文范例：阅读下面的材料，根据要求写作。

王帅是一名高中生，出生在一个大家族。每年春节，家族都会举行大聚会，一大家子热热闹闹吃团圆饭。小辈给长辈拜大年，长辈给小辈发红包，其乐融融，幸福祥和。王帅对此不感兴趣，经常借故缺席。长辈们有意见，王帅也很苦恼。如今逢年过节，不管是大家族还是小家庭都面临类似的情况。王帅这样的情况在年轻人中还比较普遍。

育才中学在"文化周"活动中对此类现象展开了热烈的讨论，请你写一篇演讲稿,在"文化周"的专题讨论会上演讲。

　　要求:自选角度,自拟标题,不得抄袭,不得套作,少于800字。

　　写作任务是"写一篇演讲稿,在'文化周'的专题讨论会上演讲"。审题立意方面,要求学生能够对材料中的具体现象进行提炼:不能简简单单地就材料论材料,而应该从中看到关于亲情文化、节日文化和传统文化等更高的层面。即便如此,这个命题仍然容易写成注重亲情、重视春节,或者大而空地论述传统文化等平泛文章,容易陷入说一些大道理、缺乏深度的"庸俗化"写作。确定立意之后,一位高三学生特别重视语言表达和文采呈现,写出了很不错的考场作文。

【佳作展示】

家族观念解构,我们何去何从?

亲爱的同学,敬爱的老师:

　　大家好!年轻人在家庭聚会时借故缺席,这种现象在当下甚是普遍。年龄的代沟和家庭意识的解构,是否正在对传统观念进行着猛烈冲击?

　　在以父权为中心的传统家族中,大聚会是一种维护家族稳定的象征手段。克里斯蒂娃曾指出,所有传统意义上的集会和活动,都指向男性权威对家族的炫耀性宣告。步入现代社会之后,传统意义上的家族已经因为信息化和城市化的扩张而不断消解,逐渐成为空壳。费孝通先生在《乡土中国》中提出,家庭是以农村的地缘为纽带的。而在当下,地缘已被高科技打破了壁垒,家族分裂成为若干小家庭,小家庭远离了传统意义,也在实际生活中各奔东西——一个大家族的多个小家庭,往往不在同一城市乃至同一省份。

　　传统父权的家庭,随着后工业时代的突进而逐步消解;以地缘为纽带的家族也正成为过去时。以上缘由使得新一代——出生于后现代社会的一代——对于家族甚至家庭都产生了怀疑与冷漠感。卡夫卡在《审判》中就通过父子冲突预言了家庭的解构。老人重视、看似祥和的大家庭聚会,在年轻人眼中成为无聊的代名词,这种巨大的二元对立,让贝尔·格里尔斯在《荒野求生》中所预言的"荒芜的丛林"成为"家族"的现实处境。

像王帅那样反抗家族聚会的现象,将会更多。默尔索式的"局外人",也许会成为家庭观念瓦解的突出形象。后现代社会中单调乏味的生存状态,迫使年轻人的个性沦为"布尔迪厄式趣味"的阶层。在当下急剧的社会变化中,家庭或者家族对于年轻人的意义,就如同《洛丽塔》中亨伯特对夏洛蒂的爱情,总是不对等——家族陷入传统与现代的两难境地:年轻人缺乏对家族的向心力,也对自己没有精神依靠无能为力;家族似乎存在又似乎幻灭,缺少对后代的吸引力,如同尤奈斯库的《椅子》一般脱离真实,脱离社会现实。

正如一部分哲学家所宣告的那样,随着时代前进,家族意识将被蚕食殆尽。这早已超出了"一大家子热热闹闹吃团圆饭"很重要,以及"年轻人太有想法"的讨论范畴。面对席卷而来的后现代思潮,我呼吁大家理解并运用哈贝马斯的交往方式,交往的含义是共识、共情——我们要在合理的、友善的交往中,恢复可能仍匿于心底的传统;我们可以热情洋溢地握手、聚餐、谈笑风生。对于传统文化,年轻人王帅也需要把自己的情绪置换到家长、老一辈人的观念中,牵起家人的手,真情实意地告诉他们:今年一起吃个团圆饭吧。

我的发言到此结束,谢谢大家!

与上一篇习作一样,该文立意深刻,依然以材料运用方面的深度取胜。深度何来?很显然,克里斯蒂娃、费孝通、卡夫卡、贝尔·格里尔斯、"局外人"、布尔迪厄、《洛丽塔》《椅子》哈贝马斯等人物或者著作的参与,让文章结合现实纵横捭阖,见解独特,又不乏温和,不乏深情——这些特点,又夹杂在名人言论或者著作观点中,让我们感受到思想的轮番冲击及思维的深度延伸——好的文章,也是站在巨人、名著的肩膀上的。

面对任务驱动型作文,上面两篇习作在文从字顺、结构清晰的基础上,主要借助让人"齿颊带余香"的名言警句,贴切地推进观点、观念的深入,促成问题、任务的解决。当然,写作中,"深度"不宜矫枉过正,文采也是如此。但是,让学生的思维在大师的肩膀上闪耀,作为深度写作的一种做法,一个维度,值得引起适当关注。

三、新材料作文"三位一体"教学实施路径

新材料作文是在"材料+命题"作文基础上发展起来的,区别于"任务驱动作文"的一种新作文样式。新材料作文按材料性质可分为事例类材料、事理类材料、寓言类材料和组合类材料等;按材料数量可分为单则材料与多则材料;多则材料作文按材料组合方式可分为同类组合材料、对比型材料、叙议结合类材料等。

新课标鼓励高中生自主写作,自由表达,以负责的态度陈述自己的看法,表达真情实感,培育科学理性精神。新材料作文与新课标高度适配,具备"精准审题立意""精妙构思行文""精练表情达意"等特点。一般而言,新材料作文要经过"立意""成文""炼言"三个阶段,才能真正借助审题立意、谋篇布局和言语艺术,深入呈现写作者的思想情感,实现写作的表达与交流目标。结合部分作文题就建构"立意""成文""炼言"的"三位一体"实施路径探究如下:

(一)立意:缘象求质,得意求深

新材料作文对立意要求较高。这是写作的本质特点决定的:写作就是为了表达创见,而不是重复陈旧的思想。目前,高中生在审题立意方面呈现两个主要问题,一是立意片面或有偏差;二是立意肤浅、陈旧。针对这两个问题,很多教师积极探索,寻求解决办法。在长期的教学实践中,笔者积极剖析新材料作文的审题特点,以寻求最佳立意,形成了一个基本思路:缘象求质,得意求深。

审题关键在材料——材料就是"镣铐",材料既提示了行文内容,更包括了写作关键词;既给学生提供相关的信息,同时也给学生一定的限制。可以说,材料中的每个字、每句话都不可忽略,精准立意从材料的逻辑分析中来。审题过程中,首先要理清材料层次,读懂材料的浅层意思和深层含义。有些材料还要做多元解读,内涵有深有浅,需进一步思辨分析——教师要着力指导学生站在更高的认识层面上,从不同角度理解材料,透过现象看本质,发掘材料的深层内涵。以全国新高考I卷作文题为例:

作文范例:阅读下面的材料,根据要求写作。

1917 年 4 月,毛泽东在《新青年》发表《体育之研究》一文,其中论及"体育之

效"时指出:人的身体会天天变化。目不明可以明,耳不聪可以聪。生而强者如果滥用其强,即使是至强者,最终也许会转为至弱;而弱者如果勤自锻炼,增益其所不能,久之也会变而为强。因此,"生而强者不必自喜也,生而弱者不必自悲也。吾生而弱乎,或者天之诱我以至于强,未可知也"。

以上论述具有启示意义。请结合材料写一篇文章,体现你的感悟与思考。

要求:选准角度,确定立意,明确文体,自拟标题;不要套作,不得抄袭;不得泄露个人信息;不少于800字。

审读这则作文材料,首先分层:从名人"体育之效"的论述介入,是材料的表层内容;其深层含义源于两个关键句"生而强者如果滥用其强,即使是至强者,最终也许会转为至弱""生而强者不必自喜也,生而弱者不必自悲也"——综合材料的关键语句,提取整合内涵可知,这是一道关于"强弱转化"主题的思辨作文。其次,材料分层切割之后,对作文核心概念进行有层次的思辨,是立意之钥:表层是体育的强弱,深层是由体育强弱引出的普遍意义上的强弱之变;表层是人(身体)的强弱,深层是个体生命成长的强弱转变;进而还可结合写作任务中的"启示""感悟与思考"深掘,从个体生命的强弱,上升到家国精神的强弱等。

再以南昌市高三第一次模拟考试作文题为例:

作文范例:阅读下面的材料,根据要求写作。

(1)《礼记》有这样的表述:"水深则流缓,人贵则语迟。"朱熹的《治家格言》中也说:"处世戒多言,言多必失。"

(2)近年来,网络流行一个热词"嘴替",就是替别人把不能说、不敢说、不会说的话说出来。"积尸草木腥,流血川原丹"——杜甫是厌战者的"嘴替";"可怜身上衣正单,心忧炭贱愿天寒"——白居易是贫贱者的"嘴替"。

对此,你有怎样的感悟与思考?请据此写一篇文章,表达你的看法。

要求:选准角度,确定立意,明确文体,自拟标题;不要套作,不得抄袭;不得泄露个人信息;不少于800字。

这道题属于对比型新材料作文,材料一"人贵则语迟""言多必失",虽有"三思而言"的意味,却也渗透着"明哲保身"的处世哲学。材料二明确提出"嘴替"能说、敢说、会说,并使用杜甫、白居易的事例强调"言语"的责任感和使命感。两则材料借助"言语"的不同内涵,表层是探讨"慢言""少言""慎言""替言",深层是要引导学生思考为谁"言语",以及"言语"背后传递的如何对待个人利益和社会责任等问题。审读这两则材料,材料二应当作为写作重点,引导当代青年敢于为他人、社会、时代发声,展现其责任担当,这是深刻立意的追求。有学生确定标题为"三思而后言,立言以立世",偏于单薄;而标题定为"为己三缄其口,为公声震寰宇""谨言更须敢发声"则立意深刻。

新材料作文要精准审题立意,缘象求质,得意求深,即根据材料的具体内容,逐层分析,探求其思想内涵;确定立意后,还要深入分析,多元分析,筛选出最佳立意,开展深度写作。

(二)成文:缘体架构,精设巧融

写作本身就是一个思路展开、思维深化的过程,需要缘体架构,精设巧融。确定立意后,如何构思成为写作的重中之重——要写好一篇新材料作文,至少还需要两方面的构思:一是主题、角度的明确,二是结构的顺畅、深刻。

1.主题、角度的明确。

确定的主题,对构思的最大价值在于明确了写作目标。接着,写作者就可以紧密结合材料,把目标分解成若干有联系的层级或者几个联动的小目标。然后再围绕这些层级或小目标组织语言和素材,形成有意义的表达与交流文段。以全国高考甲卷的作文题为例:

作文范例:阅读下面的材料,根据要求写作。

中国共产党走过百年历程。在党团结带领人民进行的伟大斗争中孕育的革命文化和社会主义先进文化,已经深深融入我们的血脉和灵魂。我们过的节日如"五四""七一""八一""十一",我们唱的歌曲如《义勇军进行曲》《没有共产党就没有新中国》,我们读的作品如《为人民服务》《沁园春·雪》《荷花淀》《红岩》,我们景仰的革命烈士如李大钊、夏明翰、方志敏、杨靖宇,我们学习的榜样如雷锋、焦裕禄、钱学森、黄大年等等,都给予我们精神的滋养和激励。我们心中有阳光,我们脚下有力量。我们的未来将融汇于中华民族伟大复兴的新征程,我们处在一个大有可为的时代……

请结合材料,以"可为与有为"为主题,写一篇文章。

要求:选准角度,确定立意,明确文体,自拟标题;不要套作,不得抄袭;不得泄露个人信息;不少于800字。

审读这则材料,首先要分清层次,第一层讲百年革命文化在节日、歌曲、作品、人物等方面对当代青年的深入影响;第二层讲基于百年来的文化特性,我们未来大有可为,也必将有为。其次要理解材料的核心概念,找准关键句"革命文化和社会主义先进文化,已经深深融入我们的血脉和灵魂""都给予我们精神的滋养和激励""我们的未来将融汇于中华民族伟大复兴的新征程,我们处在一个大有可为的时代……",析出关键词"血脉和灵魂""滋养和激励""阳光""力量""可为与有为""大有可为的时代"等。然后结合"可为与有为"主题,深挖材料内涵:所谓"可为",指"这个前所未有的好时代"是当代青年有所作为的大环境,革命前辈开创了盛世,我们身逢其中更应有为。所谓"有为",指在"可为"背景下,青年要不负时代使命,有所作为:一方面处理好实现个人价值和奉献社会的关系,另一方面更要在奋斗、创新中绘就时代蓝图。

经过逐层分析,我们明确了写作主题:材料以建党百年为背景,呈现了百年文化的多方面影响,激励当代青年勇担时代责任和使命;也明确了写作角度,材料促使学生思考个人与时代的关系,思考小我与大我的关联,重点论述落脚于在"可为"时代,青年如何"有为"。有学生把作文题目拟定为"赓续可为精神,争做有为青年""时代大有可为,吾辈定当有为"等,主题明确,角度清晰。

再以江苏省部分学校高三语文调研试卷的作文题为例:

作文范例:阅读下面的材料,根据要求写作。

北京大学马克思主义学院00后直博生王俊本科期间去乡村小学支教,发现乡村中小学师资力量缺乏、教学设施落后等问题严重影响了正常教学工作的开展和农村教育事业的发展。这使得他在回校后通过走访调研、学术研讨等方式继续深入研究。党的二十大期间,面对采访,他感慨自己完成了从"被告诉社会是怎样的"到"自己看到社会是怎样的"这样一种转变。

以上材料具有启示意义,关于"被告诉"和"主动看",你有着怎样的理解?请写一篇文章谈谈你的感受和思考。

要求:选准角度,确定立意,明确文体,自拟标题;不要套作,不得抄袭;不得泄露个人信息;不少于800字。

审读这则材料,首先要先分清层次,第一层讲王俊去村小支教的亲身实践及"主动看见",第二层讲他结合支教实践开展的深度研究,第三层讲王俊感慨从"被告诉"到"主动看"的转变。其次要理解核心概念,找准关键句"他感慨自己完成了从'被告诉社会是怎样的'到'自己看到社会是怎样的'这样一种转变",析出关键词"发现……问题""深入研究""被告诉""主动看"等。然后深挖材料内涵:"主动看"包括主动实践、主动研究以改变思想观念,然后理论与实践结合,提出创见。材料引导学生正确理解"被告诉"和"主动看"的关系,深入认识、剖析王俊从"被告诉"到"主动看"的转变过程,强调"主动看"的多元价值和深刻意义,用以解决个人、集体在日常生活、求知探索、参与社会实践、未来发展等层面的实际问题。

2.结构的顺畅、深刻。

结构是依据主题对材料进行有意义集中、有特色建构的过程。元代乔梦符说:"作乐府亦有法,曰凤头、猪肚、豹尾六字是也。"整体而言,常见的作文结构如"层进式""对比式""总—分—总"都不难掌握,优质的写作更需要优化结构,要精心安排主体段的层次,在道理上层层深入,在内容上由点到面,在情感上熏陶渐染,不一而足。譬如钱锺书《〈宋诗选注〉序》的这一部分,堪称议论文主体段的"天花板",顺畅、深刻,充分显现了其突出的构思能力。

【例文展示】

《宋诗选注》序(节选)

钱锺书

不过,宋的国势远没有汉唐的强大,我们只要看陆游的一个诗题"五月十一日夜且半,梦从大驾亲征,尽复汉唐故地"。宋太祖知道"卧榻之侧,岂容他人鼾睡",会把南唐吞并,而也只能在他那张卧榻上做陆游的这场仲夏夜梦。到了南宋,那张卧榻更从八尺方床收缩而为行军帆布床。此外，又宽又滥的科举制度开放了做官的门路，既繁且复的行政机构增添了做官的名额，宋代的官僚阶级就比汉唐的来得庞大，所谓"州县之地不广于前，而……官五倍于旧"；北宋的"冗官冗费"已经"不可纪极"。宋初有人在诗里感慨说，年成随你多么丰收，大多数人还不免穷饿："春秋生成一百倍，天下三分二分贫！"最高增加到一百倍的收成只是幻想，而至少增加了五倍的冗官倒是事实，人民负担的重和痛苦的深也可想而知，例如所选的唐庚《讯囚》诗就老实不客气地说大官小吏都是盗窃人民"膏血"的贼。宋朝统治阶级和人民群众的矛盾因宋辽金的矛盾而抵触得愈加厉害，宋人跟辽人和金人打仗老是输的，打仗要军费，打败仗要赔款买和，朝廷只有从人民身上去榨取这些开销，例如所选的王安石《河北民》诗就透露这一点，而李觏的《感事》和《村行》两首诗更说得明白："太平无武备，一动未能安……

"役频农力耗，赋重女工寒……""产业家家坏，诛求岁岁新。平时不为备，执事彼何人……"。

这一段作为关键主体段，结构层次清晰，提出观点"宋的国势远没有汉唐的强大"之后，以例证、引证、对比论证等手法，论证了宋的国土面积小、国势弱，从北宋到南宋（南宋更弱）更有一种历史发展的逻辑力量——这是第一层；第二层从"冗官冗费"的角度论证，运用例证、引证、对比论证、假设论证等。接下来第三层，从"国际矛盾"角度来论证，以例证和因果论证等，鞭辟入里，有力证明了观点。

这一段之所以如此打动人，关键在于写作本身就是对逻辑思维能力的娴熟运用，是充溢文采、饱含情感的深度思考过程——各层次的论证分析都恰当地使用了关联词，让阅读者一目了然地看到文段严密的逻辑链条；同时，下一个分论点的产生，都是基于对上一个分论点的深化或发散，在自然而然地思考深化中形成了新的分论点，这样就让整个文段的思想认识呈现阶梯式上升，步步逼近问题的本质，以结构的力量推动文章的认识走向深刻。

（三）炼言：连句用词，各得其宜

写作像建房子，搭好了钢筋混凝土，框架不能算建好了，还要充分考虑各个房间的具体布局、装修材质等。写作不仅是一个"立意""谋篇""组段"的过程，还是"连句""用词"的过程。在确定主题、建立支架之后，还要推敲语言，惟陈言之务去，为时事而著作。那么，如何组织语言，"连句""用词"呢? 一般来说，为想要表达的意思找到特定的、准确的词语是写作的基本功，也是判断文章优劣的分水岭。"连句""用词"有两个标准，一是达意，让词句清晰传递所需表达的意思;二是精练，追求简洁，有主有次，增加词句的内容含金量。以温州市高三第二次模拟考试的作文题为例:

作文范例:阅读下面的材料，根据要求写作。

ChatGPT 是一款人工智能聊天机器人。"有问题尽管问!"是 ChatGPT 与用户聊天的开场白，只要你输入问题，它就会生成一份"近乎完美"的回答。ChatGPT 能够帮助学生快速梳理问题的解题思路，是一个相当强大的"辅导老师"。

有研究者认为，向机器人提问也是一种学习的方式，但一些学生恰恰不知道"问什么"，尚未建立起真正的"问题意识"。学生如果连"问什么"都不知道，那么就没法很好地使用"AI"这类工具。

上述材料也能在更广泛的人生领域给人以启示。在人工智能浪潮不断袭来的时代，你如何看待"问题意识"和人生的关系? 请结合以上材料写一篇文章。

要求:选准角度，确定立意，明确文体，自拟标题;不要套作，不得抄袭;不得泄露个人信息;不少于 800 字。

写好这篇文章的关键，是对"问题意识"的理解。"人工智能浪潮不断袭来的时代""'问题意识'和人生的关系"是必须涉及的两个方面。但是，这个话题容易写得枯燥无味;真正要写出好文章，关键在于好词句。基于此，我们来看一篇学生佳作《人生之道，启于发问》的最后两段:

"当人类被剥夺了反思与沉痛的思考后，他们所剩无几。"信息爆炸时代，问题意识的丧失，本质上是信息茧房与人们深度思考之间的矛盾。庞杂的信息尤其是碎片化信息不断挤压人们的精神空间，让人无暇思考。如果舍弃了造物主最大的馈赠——思想，那么人类还剩下什么? 当下，缺乏深思的年轻人沉迷于"电子榨菜"的空想，月月满勤的打工人在"摸鱼式内耗"，无法精准提问的学生跌进无法自拔的"题海"。技术的这些"异化"形态，让人们成为马尔库塞所说的"不再有能力去想象与现实生活不同的另一种生活"的单向度的人。

人生之道，启于发问。在人工智能化浪潮不断袭来的今天，我们要设法使自己成为"问题中人"，让"知出乎争"，才不至于成为一个娱乐至死的物种。我侧耳倾听，仿佛听到那流传已久的话语——"我思故我在"，随即会心一笑。

这两段文字内容新颖、充实、雅致，读后齿颊留香。其所引用、化用的材料丰富，或援引原话，或罗列专有名词，一段之内，各句之间，注重长短句的有机搭配，摆事实，讲道理，或引用，或对比，或排比，或设问，或假设，或归纳……以错落的节奏感阐明观点、表达感情，展现了精湛的文字功底。可以说，这两段文字逻辑清晰地、情感充沛地、精练地完成了依事实论理、有理有据的论证过程，甚至是幽默风趣、娓娓动听地完成了观点的深刻表达，引人共鸣。

新材料"三位一体"写作教学实践，立足于写作的审题立意、谋篇布局和言语艺术，力争提升写作教学的有效性。一篇有深刻立意，有完整构思，有反复推敲的语言艺术的文章，它写一句话，就能抓住核心；用一个词，最是恰如其分；既真实又美，立意深刻更意境深远，怎能不引人入胜？立意，成文，炼言"三位一体"的建构过程——这是阅读者最初看不见的奥秘，而写作的关键恰在于此。

四、任务驱动型新材料作文的审题立意

新课标在"学业水平考试与命题建议"中提出，考试、测评题目应以具体的情境为载体，以典型任务为主要内容。近几年高考语文试卷中出现的任务驱动型新材料作文写作题，就体现了这一"情境+任务"的考试命题要求。

高考语文试卷中的任务驱动型新材料作文，是新材料作文与任务驱动型作文的结合。新材料作文，是相对于传统的材料作文来讲的，主要是提供了比传统材料作文更多的情境材料，以便于考生多角度立意和发挥；虽然给定材料，但不限定角度，可以让考生更好地创作。任务驱动型作文，是以具体的现象或问题为载体（即情境材料），给定限制条件或附加要求，引导考生按照一定的思路去分析表达、写作

创作。任务驱动型新材料作文，就是在新材料作文的基础上给定具体而又有选择空间的任务，一般是先呈现带有一定复杂性的一个或者一组社会现象或文化现象，再提出写作任务和要求。这种类型的作文题更注重审题、立意；不同层次的审题立意，直接影响文章能否写得深刻和有新意。怎样使学生在这样的作文题上达到高考作文"深刻，丰富，有文采，有创新"的发展等级要求？在写作教学中首先必须加强审题、立意的策略指导，帮助学生提高审题、立意的能力和水平。

(一) 从具象到抽象，力求"深刻"

对任务驱动型新材料作文的审题立意，要指导学生不能浮光掠影、浅尝辄止，简单地就材料谈体会，而必须认真阅读理解材料，从材料描述的具体现象中概括提炼出思想情感或主要矛盾，再根据写作任务来选择角度、确定主题、思考观点，这样才能走向深刻和丰富。

作文范例：阅读下面的材料，根据要求写作。

王帅是一名高中生，出生在一个大家族。每年春节，家族都会举行大聚会，一大家子热热闹闹吃团圆饭。小辈给长辈拜大年，长辈给小辈发红包，其乐融融，幸福祥和。王帅对此不感兴趣，经常借故缺席。长辈们有意见，王帅也很苦恼。如今逢年过节，不管是大家族还是小家庭都面临类似的情况。王帅这样的情况在年轻人中还比较普遍。

育才中学在"文化周"活动中对此类现象展开了热烈的讨论，请你写一篇演讲稿，在"文化周"的专题讨论会上演讲。

要求：自选角度，自拟标题，不得抄袭，不得套作，不少于800字。

这是一个比较典型的任务驱动型新材料作文题，提供的材料具体、详细，但难以概括出"此类现象"的本质。写作任务是明确的：就材料中的"此类现象"写一篇演讲稿，在"文化周"的专题讨论会上做演讲。但要写这篇文章，就必须先理解"此类现象"的本质，相当于在做一个"怎样认识此类现象"的论述题。因此，这样的作文题审题十分重要。这个作文题，可以分三个层次来解读材料、审议题目。

一是还原"渐进情境"。阅读一则材料，就是阅读一篇短文。首先要理清材料叙述的内容,找准材料反映的矛盾冲突。上述作文材料中,第一句话交代了背景,高中生王帅,出生在大家族;第二、三两句话描述我国过春节的习俗:聚会、拜年、发红包;第四、五两句呈现矛盾冲突,王帅"不感兴趣",长辈们"有意见";最后两句提出,这已成为一种社会现象。显然,材料不长,却包含了很多信息,揭示了一个比较普遍的社会现象。

二是分析"微言大义"。场景情境不是写作主题,必须深入分析材料的微言大义——这些现象、细节所蕴含的文化内涵和精神实质。最后两句话"如今逢年过节……还比较普遍"对材料中的现象进行了提升,点出了写作要思考的核心问题,但这个核心问题是什么? 还要基于常识,从文化层面进行提炼。其中的"逢年过节"意味着我们要从春节等传统节日文化的角度进行思考;"类似的情况""这样的情况"指代的是王帅与长辈们围绕传统节日而产生的矛盾。抓住这一矛盾冲突,就能发现本次写作的焦点、立意的基点是"如何看待传统文化背景下的代际矛盾"或"怎样看待传统节日的文化习俗",这样的写作就有了深度。如果从"注重亲情""重视春节"来立意,就是审题不准,偏离了材料的主旨,就容易陷入缺乏深度的浅表思维和庸俗化写作。

三是呼应"核心素养"。经过上述的审题和立意,就可以开始定题、选材、构思和写作。但还可以指导学生借鉴海明威的"冰山理论"继续深入思考,从材料反映的矛盾冲突拓展延伸,发现新的、更深层次的视角,如传统节日在新时代怎么过? 传统文化应该怎样创新发展? 我们强调文化自信、弘扬中华民族优秀传统文化,并不是封闭保守,也不是一成不变,而是要在继承中创新发展、在创新中继承和弘扬,中华优秀传统文化只有在创新发展中才能保持强大的生命力和影响力。

(二) 由平面到立体,促进"有创新"

作文发展等级之"有创新",可以在文章选材、修辞手法、用词造句等方面进行创新,但更重要的是要在文章立意上有创新、对问题的认识上有创新。立意就是确立文章的主旨——中心思想、基本观点,这是文章的灵魂,是文章的灵气、灵性所在。清代哲学家王夫之认为:文章"以意为主""寓意则灵"。因此,在新材料作文的教学中,必须指导学生在立意上由平面到立体,拓宽思路、创意创新。

作文范例:阅读下面的材料,根据要求写作。

一条河流曲折向前,不只是为了抵达大海,也是为了流经更多的土地。

这句意蕴丰富的话引发了你怎样的联想和思考?请写一篇文章。

要求:选准角度,确定立意,明确文体,自拟标题;不要套作,不得抄袭;不得泄露个人信息;不少于800字。

材料表面上的主体为"河流","河流"呈现出三个特征,即"曲折向前""抵达大海""流经更多的土地"。很明显,这篇作文想要写得透彻、深刻,那肯定不能只写河流,而是要能由实入虚,借助河流的实际特征,揭示其映射出来的社会主题和人生意义,让作文所阐述的道理有深度;要能由物及人,立足河流的显性特征,结合现实中的人物和事件具体分析,使所写的故事有现实意义。基于这样的审题,这道作文题的写作可从三个层面进行立意。

一是直观立意。"河流曲折向前"表明前进本来就充满困难和波折,"不只是……也是……"强调了河流冲破障碍前行的目的,即为了要抵达大海,为了流经更多的土地。先概括材料内容,然后结合任务"联想和思考"直接形成立意或作文主题:"注重过程,奔赴山海""流经万千,成就大河"。这样的立意较为直观浅显。

二是辩证立意。我们不能仅仅看到材料传递的表层信息,还要看到材料蕴含的深层次问题:"抵达大海",带有终极性暗示,象征着宏大的目标、理想、终极目标。"流经更多的土地"则包孕着过程性意义,一方面是流淌、滋润、灌溉,另一方面是经历、体验。前者是利他,滋养了更多的生命;后者是利己,丰富了自己的生命。"更多的土地",意味着与社会生活衔接,强调现实经历、对社会生活的贡献等。这牵涉"目的"与"行为"之间的紧密关联,即宏大的目标和理想等对于"曲折向前"的驱动性。基于上述分析,辩证立意,所确立的写作主题就有了深度和新意,有了创新点,如"注重过程,奔赴山海""每一次流经,都是生命的丰盈与成长""曲折向前达汪洋,沿途润泽惠他人"等。

三是拓展立意。将上述分析再整合一下,把"为什么"加到每一层立意上:河流为什么一定是"曲折向前"？为什么要抵达大海？为什么要流经更多的土地？怎样解决这个问题？这就涉及材料中河流的行为(曲折向前)、过程(流经更多的土地)与目标(抵达大海)的三元思辨关系。我们可以借助其过程性的利他与利己(利己又分丰富与飞跃两个层次)的动机，发现人生、社会生活都会有一个在曲折中不断前行的过程。由此深度分析河流的"抵达""流经"对于人生、社会生活的寓意，可能又会产生多元深意，这属于深刻立意：如"润泽万亩沃土，吞吐千里风光""曲折向前的河流：穿越土地与心灵的探索""人生如向远之河，行稳面广""不拘于抵达终点，着意在沿途花开"等。显然，这些立意和主题必然有新意，有深度，有创新。

如果说辩证立意是横向，拓展立意是纵向，那两者结合就是基于立体思维的多维立意。这样从平面到立体进行多维立意，就能使学生打开思路，有了更多选择主题、创意创新的空间，能更好地抒发独到见解，表达前瞻思考，发掘哲理意蕴，写出有创新的"活生生的这一个"。

(三)变单调为丰富,追求"有文采"

有文采，是高考作文对于语言表达，在语言通顺基础上提出的发展等级要求。文章写得有文采，必须先有"骨架"再有"血肉"，先"打磨观点"再"关键润色"，借助用词变化、修辞手法、精彩话语来增强表达效果。文章有文采一般体现在四个方面：一是用词贴切，能用得准确、鲜明、生动、简明、连贯、得体；二是句式灵活，整散长短，疑问感叹，不一而足；三是善于应用修辞手法；四是文句有表现力，在议论文中，主要指具有思辨力、说服力，并蕴含哲理。朱光潜在其所写的《文学与语文(上)：内容、形式与表现》一文中说："我所要求的是语文的精确妥帖，心里所要说的与手里所写出来的完全一致，不含糊，也不夸张，最适当的字句安排在最适当的位置。……它需要尖锐的敏感、极端的谨严和艰苦的挣扎。"写作是一个创造的过程，写出自己的个性需要追求语言简练、透辟，并恰当引用诗文、警句等来增强文章的厚重感和理性色彩。

文章的内容和形式是相互作用的，内容决定形式，形式服务于内容；但内容又离不开形式,形式对内容又有重要的反作用。作文能否有文采,主要是语言表现形式和表达技巧的问题,但也与作文立意有关。不同的立意与主题,必然需要不同的语言表达形式;立意深刻、清晰、有创新的空间,才能更好地应用语言艺术来加强作文的文采。

作文范例:阅读下面的材料,根据要求写作。

材料一:有人称当下 90 后、00 后为"静音一代"。一份调查报告显示:在 17 岁到 24 岁年龄段人群中,98%的人首选智能手机聊天软件作为沟通手段,打电话、面对面沟通等人际交往方式变得少见。

材料二:"在没有手机的情况下生活一天,不打电话,不上社交网络,不回电子邮件",甚至被定义为成功者身份的象征,至于面对面的交流更成为一种奢侈。

请结合材料内容,面向本校同学写一篇演讲稿,倡议大家"敞开心扉,真诚交流面对面",要体现你对"静音一代"的认识与思考,并提出希望与建议。

要求:自选角度,自拟标题,不得抄袭,不得套作,不少于 800 字。

这也是一个任务驱动型新材料作文题,提供的材料反映了真实的生活情境和社会现实,同时提出了明确的写作任务。有些学生粗略一看,就认为这个作文题的立意比较简单,就是写作任务中的"敞开心扉,真诚交流",其实不然,仔细审读材料和任务就会发现并不那么简单。首先,不是简单地论述"敞开心扉,真诚交流",而是要着重阐述"面对面真诚交流"的意义和方法。其次,题目要求有自己对"静音一代"的认识与思考,也就必须对那种主要应用智能手机聊天软件进行沟通的交流方式进行辩证分析,必须从"静音一代"行为的弊端来阐述"面对面真诚交流"的意义。最后,两则材料反映的现象实际上是在日常生活中怎样合理应用现代信息技术的问题。这样审视、分析、把握题意,就可以有多个角度进行立意和创新,就能进行"自选角度、自拟标题"的个性化写作,如"'静音'不可取""技术与真诚""让技术充满人性的光芒"等,都是符合这个作文题要求的演讲主题,都可以写得有质有味。

在这样审清题意、明确方向、选定立意和主题之后,再根据立意和主题构思布局、精选相关的材料和修辞手法,精心组织相关的词语与句式,就必然能使作文做到有文采、有格调。

以上论述主要结合高考作文深刻、有创新、有文采三个发展等级要求,分析了任务驱动型新材料作文题审题和立意的意义和策略。实际上,加强审题和立意对达到高考作文"丰富"这一发展等级要求也是很有意义的,这里限于篇幅不再赘述。

美国著名作家斯蒂芬·金在《写作这回事:创作生涯回忆录》一书中说:"唯有通过多读多写才能真正学会写作。你看,这不仅仅是怎么做的问题,更是做多少的问题。"高中学生语文写作的审题、立意能力,也只有在日常语文教学中加强训练和指导才能不断提高。

五、如何写好议论文的主体段

写作,特别是写议论文,需要同学们调动自身全部的写作积淀,从主题确定、题目拟设、结构安排、事例选用,还有各种论证手法的融合使用、素材的合理运用等方面来综合考虑。

一篇好的议论文,总要讲究谋篇布局、起承转合,或者要求内容充实、结构完整、表达妥帖、思想深刻等。虽然同学们已经掌握了一些写作议论文的要点,但是因为缺少优秀的主体段,所以有些同学虽反复训练,文章水平却依旧一般。

今天,我就和同学们聊一聊议论文写作的一个核心内容——主体段的写作。著名语言学家、教育家张志公先生认为:在语言表达中,段落是至关重要的。几乎可以断言,能够写好一段,一定能写好一篇。不重视段落的训练,这是不少学生写不好文章的重要原因。

那么,同学们要如何写好议论文的主体段呢? 我们可以从以下三个方面来着重训练:

(一) 内容上"丰富多元":麻雀虽小五脏俱全,一段之中自成天地

一篇好的议论文,很大程度上取决于主体段的水平。只有先把每一段练清楚、写明白了,谋段布局,然后才能扩而大之,最后形成一篇完整而精彩的议论文。一

个标准的议论文主体段，一般来说依次包含如下五种功能不同的句子：观点句、阐释句、事例句、分析句、总结句。当然，同学们在具体写作中可以适当加以变化，但一定要有的是：观点句、事例句、分析句。不管是一篇文章，还是一段文字，在写作时都要保持结构完整。同学们还要特别注意的是，例句要简洁，分析要透彻，论证要合理。一篇议论文，如果能有两三个联系密切并具有较强论证力度的主体段，就会增加论证的深度、广度和厚度，使议论文富有说服力。

我们一起来看新华社的融媒体评论《"春消息"带来信心和力量》中的一个主体段：

①悬壶入荆楚，白衣作战袍。（第一层：观点句。从白衣战士的角度切入，可把这个段首句视为分论点句）②由冬到春，白衣战士的逆行身影构成了一道最美的风景。（第二层：阐释句。这个句子可视为承上启下的句子，既承接首句，又为后面引出铺排的例子铺路搭桥）③认定"跑得更快，才能抢救更多病人"，身患渐冻症的武汉市金银潭医院院长张定宇奋不顾身冲在抗疫最前线；执着于"一辈子为了病人"的信念，86岁的老专家董宗祈毅然前往医院接诊；得知同行好友确诊新冠肺炎，武汉市肺科医院ICU主任胡明含泪选择继续坚守，因为"同事倒下了，病人还得救"。（第三层：事例句）④医者仁心，医务人员把责任与担当，书写在分秒必争的救治之中，书写在日日夜夜的值守之中，书写在脸上一道道深深的勒痕之中。（第四层：分析句）⑤他们用生命守护生命，用坚守传递希望，救死扶伤，大爱无疆，不愧是"新时代最可爱的人"。（第五层：总结句）

作为一个主体段，这个段落中议论文的五种功能句齐备，观点明确，且采用了比喻的修辞、对偶的句式，丰富了语言的表达。内容充实，事例鲜活生动，详略得当，排比的修辞和引证的运用，富有气势，具有现实意义。分析方面，运用排比手法，以小见大，化无形为有形。最后的总结句，升华段意，既见表达功力，更传递时代精神。整段文字有着很强的感染力，从内容上看，这是一个优秀的主体段。

（二）手法上"多管齐下"：对比假设左右开弓，类比因果齐头并进

议论文主体段的写作，要综合运用各种手法，譬如举例论证、道理论证、对比论证、类比论证、比喻论证、假设论证、因果论证、归谬论证等。这些手法能够帮助我们生动、直观地说服读者。

主体段的构成，如果单是有各种功能句，容易让人觉得生涩无趣。作为一篇好文章，既要有说服力，又要有才情趣味，做到格调高雅，正如王国维所言："有境界则自成高格。"这就到了各种论证手法大展身手的时候了。我们可以从下面这个主体段中得到一些启发：

勇于放弃，成就另一种精彩。(观点句)只有勇敢放弃，才能找到属于自己的位置，以另一种正确的姿态面对生活。(阐释句)陶渊明放弃了仕途，成就了"采菊东篱下，悠然见南山"的精彩，也体会了"此中有真意，欲辨已忘言"的豁达。苏东坡放弃了体面，成就了"莫听穿林打叶声，何妨吟啸且徐行"的潇洒，更领略了"回首向来萧瑟处，归去，也无风雨也无晴"的生命真谛。梅花放弃了在春天与百花争奇斗艳，独自开在深冬的枝头，却成就了"遥知不是雪，为有暗香来"的精彩，赢得了"梅花香自苦寒来"的赞誉。(夹叙夹议式的略例排比，既有事例，又有分析)勇于放弃充满诱惑的世界，回归内心的平静，也能成就另一种精彩，不是吗？(总结句)

这一主体段，通过"略例排比"的方式，将三个典型素材以较为整齐的形式展现，表述精当又有文采，且借助事例、修辞和引证彰显高雅格调，给人以论述的美感和力量。这一段落整体论述之所以出色，其重要原因就在于综合运用了举例论证、引用论证等多种手法。

(三)逻辑上循序渐进：拨云见日层层推进，见微知著方见真章

好的议论文，最大的特色在于，以丰富的论据、充沛的情感和严密的逻辑，形成强大的论证力量。其中，在论证过程中充分展现逻辑思维能力，是议论文优秀主体段的关键特征。这一点，很多议论文明显缺失，很多同学也缺乏这种能力，认为"议论文就是先有一个论点，然后铺开三个例子、四个故事、五个名言，最后得出结论，证明论点"。有些同学的作文，随意把作文中的某两个段落对调位置，读起来居然还是通顺的，这正是因为缺乏逻辑，更谈不上层次结构。这是当下高中生议论文的

一个突出的问题。就实质而言,论证就是一环扣一环的逻辑思维过程,是由外而内、由表及里、由浅入深地剖析问题,主动寻找漏洞与不足,利用漏洞或不足为弹跳点,跃入下一个层次并不断深入问题本质的过程。议论文主体段如何在论证过程中有序推进,展现逻辑力量呢? 试以前文谈到的钱锺书的《〈宋诗选注〉序》中的一段作为主体段进行具体阐述:

①宋的国势远没有汉唐的强大,②我们只要看陆游的一个诗题"五月十一日夜且半,梦从大驾亲征,尽复汉唐故地"。③宋太祖知道"卧榻之侧,岂容他人鼾睡",会把南唐吞并,而也只能在他那张卧榻上做陆游的这场仲夏夜梦。④到了南宋,那张卧榻更从八尺方床收缩而为行军帆布床。⑤此外,又宽又滥的科举制度开放了做官的门路,既繁且复的行政机构增添了做官的名额,宋代的官僚阶级就比汉唐的来得庞大,所谓"州县之地不广于前,而……官五倍于旧";北宋的"冗官冗费"已经"不可纪极"。⑥宋初有人在诗里感慨说,年成随你多么丰收,大多数人还不免穷饿:"春秋生成一百倍,天下三分二分贫!"⑦最高增加到一百倍的收成只是幻想,而至少增加了五倍的冗官倒是事实,人民负担的重和痛苦的深也可想而知,例如所选的唐庚《讯囚》诗就老实不客气地说大官小吏都是盗窃人民"膏血"的贼。⑧宋朝统治阶级和人民群众的矛盾因宋辽金的矛盾而抵触得愈加厉害,⑨宋人跟辽人和金人打仗老是输的,打仗要军费,打败仗要赔款买和,朝廷只有从人民身上去榨取这些开销……

这一段作为议论文的关键主体段,论证鞭辟入里,深刻有力。①句是全段的观点句。②③④句是材料句,主要采用了举例论证、引用论证、对比论证等手法,论证了宋的国土面积小、国势弱,从北宋到南宋(南宋更弱)更有一种历史发展的逻辑推论力量。⑤句以"此外"作为标志,换了一个角度,从"冗官冗费"的角度论证"宋的国势远没有汉唐的强大"。⑥⑦句作为材料句,运用了引用论证、对比论证、假设推理论证、举例论证等论证手法。⑧句从国际矛盾角度论证"宋的国势远没有汉唐的强大"。⑨句作为材料句,用了举例论证和因果论证。这样一个主体段(实际写作中可以分为三至四段),论证一个分论点"宋的国势远没有汉唐的强大",从三个角度(国土面积、"冗官冗费"、国际矛盾)层层推进,有理有据,更采用各种论证手法,有力地论证了观点,这就是议论文主体段中逻辑的力量。

有时候,论证同样的观点,因文采的高下不同,也会带来不同的说服力。那些综合使用各种句式,强调语言、辞藻的议论文段,因为具有抑扬顿挫之美感,更容易让人信服。这一点也值得同学们注意。

一般来说,当同学们关注到议论文主体段的五种功能句、论证手法和逻辑思维能力等,就已经具备了写好一个主体段的良好基础。当然,好的作文总需要不断修改,从修改中不断提高内容选取、手法运用的能力,提升自己的逻辑思维水平。《文心雕龙》曰:"改章难于造篇,易字艰于代句。"意思即修改一篇文章比重写一篇文章更难,更换一个字眼比取代一句话更不易。而写作的诀窍,却正在于这种艰难的修改提升之中。

第十章　阅读与写作

一、我们为什么要阅读?

说到阅读,很多人知道《夜航船》中"小僧伸伸脚"的典故:有一僧人,和一读书人同住在夜航船上。读书人高谈阔论,使僧人既敬又畏,为给读书人让地方缩着脚睡。但僧人听到读书人的谈论有错误,于是就问:"澹台灭明是一个人还是两个人?"读书人说:"是两个人。"僧人又问:"这样的话,尧舜是一个人还是两个人?"读书人答:"当然是一个人。"僧人笑了笑说:"这样说来的话,还是让小僧伸伸脚吧。"可见,阅读不精,缺乏真才实学,容易让人鄙弃。

宋真宗赵恒曾说"书中自有千钟粟……书中自有黄金屋……书中自有颜如玉",这是阅读的功利性。阅读更多的是非功利目的,林语堂说,阅读能让人"开茅塞,除鄙见,得新知,增学问,广识见,养性灵"……

我们为什么要阅读?

在人的一生中,自我塑造是非常重要的,阅读让"自我启蒙"成为一件可能的事。

生于20世纪70年代末的我,处在一个不重视阅读的时期,普遍认知是"学好数理化,走遍天下都不怕"。父亲一心想让我考大学,认为课本以外的书都是闲书、坏书,不该读。印象最深的一次,初中偷看杨沫的《青春之歌》,书被父亲撕得粉碎扔了一屋。越这样,我对阅读就越渴望。杂文家吴非老师曾说:"当年在乡间,我对书的渴望,就是想知道世界是什么样的,过去究竟发生过些什么,'别样的人们'在做什么梦……在一个精神极度贫困荒凉的时代,我梦想未来有无数可以获得的书。"

后来读高中、大学,我可以自由阅读。大学时,担任诗社主编,还创办了"一苇"文学社,创作剧本和同学一起公开表演。当年和我一起演话剧的舍友,后来读了电影学硕士,出了两本漫画书,这是后话。那个阶段,我们读《散文》,读《收获》,读《小说月报》,读《读书》,读《南方周末》,泡在故事中,阅读的经历持续塑造着我们。现在可以想一想,这些故事,是如何与我们深深相连的;想一想,它们到底具有怎样影响深远的力量?

阅读引导我们的感情,启蒙我们的梦想,指引我们的人生。有一女生暗恋一男生,非常苦恼,问我:"老师,我该怎么办啊?"是不是一部分高中生也有情感困惑啊?谁能给他们帮助?老师可以,但其实阅读就可以,或者说阅读最可以。去读《平凡的世界》,看看孙少平、孙少安是怎么对待爱情的;读《牧羊少年奇幻之旅》,圣地亚哥一路前行,遇到羊毛店老板的女儿和后来的法蒂玛,他怎样判断谁才是一生所爱的;看看《简·爱》《飘》《安娜·卡列尼娜》《巨流河》等,了解古今中外不同处境不同的人如何对待爱情,我们就知道怎么处理自己的感情问题了。

在青少年阶段,尤其是高中生这个年龄段,没有谁会明确告诉我们,将来我们一定会成为一个什么样的人,我们的人生要追寻什么样的意义。但是阅读可以。阅读是一种无比微妙的深刻引导,它以精神扎根的方式,作用于每一个人的生命与生活。成为中学生了,借助阅读可以更容易地看到自身的无限可能性;越是这样,阅读越成为必不可少的成长养料,成为我们每一个人生命的空气和水,让我们更透彻地理解这个世界。

我们为什么要阅读?

乔治·R·R·马丁的《冰与火之歌》说:读书的人可以经历千种人生,不读书的人只能活一次。

人的一生是非常短暂的,时间、精力都有限。我们所要度过的一生无论怎样丰富多彩,从某种层面上来看都是比较单调的;而阅读恰恰可以丰富我们的人生体验。读书可以让我们上知天文下知地理；读政治经济类的书籍，可以让我们更深刻地感受当今世界政治经济的动向；读科普书、哲学书，使我们清晰感受到不同领域的美好……

以读小说为例：读一部好小说，也许是在经历一种新的人生。你读得越多，经历的人生就越丰富。我们不能拥有魔法，但读"哈利·波特系列"可以感受到；我们不能穿越，但读《明朝那些事儿》，便能感受到栩栩如生的历史；等等。

好的小说，延展并深化我们有限的生命。我们读得越多，体验越丰富，精神生活的层次也越高，越有能力迎接生命中的种种。读姚雪垠的《李自成》或者托尔斯泰的《战争与和平》，除了清晰的历史厚重感，我们更看到了战争的残酷，生灵的艰辛……文学、艺术、历史相互印证，不断丰富我们的生命体验，让我们跨越时空，打磨自身的理性和韧度。有一个阶段，我特别喜欢读传记，那种真实的心路历程，真切的人生旅程，给我太多的震撼和启迪。《阅读改变人生》一书说："阅读不能改变人生的长度，但是可以改变人生的宽度。"在阅读中，我们经历了别人的人生，获得的是自己越来越丰厚的生存意义和生活追求。

里尔克在诗中说："于是你等着，等着那件东西，它使你的生命无限丰富。"阅读，可能正是我们所等着的那件东西。

我们为什么要阅读？

阅读可以让人自主地、能反省地进入公共生活。

读书，不仅仅是个人修养的事情，说到底，它作用于社会乃至人类的进步。从这个意义上说，每一个阅读者身上的担子会重一些，我们有可能因为阅读成为家园、社会、世界的精神建设者。

当下的世界存在无数挑战，国计民生、公共安全、食品安全、教育或者环境问题，还有三农问题、文化发展，甚至大国方向、民族特质等，都是将来我们要面对、要思考、要解决的。面对这无数问题，我们的精神底子，必须在童年、青少年时代、成人阶段不断建立，不断完善，不断提升，不断反省锤炼。其中，最好的途径依然是阅读。

比如阅读史铁生的作品，《命若琴弦》《我与地坛》《病隙碎笔》《务虚笔记》一部接着一部，不一样的博大厚重。从中，我们能够感受到他的忧虑、愤怒，和对这个浮躁社会和普通民众的深刻悲悯。史铁生的文字，勇于担当，向阅读者输送人性关怀，给予无数身处绝望的人以精神食粮，不断滋润人们日渐干涸的心灵，赢得了万万千千普通人的尊重——阅读史铁生，让我们对世界更有悲悯的情怀。

前一阵子，阅读费孝通先生的《乡土中国》，读得很艰辛。文字不难，难在他的思维角度和思维深度：作为一本中国人所撰写的社会学入门级经典之作，《乡土中国》对中国乡土社会的理解，对一个人世界观的形成、提升，实在是大有裨益。我觉得，之前自己从没有这么透彻地理解我国的农村。这本书让我感觉到了一种顿悟的快意。阅读，有时候看起来只是阅读本身，但实际上它包含了思考、推理、想象和判断等，还包含理解、认同和信仰等。阅读最终改进的，必定是一个人的精神气质。有一句话是这么说的："一个人阅读的广度，能影响他精神的厚度。"

阅读，是我们掌握知识极为巧妙的工具，又是丰富精神生活的源泉。在深入阅读一本书时，我们不是暂时进入文本的世界，而是在这个生成的阅读世界里，我们的视野不断被打破，又不断形成；不断修正，又不断扩充；不断更新，又不断提升。"蓄之积久"，我们的精神世界会树立起一个有力的支架，让我们站得直，站得稳，守得住。手里有书，心中有光，双眼自然澄明。

有学生问我，要读什么样的书。我常会告诉他们，读经典的书，经过检验的书；读有挑战的书，有难度的阅读才能让你不断突破自我的局限，甚至有些书，你读到一知半解都很好，它会在你的生命里沉淀，并适时再现。

说到阅读，苏霍姆林斯基说过，一个学校可以什么都没有，但只要有为了教师和学生精神成长而提供的图书，就可以称之为学校。如果在成长的每一个阶段，我们都会因为精神的饥饿而发愤阅读，那么教育就一定是成功的，每一个个体都能够奔向舒展的成长。期待我们每一个人，不仅在过去，在现在，在未来，都会一如既往热爱阅读，成为博学有礼的读书人，成为有书、有爱、有理性、有生命品质的人。

二、阅读的感受

"三更灯火五更鸡"，是古人的读书境界。到了现在，最多是学生们挑灯夜战习题的写照。如今,阅读渐成一个寂寞的选择。

　　清爽的四月夜晚,披上外衣,走出房间,顿觉室外的空气清怡温润。没有风,抬眼望去,月亮正慢慢地向西移动。我不禁思索:文学阅读,正慢慢移向何方?"慢慢"一词,让阅读这种"有意味的形式"越来越深藏了。悲观地说,我们的阅读状况如鲁迅评价贾宝玉时所言,如"悲凉之雾,遍被华林"。但这个世界不可能隔绝阅读;耐得住寂寞的阅读者,终究能看到阅读的深邃与美好。

　　喜欢在安静的书房里读书,因为久违了的古典感觉。阅读《万历十五年》,那一段奇特的历史,让人在快意中觉察到兴废存亡的金科玉律,宏大叙事给予我们的却是有血有肉的生活。读《变形记》,集中精力,将文字转化为头脑中的意象,被它独特的情节,新颖、深刻的思想所吸引。拿到纳博科夫的《文学讲稿》之后,我爱不释手,反复捧读。喜欢扑蝴蝶的纳博科夫说:"乐趣在细节里。"这本对七位大师的作品进行细致解读的书,引发了我无限的兴致,给了我很多新颖、具体的阅读小说的启迪。细细咀嚼那些带着思想芬芳的文字,感受作品无穷的魅力,是那么余味无穷。喜欢张岱《夜航船》、李泽厚《美学四讲》、霍金《时间简史》、萨特《存在与虚无》等,这些文字,或精短深刻,或飘逸灵动,或深邃明亮,让你窥见一个全新的宏阔世界,看到多样而丰富的活跃思想。

　　前一阵子,重读了几本关于女人和生死的旧书。严歌苓的《小姨多鹤》、浮石的《红袖》、阎真的《因为女人》、万方的《女人心事》,关注女性的困境,使人忍不住地思索生活的真意。这些小说的价值在于,它把人带出平凡的日子,唤醒了我们对生活的深刻思考,让我们被社会磨砺挫伤的心性在故事情节中历经一次次澄明的涤荡,然后不得不重新审视自己那些看似无痕的珍贵岁月。《小姨多鹤》中,小环曲折的人生经历,让我观照历史,思索伦理道德及个人命运,让我们感受到,其实每一个人都不能置身世界之外。阅读这些书籍,使我们现时的存在有了一种哲学意义,似乎这个世界还可以从另一个角度看过来。优秀的文学作品往往有独特的主旨追求、独立的叙述角度和方式,它赋予文本激情和思考,同时又让"一千个读者"读出"一千个哈姆雷特"。它血脉充盈,气韵生动,使纹丝不动的事物活动起来,将文化及文化背后的意义,将一些人物或故事鲜明地呈现在我们面前,将每一个时代最值得铭记的一面留给我们品味、思索,并反馈我们当下的生活。

现实社会中,工作烦琐,太多速朽的信息、物什甚至感情,让人茫然。但是我们完全可以在阅读的世界里浸润凝思,被那种新鲜的经历,被那些曾经的真情感动得再次热泪盈眶后再出发。一旦一段时间不能阅读,我就会感觉到空虚,觉得自己所有的语言都是那么陈旧、腐败。

也有人说,真正的阅读是一种孤独。或许只有孤独的阅读,才会有震慑人心的美。在我看来,《文学讲稿》应是广为流传的,却少有人问津;《追忆似水年华》《束星北档案》《学会教学》等,也是此境遇,并不让人意外。我手边的专业书,王荣生教授的《语文科课程论基础》印数不多(后来很多书都不公开印数了),但他将语文教材里的选文分为"定篇""例文""样本""用件",被公认是富有创见性的,让我多年前就窥见了教学的一条新路径。读这样的书,即便孤独焉能不喜?我愿意把时间寄存在如此这般的阅读之中。

每一个迷离的、无垠的夜晚,都是值得孤独的阅读时间。红尘滚滚而来,阅读让我们在琐碎的生活里有颗明亮的心,让我们在书中的世界感受纯粹的明媚或者忧伤。当我阅读,无需双眼便能看透这尘世的复杂;当我阅读,无需耳朵就能听到世界的声音——纵使千里万里,我也能感应到书里书外人们的悲喜甚至呼吸。阅读,是我们内心的生存,是期待和书中的这些人的精神世界不会相隔太远的找寻……

近些年,我读的书较以往少,却更用心了一些,读得更通透了些。不太喜欢看短文,觉得它们太过简单精致;更喜欢在鸿篇巨制中,慢慢感受沉厚雄浑,感悟人生至理……

三、阅读,让教师"成为更好的自己"

教育的本质,是使人"成为他自己";教师必须先成为自己,然后才能成就学生。如何引导教师在忙碌中挤出"海绵中的水"持续地丰盈教育的美丽心灵呢?如何促进教师在琐碎中抓住专业"隐形的脉搏"提升自身综合素质呢?

阅读,是实现目标的一条最好的途径。也许,唯有阅读。教师不读书,成了教育的一道难题。学校最需要做的事情,就是营造阅读氛围。别的,交给教师自己来解决。其实,教师阅读,有三种具体的做法:

一是即时阅读。

海桑在《我是你流浪过的一个地方》中说:"你呀你,别再关心灵魂了,那是神明的事。你所能做的,是些小事情,诸如热爱时间,思念母亲,静悄悄地做人,像早晨一样清白。"如海桑所言,教育生活的现场,是教师随时随地进入汲取、提升状态的宝贵时空。教育不易,教师繁忙,教师在学校的时间很长——工作时间里,我们做教师的,必须抓住各种稍纵即逝的契机,调整好状态,即时阅读。无论天气炎热或者寒冷,我们拥有阅读的热情,就不会轻易被晒蔫巴,也不会轻易被冻住。零碎的时光,是一阶一阶的楼梯,是生活。即时阅读,其重要意义在于它最直接,有优先性,也有高效性,是一阶一阶的积蓄与成长。

二是及时阅读。

"那些过去的都过去了,过去的过去,你拿什么和我换,我都不换。"时光一去不返,要想在阅读中获取真知,就要抓住一些关键阶段,实现专业的成长和心理的丰润。譬如教师入行时,青年阶段是专业发展的"黄金期",这个时期的理论和实践是否得以融合,决定着成长的平台和路径。又如,工作 10 年左右是一个瓶颈期,这个阶段的教师,个人风格、教学水准乃至专业潜力都趋向定型,若想继续突破或者最终成型,需要更多的理论阅读——这是决定教师专业生命的关键期——非常多的教师都"卡"在这个阶段。在教师的成长过程中,阅读是关键,热爱是前提——很多教师的专业发展到了一定阶段就停滞不前,其最大的问题就在于在这个关键时段里,让时间"飞了一会儿",延迟或者忽视了这些宝贵的阅读契机,从而错过了能够促发成长的最佳时机。

三是冀时阅读。

"要抓住每一瞬间的新奇,不要事先准备你的快乐,要知道,在你有备的地方,会猝然出现另一种快乐。"(安德烈·纪德《人间粮食》)冀时阅读,指的是"教师寄予了明确期望"的阅读。对于有明确的专业发展规划的教师来说,不同的时期需要阅读不同的书籍,我们建议教师建立起各自的阅读"地标",进而逐步去实现更深入的阅读。"不能让自己的大脑成为别人思想的跑马场。"真正的阅读,是原生的,更是创生的,最终将实现精神的生发、蓬勃和延伸。这个过程,开始时是孤独的坚持,是一个持续且艰苦的过程,必须具有顽强的毅力和刻苦的精神——就像水在冬季不是沉睡,而是沉思;人在阅读中最重要的时刻,也是渊默如雷的积累阶段。但是,当真正懂得了阅读的价值,我们往往一生都会保持不停阅读的好习惯,不断充实、提升自己的精神世界。教师也需要借助阅读"地标"带来的积极影响,化解极为普遍的职业倦怠:当我们奋斗了很长一段时间,身体及心灵产生了疲惫的时候,阅读"地标"会给我们一个休息的机会,再给我们一点提示,让我们继续走下去。

我奔走在时光之上,我阅读在精神之海。阅读对一个人的改变,如春日之草,不见其增,日有所长。只要激发教师个体内心深处的读书愿望,并提供合宜的机会,教师一定会爱上这个"成为更好的自己"的过程。这,恰恰是教育发展最关键的一环。

四、做一名好教师,先做一个阅读者

教师的专业发展是具有极大弹性的,可以一直前进;但它也是不稳定的,可能随时停滞,不少教师无法成为他想成为的那个样子。每一位教师,都应该清晰地记住苏联教育家马卡连柯的名言:"学生可以原谅老师的严厉、刻板,甚至吹毛求疵,但是不能原谅老师的不学无术。"的确,深藏在教师个体内心深处的,自然有对自身职业的更高追求和深度认同。只是,这种愿望,是否会长久地沉默?当教师觉得自我需要提升时,我们可能有成百上千种途径。我们往往先选择比较容易见成效的,然后慢慢发现更具有持续性的做法。

(一)当阅读发生

在教学中,我常遇到这样的情况:实习生不解地问:"这个教学环节怎么没有按照章法进行?""为什么你的导入随时变化——这个变化你是怎么考虑的?""你怎么有那么多环节转换方法或者事例?"我告诉她,我之前正好读过这些。课堂是一次师生的"协奏",教材、教案甚至课堂都不过是引子,师生在交流中的思想碰撞才是目标。作为教书多年的教师,我不喜欢按照"剧本"上课。而这种更写意的教学观点,主要来源于阅读。我发现,即便一名教师不学习任何教育理论,只要他的阅读量足够大——文学阅读或者多样化的阅读,也一样有着对教育的敏锐观察和超前判断,从而更好地引领学生提升学习品质,激励学生生发思想光芒。

对学生来说,可能发生的最糟糕的事情之一,应该就是自身缺乏阅读,遇到的教师又是一个阅读趣味不高、知识背景狭窄的人——即便高学历,也不代表阅读趣味高。王栋生老师曾经说过,学历只是"达标",热爱阅读如"源头活水",能让学生在教师个体的课堂上"看到星空"。遇到教师缺乏阅读的情况,学生就像沉入"一潭死水"中,学习愿望就可能会逐渐削弱,甚至会对学习产生更多的恐惧心理,思想成长缓慢。学生会因为缺乏思想的高度,从而感觉学习是个苦差事,进而畏缩不前、浅尝辄止……这种现象很普遍,让课堂增添了许多苦恼、不安,或者起伏。

当阅读发生,这一切都会向着美好的方向变化。教师的积极阅读,对课堂来说,是一种个体素养积淀的自发表达。它让教师的教学保持在一个较为优质的水准上,教师从内心也期望维持这种和谐的师生关系和教学过程,从而产生了蕴含高期待值和持续学习力的积极心理。

(二)戴着的面具

事情是这样的:教师个体的阅读持续地改进了课堂,但很快就会发现这种维系并不牢固。于是,他就想要切实地做点什么,去成为他想成为的教师。这就对教师的专业发展形成一种压力,他便开始如饥似渴地继续阅读,寻求答案,成长也就不自觉地发生了。

很多经验表明,教师专业发展是一个高度个性化的过程,从路径到过程,从特点到最终水平,往往千差万别,没有复制的可能性。我们知道,有的教师成长很快,有的较慢,我们也很想知道为什么。成为一个优秀的教师不容易。教师个体在校园内外扮演着不同的角色,这对阅读以及专业发展有着明显的影响。譬如,我们要做好一位慈爱的父亲或者母亲,或者孝顺的子女,或者尽职的校务工作者,这都依据需求而来,具有明确的指向和做法。而教师个体只有真正能够安静下来,依据自己的信仰和价值观做出判断,具有明确的专业发展意识,促使自己不断阅读,才能持续实现自身的专业发展。

人本主义心理学家马斯洛认为,自我实现的需求是人类最高级的需求,最崇高的理想。这是一个不断达成目标的过程。试想,如果教师个体不以实现自身专业发展为目标,那么他会不会有一种"我是谁"的感觉?困难在于,很多时候,教师个体并不能真正投入阅读以及专业发展——他戴着各种面具,来不及或者顾不上实现一个真实的自我。

(三)我们不会停下来

凭着直觉,我们可以感受到:专业发展永无止境,专业追求带来满足,也带来更多的期望和更多的困惑。只是,走到这一步的教师个体往往并不再次执着于结果,而是被新的图景、经验、教学方式所吸引,被好奇、渴望、刺激感所吸引。就是这人性本原的冲动,为教师的专业发展带来了更多可能性。

这个时期的专业发展,是开放性的。放开去阅读吧,人世间有太多值得拥有的书籍,总有新的或者更高深的领域等待着教师个体的摸索,去"痛苦地遇见(越是阅读越是发现浩瀚和无知)"和"忘我地成长(从开始想解决一些具体问题到不断追问下去)"。教师个体会发现,一个人"行万里路"依然是不够的,必须"读万卷书",从间接的生活中烛鉴自身,以及教育的真谛。

好吧,继续阅读,继续行走,继续走入困扰。关于阅读的一个事实在于,它不会像我们希望的那样发生或者停止;当我们通过阅读,把教育、生活乃至人生意义的方方面面都整合到了一起,教师个体会创造一个新的精神世界——这个世界的选择,教师的自我依赖内在的观念在运行,让个体憎恨任何一个脱离阅读的时刻。我们为什么不会停下阅读?想要明确地回答这个问题,还有很长的一段路要走。

(四)"螺旋式上升"定律

当然,阅读也会遇到瓶颈,专业发展不可能不遭遇挫折。古希腊作家埃斯库罗斯认为："智慧只有经历磨难才能真正获得。"具有韧性的教师个体总能很好地调适自我，找到新的专业生长点。最重要的是，他拥有专业发展的心理积淀，总有一个微小的声音，能够及时地、坚定地、充分地、有条不紊地推动着教师的成长，那便是阅读，以及其他各种方式。

如何实现自我成长？我认为，最重要的方式之一就是阅读。阅读书籍，阅读人，阅读生活，阅读自然界的一切，阅读人世间所有美妙的遇见。获得自我实现的教师个体，在最深层意义上，是才华的实现，是精神的满足。可不可以这样狭隘地理解教师这个职业：从教育理想的角度来看，持续阅读、不断成长的教师个体，能够更好地促进学生带有明确的责任学习；他以一种总是积极的建设性的态度对待教育，以更具创造性的专业方式促使学生享受学习过程。看吧，这就是作为教师个体的阅读者也可以实现的宏图。每一个教师个体，都可以是一个阅读者，一个永远在成长的人，一个精神明亮的人。

身后的书架上，纤尘安暖，时光温润，所有的书脊都熠熠生辉……

后
记

HOUJI

　　历经长久的精心酝酿与准备,以及春节前后的紧张修订,这本主要基于新课改新教材撰写的高中语文教学工作的小书,终于得以问世。此时此刻的书写,有一种如释重负的快乐。

　　在此,我要向所有给予我无私支持的人表示衷心的感谢。为了让这本书的结构更为完善,我直接或间接地引用了全国语文名师黄厚江老师、江苏省特级教师蔡建泉老师、江苏省常州高级中学的王超老师,以及我的同事徐安琪老师等人的宝贵观点和资料。他们不仅慷慨地提供了帮助,还给予了我极大的鼓励。在此,我再次向他们表达我最诚挚的谢意。

　　同时,我也要感谢陕西师范大学出版总社的周耘女士和王宏女士,感谢她们出色的编辑工作。此外,我还要特别感谢王超老师对本书的反复整理,他的辛勤工作使得这本书更加完善。

　　然而,由于个人水平有限,再加上时间紧迫,这本书难免存在不足之处。有些内容在撰写时或许还新颖,但如今可能已稍显陈旧;有些观点在当时或许还算深刻,但如今看来也许已显浅薄。有句话是这样说的:真正的科学是自知愚昧。我也想说,真正的教学是自知浅陋。因此,我恳请各位读者在阅读时能够谅解并指正。